フランコフォンの世界
コーパスが明かすフランス語の多様性

Les variétés du français parlé dans l'espace francophone
Ressources pour l'enseignement

[日本語版]

Sylvain DETEY, Jacques DURAND, Bernard LAKS, Chantal LYCHE=[編著]

川口裕司・矢頭典枝・秋廣尚恵・杉山香織
=[日本語版編訳]

三省堂

Les variétés du français parlé dans l'espace francophone
Ressources pour l'enseignement

About the authors

The original French volume, hereby translated and adapted in Japanese, was edited by Sylvain DETEY, Jacques DURAND, Bernard LAKS, Chantal LYCHE, with the support of the Délégation Générale à la Langue Française et aux Langues de France (DGLFLF - General Delegation for the French language and the languages of France). It includes chapters by Helene Nordgård ANDREASSEN, Stéphanie AUDRIT, Guri BORDAL, Akissi Béatrice BOUTIN, Gisèle CARRIERE-PRIGNITZ, Annelise COQUILLON, Sylvain DETEY, Jacques DURAND, Julien EYCHENNE, Damien HALL, Philippe HAMBYE, Anita Berit HANSEN, Stéphanie KELLY, Thomas KLINGLER, Amanda LAFLEUR, Bernard LAKS, David LE GAC, Gudrun LEDEGEN, Sarah LEROY, Birgit LONNEMANN, Chantal LYCHE, Raphaël MAITRE, Géraldine-Mary MALLET, Trudel MEISENBURG, Dominique NOUVEAU, Katrine Asla ØSTBY, Claudine PAGLIANO, François POIRE, Elissa PUSTKA, Isabelle RACINE, Nathalie ROSSI-GENSANE, Anne Catherine SIMON, Jean-Michel TARRIER, Atanas TCHOBANOV, Martin VORDERMAYER, Douglas WALKER, Régine WILMET.

© Editions Ophrys, Paris, 2010
All Rights Reserved.
Authorized Translation from French language edition published by Editions Ophrys, Yuji KAWAGUCHI, Norie YAZU, Hisae AKIHIRO, Kaori SUGIYAMA.

まえがき

　言語研究では，言語をそのまま記述すればよいのか，あるいは規範を記述するのがよいのか，という難題に悩まされてきた。伝統的で規範的な性格をもった概説書や教科書が，長い間，舞台の前面に立ってきたのは事実である。とはいえ，社会言語学者たちの努力のおかげで，数十年前からそうした状況は変化しつつある。社会言語学者は，言語の中に内在する変異を研究することによって，フランス語に対する研究アプローチに革新を起こしたのだった。我々は話しことばのフランス語を記述し，分析しようと考え，1999年に「現代フランス語の音韻論：言語使用，変異，構造 (PFC)」という研究プロジェクトを立ち上げた。実際の使用例を最重要視する音韻論を構築するために，世界中の60名を超える研究者たちとともに，研究グループを構成しながら，既存の言語データを刷新しようと，新たな挑戦を始めたのだった。この協働研究は重要な言語データベースを構築し，フランス語に関するたくさんの言語分析を生み出すきっかけとなった。

　生きたフランス語を記述し，分析することは，フランス語教育を刷新することにもつながる。フランス語教育の刷新こそ，我々の10年越しの目標の1つである。第1言語や第2言語としてフランス語を教えている人たちに向けて，あるいは外国語としてフランス語を教えている人たちに向けて，本書がフランス語圏の諸地域にみられる話しことばに関する教材となることができれば，それは誠に喜ばしいことである。

　本書は，生きた話しことばのフランス語に興味を持つ教師，学生，研究者たちに向けて書かれた。フランス語学や言語学習の授業にも適している。いくつかの章は，研究の方法やフランス語の言語分析について，幅広い領域を紹介している。各部の終わりには，いくつかの地点で行われた録音調査に基づく会話例がある。音声・音韻だけでなく，語彙，文法，談話に関する現象についても若干解説した。言語調査と言語分析を実際に行った研究者たちが，それぞれの章を担当している。教科書や補助教材としても，本書を利用できるよう，内容を均質化し，各章はほぼ同じような構成になっている。

　実際に言語調査を行い，会話を文字転写し，言語データにタグ付けを行った，たくさんの研究者と大学院生たちの協力があって，初めて本書を実現することが

できた。協力者たちにこの場を借りて謝辞を述べたい。同じく，本書はたくさんの機関から研究援助を受けた。とくに，フランス語学研究院（ILF），その所長のマルケロ・ニズィア氏，アベール氏，本プロジェクトのために特別な補助金を許可していただいたフランス語・フランス諸言語事務局（DGLFL），以上の名前を挙げて感謝の意を表したい。さらに人間科学機構（FMSH）の人文・社会科学部門のフランス・ノルウェー協働センターは，毎年，我々を快く迎え，研究の前進を支援してくださった。最後に，フランス学術振興会（ANR）により採択された2つの研究プロジェクト，PFC-CORとPHONLEXが，本書を理論研究の面から豊かなものにしてくれた。

シルヴァン・ドゥテ，ジャック・デュラン，
ベルナール・ラクス，シャンタル・リュック

日本語版まえがき

　学校や大学でフランス語を学ぶ時，我々はフランス語というものが1つだけあって，それを目標にして学んでいると錯覚することがある。授業が終わって教室を出ると，いつもと変わらない複数の日本語に接しながら日々を送っているのである。一旦教室に入り，フランス語を学習し始めると，1つのフランス語という幻想，あるいは，理想が頭の中にどっしりと居座ってしまう。学習者と教師はともに，まるで魔法にかかったかのように，フランス語に多様性があることをすっかり忘れて，ただ1つの規範的なフランス語を教え・学ぶことに没頭するのである。

　本書の読者は，「やはりフランス語も1つではなかったのだ」という，至極当然とも思える事実を再確認し，同じことはどんな言語についても言えると気づくであろう。フランス語を話す人たち（フランコフォン）は，実に多様であることを忘れてはならない。その意味をこめて，日本語版には『フランコフォンの世界』というタイトルをつけた。

　原著者は，本書の読者を以下のように想定している。

　（1）フランス語学の研究者，外国語としてのフランス語（FLE），第2言語としてのフランス語（FLS），第1言語としてのフランス語（FL1）の専門家，さらに，研修中の教師，教材に話しことばのフランス語を利用したいと考える教師。

　（2）フランス語の上級学習者で，自身の言語能力をさらに充実させたい者，フランス語学を専攻する学生で，フランス語の多様性を記述し，分析したいと考える者。

　（3）自身の研究のために，本書の1次データや提示された分析法を利用したいと考える研究者。

　ところで，日本におけるフランス語の教育・研究の現状を考えると，（1）はある程度の読者数が見込まれるとしても，（2）と（3）はかなり少数に留まるであろう。もちろん，我々日本語版編者は，本書をできるだけいろいろな人に読んでもらいたいと考えている。これは原著者の1人であるドゥテ氏も同じであろう。我々はそのために，原著を翻訳するのではなく，翻案という形をとることが望ましいと

日本語版まえがき

考えた。原著の出版社であるOphrys社と，シリーズの監修者であるカトリーヌ・フックス氏に，まず翻案の旨を伝え，許可をいただいた。実際の作業では，とくに第Ⅰ部と第Ⅱ部にみられる専門的な内容を大幅に縮減することになった。その点については，かなり時間をかけてドゥテ氏たちと意見交換を行った。フランス語が理解できる読者は，原著と並べて読んでみると，本書の全体にわたって，いろいろな箇所で，かなり大胆な取捨選択をしていることがわかるであろう。たとえば，第Ⅰ部では，著者たちの同意を得て，第1章と第2章の順序を入れ替えた。この順番のほうがうまく導入できると考えたためである。第1章で読者に「話しことばのフランス語」とは何か，どのように記述するのかについて提示し，第2章で話しことばのフランス語に関する研究プロジェクトであるPFCの概略について述べ，次に，記述のための基礎作業（コーパスの構築，文字転写等）を説明し，第3章で話しことばのフランス語において観察される社会言語学的な音声変異について解説した。さらに，第Ⅰ部の第4章と第5章は，内容が専門的であったり，日本の教育現場に必ずしも適合していないと判断し，著者と相談の上，訳出しないことにした。同じことは第Ⅱ部の第2章についても言える。一般的な読者向けに書かれていないため，エッセンスだけを抽出する形で内容をまとめた。他の各部においても，専門的な内容や記述，詳細な説明，内容の理解に必要と思われない部分は思い切って割愛した。また，原著者に意図を確認した上で，内容を書き替えた部分もある。

　原著と本書との間には大きな違いが1つある。それは話しことばのフランス語の会話例を，本書の中に収めている点である。これはドゥテ氏のたっての希望であった。ただ，全ての会話を本書に収録したかったのだが，紙幅の都合でそれは叶わなかった。どの会話を選ぶかについては，ドゥテ氏と川口が言語特徴はもちろんのこと，内容にまで踏み込んで取捨選択を行った。自然会話であるため，内容に一貫性が欠け，繰り返しや中断が多く，日本語に訳出するのに苦労したが，幸いなことに，東京外国語大学大学院博士後期課程のバルカ・コランタン氏と，同博士前期課程に在籍していたファール・エロディ氏の協力を得ることができた。各会話には脚注の形で，原著のコメント・注記のうち，重要と思われるものを簡略にまとめて記載した。

　原著は37名の著者によって書かれている。そのため各部と各章ごとの文体が

必ずしも統一されておらず，言語記述の手法や説明の順序に一貫性の欠ける部分があり，類似した内容が反復される箇所も見られた。こうした原著の若干の読みにくさを克服するために，翻案作業を以下のような手続きで進めた。第1段階は，できるだけ忠実な翻訳を心掛けた。次に，翻訳文と原文を比較しながら，川口がドゥテ氏と話し合って，最終的に訳出する部分を決定した。第2段階は，フランス語を専門としない人にも読んでもらえるように，編者と川口が可能なかぎり分かりやすい訳文にリライトした。第3段階は，編者が全員で文体と内容を校正し，最終的に川口が全体のとりまとめと文体の統一等を行った。編者たちは，こうした翻案作業に一定の利点を見出すことができたが，それでも読みにくい部分やいろいろな問題点が残された。そうした至らぬ点は，全て，原著ではなく日本語版の編者たちに帰されるべきである。

　最後になるが，翻訳ではなく翻案という形で，より広い読者に開かれた本にしたいという編者たちの意図を理解してくださり，翻案をご快諾いただき，内容に関するたくさんの質問に丁寧に回答してくれた4名の原著の編著者，ドゥテ氏，デュラン氏，ラクス氏，リュック氏にまず最初に謝意を表したい。次に，IPA図を提供していただいた斎藤純男氏，方言・俚言・標準語について貴重なコメントをいただいたアンドレ・ティボー氏にも感謝申し上げる。また，この翻案を企画の段階から一貫して担当し，川口と密に連絡をとりながら，本文と用語等に関しても貴重な助言とアドバイスを惜しまなかった三省堂辞書出版部の廣瀬恵理奈氏にも，この場をお借りしてお礼を申し上げる。そして最後に，原著の翻訳を引き受けた日本語版編者たちと翻訳協力者たちにも謝意を表す。以下に名前と担当箇所を挙げておく。彼ら全員の努力がなければ，この翻案プロジェクトは完成することがなかった。第Ⅰ部 (秋廣，古賀)，第Ⅱ部 (川口，関，伊藤)，第Ⅲ部 (秋廣，近藤)，第Ⅳ部 (杉山，伊藤)，第Ⅴ部 (杉山，伊藤)，第Ⅵ部 (矢頭，松澤)，第Ⅶ部 (矢頭，時田，近藤)。

日本語版編者を代表して　川口記す

日本語版編者

川口裕司 (編集責任)
: 東京外国語大学大学院総合国際学研究院教授。同大学言語文化学部長を歴任。ランス大学博士 (言語科学)。専門は通時言語学。

矢頭典枝
: 神田外語大学外国語学部教授。東京外国語大学博士 (学術)。専門は社会言語学。

秋廣尚恵
: 東京外国語大学大学院総合国際学研究院准教授。高等実習研究院博士 (言語科学)。専門は統語論。

杉山香織
: 西南学院大学文学部准教授。東京外国語大学博士 (学術)。専門は学習者言語研究。

日本語版編集協力者

ドゥテ・シルヴァン
: 早稲田大学国際教養学部教授。トゥールーズ大学博士 (言語科学)。専門は言語学。

翻訳協力者

時田朋子 (実践女子大学専任講師, バイリンガリズム研究)
近藤野里 (名古屋外国語大学専任講師, 音声学・音韻論)
松澤水戸 (東京外国語大学非常勤講師, 学習者言語研究)
古賀健太郎 (東京外国語大学非常勤講師, 形態論・統語論)
関敦彦 (東京外国語大学大学院博士後期課程, 統語論)
伊藤玲子 (東京外国語大学大学院博士後期課程, 社会言語学・方言学)

執筆者紹介

ANDREASSEN, Helene Nordgård
UiT, Université Arctique de Norvège (Norvège)

AUDRIT, Stéphanie
Université catholique de Louvain (Belgique)

BORDAL STEIEN, Guri
Inland Norway University of Applied Sciences (Norvège)

BOUTIN, Akissi Béatrice
CLLE-ERSS UMR 5263, CNRS, Université Toulouse 2 (France) & Université d'Abidjan (Côte d'Ivoire)

CARRIÈRE-PRIGNITZ, Gisèle
Université de Pau et des Pays de l'Adour (France)

COQUILLON, Annelise
Aix-Marseille Université (France)

DETEY, Sylvain
SILS & GSICCS, Université Waseda (Japon)

DURAND, Jacques
CLLE-ERSS UMR 5263, CNRS, Université Toulouse 2 & Institut Universitaire de France (France)

EYCHENNE, Julien
Hankuk University of Foreign Studies (République de Corée)

HALL, Damien
Newcastle University (Royaume-Uni)

HAMBYE, Philippe
Université catholique de Louvain (Belgique)

HANSEN, Anita Berit
Université de Copenhague (Danemark)

KELLY, Stéphanie
Université Western Ontario (Canada)

KLINGLER, Thomas
  Université Tulane (Etats-Unis d'Amérique)

LAFLEUR, Amanda
  Université d'état de Louisiane (Etats-Unis d'Amérique)

LAKS, Bernard
  MoDyCo UMR 7114, Université Paris Ouest Nanterre La Défense, CNRS & Institut Universitaire de France (France)

LE GAC, David
  Dylis EA 4701, Université de Rouen Normandie (France)

LEDEGEN, Gudrun
  PREFICS EA 7469, Université de Rennes 2 (France)

†LEROY, Sarah
  MoDyCo UMR 7114, CNRS, Université Paris Ouest Nanterre La Défense (France)

LONNEMANN, Birgit
  Université de Düsseldorf (Allemagne)

LYCHE, Chantal
  Universités d'Oslo & de Tromsø (Norvège)

MAITRE, Raphaël
  Glossaire des patois de la Suisse romande, Université de Neuchâtel (Suisse)

MALLET, Géraldine-Mary
  MoDyCo UMR 7114, Université Paris Ouest Nanterre La Défense, CNRS (France)

MEISENBURG, Trudel
  Université d'Osnabrück (Allemagne)

NOUVEAU, Dominique
  CLS, Université Radboud de Nimègue (Pays-Bas)

ØSTBY, Kathrine Asla
  Université d'Oslo (Norvège)

PAGLIANO, Claudine
  Université de Nice (France)

POIRÉ, François
  Université Western Ontario (Canada)

PUSTKA, Elissa
  Université de Vienne (Autriche)

RACINE, Isabelle
  Université de Genève (Suisse)

ROSSI-GENSANE, Nathalie
  ICAR UMR 5191, Université Lumière Lyon 2 (France)

SIMON, Anne Catherine
  Université catholique de Louvain (Belgique)

TARRIER, Jean-Michel
  CLLE-ERSS UMR 5263, CNRS, Université Toulouse 2 (France)

TCHOBANOV, Atanas
  MoDyCo UMR 7114, CNRS, Université Paris Ouest Nanterre La Défense (France)

VORDERMAYER, Martin
  LMU Munich (Allemagne)

WALKER, Douglas
  Université de Calgary (Canada)

WILMET, Régine
  Université catholique de Louvain (Belgique)

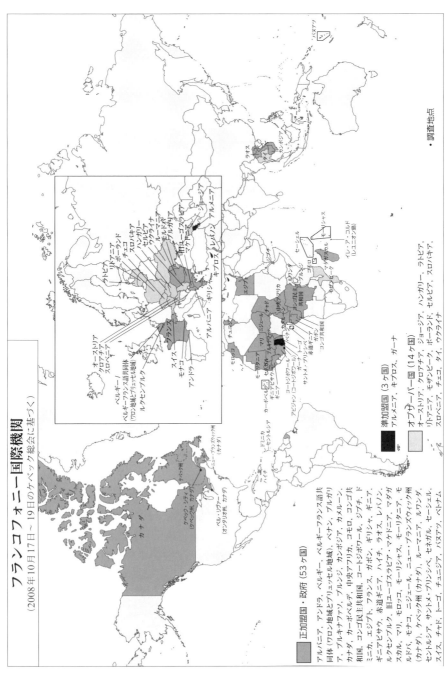

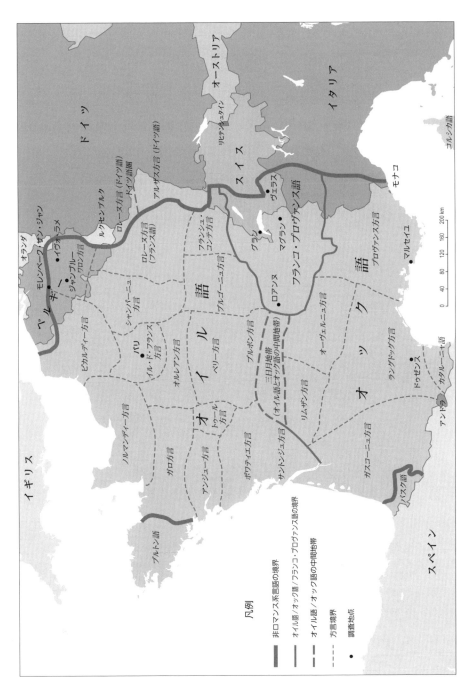

IPA（国際音声記号）2015年改訂版

子音（肺臓気流）

	両唇音	唇歯音	歯音	歯茎音	後部歯茎音	そり舌音	硬口蓋音	軟口蓋音	口蓋垂音	咽頭音	声門音
破裂音	p b			t d		ʈ ɖ	c ɟ	k ɡ	q ɢ		ʔ
鼻音	m	ɱ		n		ɳ	ɲ	ŋ	ɴ		
ふるえ音	ʙ			r					ʀ		
はじき音		ⱱ		ɾ		ɽ					
摩擦音	ɸ β	f v	θ ð	s z	ʃ ʒ	ʂ ʐ	ç ʝ	x ɣ	χ ʁ	ħ ʕ	h ɦ
側面摩擦音				ɬ ɮ							
接近音		ʋ		ɹ		ɻ	j	ɰ			
側面接近音				l		ɭ	ʎ	ʟ			

各マス目の中の右が有声音、左が無声音。網かけは調音が不可能と考えられる部分

母音

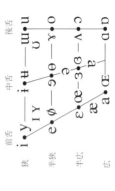

記号が2つ並んでいるものは、右が円唇、左が非円唇

子音（肺臓気流以外）

吸着音		有声入破音		放出音	
ʘ	両唇	ɓ	両唇	ʼ	例：
ǀ	歯	ɗ	歯(茎)	pʼ	両唇
ǃ	(後部)歯茎	ʄ	硬口蓋	tʼ	歯(茎)
ǂ	硬口蓋歯茎	ɠ	軟口蓋	kʼ	軟口蓋
ǁ	歯茎側面	ʛ	口蓋垂	sʼ	歯茎摩擦

IPA（国際音声記号）

その他の記号

ʍ 無声両唇軟口蓋摩擦音	ɕ ʑ 歯茎硬口蓋摩擦音
w 有声両唇軟口蓋接近音	ɺ 歯茎側面はじき音
ɥ 有声両唇硬口蓋接近音	ɧ ʃとxの同時調音
ʜ 無声喉頭蓋摩擦音	
ʢ 有声喉頭蓋摩擦音	
ʡ 喉頭蓋破裂音	

二重調音と破擦音は、必要があれば2つの記号を次のように結合させて表すことができる

k͡p　t͡s　ŋ͡m

補助記号　下に伸びた記号にはその上に付けてもよい　例：ŋ̊

̥	無声の	n̥ d̥	̪	歯音の	t̪ d̪
̬	有声の	s̬ t̬	̺	舌尖で調音する	t̺ d̺
ʰ	帯気音化した	tʰ dʰ	̻	舌端で調音する	t̻ d̻
̹	より丸めの強い	ɔ̹	̃	鼻音化した	ẽ
̜	より丸めの弱い	ɔ̜	ⁿ	鼻腔開放の	dⁿ
̟	前寄りの	u̟	ˡ	側面開放の	dˡ
̠	後ろ寄りの	e̠	̚	開放のない	d̚
̈	中央寄りの	ë			
̽	中舌寄りの	e̽			
̩	音節主音の	n̩			
̯	音節副音の	e̯			
˞	r音色の	ɚ ɑ˞			

̤	息もれ声の	b̤ a̤	ˤ	咽頭化した	tˤ dˤ
̰	きしみ声の	b̰ a̰	̴	軟口蓋化あるいは咽頭化した	ɫ
̼	舌唇の	t̼ d̼	̝	より狭い	e̝ (ɹ̝=有声歯茎摩擦音)
ʷ	唇音化した	tʷ dʷ	̞	より広い	e̞ (β̞=有声両唇接近音)
ʲ	硬口蓋化した	tʲ dʲ	̘	舌根が前に出された	e̘
ˠ	軟口蓋化した	tˠ dˠ	̙	舌根が後ろに引かれた	e̙

超分節音

ˈ　第1ストレス
ˌ　第2ストレス
　　ˌfoʊnəˈtɪʃən
ː　長い
ˑ　半長の
˘　特に短い
.　音節境界
|　小（フット）グループ
‖　大（イントネーション）グループ
‿　切れ目のない
　　ɹi.ækt

トーンとアクセント

平ら			曲線	
e̋ または ˥	超高平ら		ě	上がり
é	˦ 高平ら		ê	下がり
ē	˧ 中平ら		e᷄	高上がり
è	˨ 低平ら		e᷅	低上がり
ȅ	˩ 超低平ら		e᷈	上がり下がり
↓	ダウンステップ		↗	全体的上昇
↑	アップステップ		↘	全体的下降

斎藤純男『言語学入門』（三省堂）より。

目次

まえがき …… iii
日本語版まえがき …… v
日本語版編者・日本語版編集協力者・翻訳協力者 …… viii
執筆者紹介 …… ix
地図 (フランス語圏と調査地点) …… xii
地図 (フランス, スイス, ベルギーと調査地点) …… xiii
IPA (国際音声記号) 2015年改訂版 …… xiv
記号と略号・本書の構成 …… xviii

第Ⅰ部　話しことばのフランス語 …… 1

第1章　話しことばを記述するための言語学的知識 …… 1
1.「言語を記述する」と「言語を規定する」…… 1
2. 書きことばと話しことば …… 2
3. 言語変異とレジスター …… 3
4. 記述のレベル …… 5

第2章　話しことばのフランス語の変種 …… 11
1. はじめに …… 11
2. PFCプロジェクト …… 12
3. PFCフランス語教育プロジェクト (PFC-EF) …… 13

第3章　社会的音声変異の例示 …… 17
1. はじめに …… 17
2. 地理的変異と様々な音韻体系 …… 17
3. 年齢による変異 (バスク地方の話し手) …… 22
4. 話し方への注意度による変異 …… 24
5. 社会的位置づけによる変異 …… 26

第Ⅱ部　北フランス …… 30

第1章　参照フランス語 (FR)：概略 …… 31
1. 規範の問題 …… 31
2. 母音体系 …… 33
3. 子音体系 …… 38
4. シュワー …… 39
5. リエゾン …… 41
6. 韻律 (プロソディー) …… 43
7. 結論：FRとFLE …… 45

第2章　参照フランス語 (FR) の話し手 …… 47
1. FRの例 …… 47
2. FRを例示するためのアプローチ …… 49
3. 実験方法 …… 50
4. 結論 …… 51

第3章　パリの上流階級の女性：中等教育について …… 52
第4章　ロアンヌ (ロワール県)：1954年入隊組のモロッコ南部旅行について …… 60
第5章　マグラン (オート・サヴォワ県)：以前の生活について …… 68

第Ⅲ部　南フランス ···· 74
第1章　南仏のフランス語：概略 ···· 75
1. はじめに ···· 75
2. 統語的・語彙的側面 ···· 75
3. 音声学・音韻論的側面 ···· 77
第2章　ドゥゼンス（オード県）：2つの大戦の思い出について ···· 86
第3章　マルセイユ（ブシュ・デュ・ローヌ県）：船の料理人について ···· 96

第Ⅳ部　ベルギー ···· 104
第1章　ベルギーのフランス語：概略 ···· 105
1. 歴史・政治的状況 ···· 105
2. 訛りの多様性とベルギー内における規範の存在 ···· 106
3. ベルギーにおける話しことばのフランス語の多様性を示す例 ···· 108
第2章　ジャンブルー（ナミュール州）：性格の異なる2人の子どもについて ···· 110
第3章　イヴォ・ラメ（リエージュ州）：大病後の生活について ···· 118
第4章　モレンベーク・サン・ジャン（ブリュッセル）：子どものお小遣いについて ···· 122

第Ⅴ部　スイス ···· 126
第1章　スイスのフランス語：概略 ···· 127
1. 地理言語学的状況 ···· 127
2. スイスロマンドにおける話しことばのフランス語の特徴 ···· 130
3. 言語的不安 ···· 140
4. 結論 ···· 140
第2章　グラン（ヴォー州）：スイス文化について ···· 142
第3章　ヴェラス（ヴァレ州）：木工細工について ···· 150

第Ⅵ部　アフリカと海外県・海外領域圏（DROM） ···· 154
第1章　アフリカと海外県・海外領域圏のフランス語：概略 ···· 155
1. はじめに ···· 155
2. 植民地におけるフランス語定着の歴史 ···· 156
3. アフリカとDROMにおけるフランス語の現状 ···· 158
4. 収録音声 ···· 159
第2章　アビジャン（コートジボワール）：1960年代の波乱に富んだ学校生活について ···· 160
第3章　イレ・ア・コルド（レユニオン島）：電話と道路の登場について ···· 166

第Ⅶ部　北アメリカ ···· 174
第1章　北アメリカのフランス語：概略 ···· 175
1. 地理言語学的状況 ···· 175
2. 主な構造的特徴 ···· 179
第2章　ケベック・シティ（ケベック州，カナダ）：若者にとっての宗教について ···· 188
第3章　ベル・リヴァー（オンタリオ州，カナダ）：少数派住民における
フランス語の継承について ···· 196

参考文献 ···· 204
索引 ···· 209

記号と略号

C	子音	V	母音
*	不可能な語形	#	語の境界
//	実現されないリエゾン	[t]	[t] によるリエゾンの実現
(e)	実現されないシュワー	e	シュワーの実現
Ø	語形の不在	'	第1アクセント

［原注］本文の脚注において，原著からの脚注・コメント等を［原注］とした。
［訳注］会話例の脚注において，とくに記載のないものは原著の注記を表す。新たに付け加えられた注記のみ，［訳注］とした。
I. 3. 第I部第3章。I. 4. 4. 3. 2. 第I部第4章4. 3. 2. 節。
II. 3. L12　第II部第3章の12行目。

本書の構成

　本書は全体が7部構成である。第I部の第1章は，「話しことばを記述するための言語学的知識」というタイトルで，本書の内容を理解するために前提となる言語学的知識について説明する。第2章の「話しことばのフランス語の変種」では，方法論的な基礎を解説する。第3章の「社会的音声変異の例示」では，フランス語の社会的な音声変異について概説する。

　第II部から第VII部までは，地理言語学的な区分に従っている。第II部は北フランス，第III部は南フランス，第IV部はベルギー，第V部はスイス，第VI部はアフリカと海外県・海外領域圏[1]，第VII部は北アメリカ，以上について，それぞれ解説する。

　各部の第1章は，その地域にみられる主な言語特徴と社会・歴史的特徴を簡単に紹介する。続いて，各調査地点と話し手に関する説明があり，その後に，収録された自由会話，あるいは，インタビューがある。全体のバランスを考えながら，各部の会話例には，代表的と思われる若干の例だけを選んで掲載した。

　また，第I部第3章の🔊部分と各部の会話例はウェブサービスで音声を聞くことができる。URL：https://dictionary.sanseido-publ.co.jp/vod/francophone/

1　フランス語では Départements et Régions d'Outre Mer (DROM) と呼ぶ。

第Ⅰ部　話しことばのフランス語

第1章　話しことばを記述するための言語学的知識[1]

1.「言語を記述する」と「言語を規定する」

　言語学では「記述的」視点と「規定的（規範的）」視点が対立する。前者が言語学の視点であり，「言語使用」の記述を目指すのに対して，後者は伝統文法の視点であり，男性が職場でネクタイを締めるかどうかといった，言語とは関係のない社会生活における作法，いわゆる「よき慣用」について述べる。

　言語学は言語の多様性を通じて言語活動を研究する学問であるといわれるが，その「言語」という概念が実は問題である。たとえば，パリで日常的に話されるフランス語と，マルセイユで話されるフランス語は，厳密には同じではない。とくに，語彙や発音に違いがあり，話し手による違いも大きい。ベルギーのトゥルネーと，アフリカのブルキナファソのフランス語を比べても同じことがいえる。いずれも「フランス語」なのであって，どちらかが「言語」で，もう一方が「方言」と考えるのは難しい。最近では，多くの研究者が言語は政治的観点と密接に関係していると考えている。本書では，フランス語の「変種」という言い方を用いて，「言語」と「方言」の違いについては中立的な立場をとることにしたい[2]。

　ところで，2人の人間が同じ言語体系を持っていることなど，まずもってあり得ないと指摘しておこう。互いに知っている語彙を比べてみれば，同じ言語体系を持っていないことが実感できるであろう。語彙はその人の歴史，社会活動，読書と密接な関わりがある。とはいえ，そうしたことは認めつつも，議論を一般化するために，言語学者の大部分は，言語を記述するための合理的な対象として，

1　執筆者Sylvain Detey, Jacques Durand, Chantal Lycheの原文を日本語版に際して適宜編集した。原著の執筆に際し，Nathalie Rossi-Gensane氏から助言をいただいた。ここに謝意を示す。日本語版では，著者の許可を得た上で，第1章と第2章の順番を入れ替えた。
2　日本語版では，必要に応じて「方言，訛り，地域語」の用語を用いた。

「フランス語」,「英語」という呼び方をしている。

　対象となる言語の特徴を知るには，それを観察しなければならない。しかし，観察するときには「良い」使用や「悪い」使用といった価値判断をしてはならない。言語がどのように機能しているのかを理解するとき，「その言い回しは破格だ」,「文法を無視している」,「その階層の言語使用は追放すべきだ」などと考えるのは，偏見を伴った規準を用いてしまうことになる。あらゆる話し手のいろいろな変種を言語学的に記述することこそ，言語研究の基礎であり，必要不可欠なことなのである。

2. 書きことばと話しことば

　西洋における言語研究の歴史は長い。ギリシャ哲学は言語活動の性質に端を発する考察を行ったが，それは文字の発明によって可能となった。書くことで言語単位を安定的に記号化できるようになり，そこからギリシャ語で，「形容詞」,「動詞」,「形態素」,「音節」のような文法用語が生まれた。文法が登場したとき，それが書きことばと結びついていたとしても驚くにはあたらない。書くことの重要性や，機密事項を文書にして保管することの重要性は，ひとつの神話を生みだした。文字こそが言語を言語たらしめるものであるという神話である。こうして文法にはただ1つの目的が与えられた。それは文書を調べ，その機能を説明し，書記表現を作成し，保存し，さらに行政上のツールとなることであった。そのため文法家は文豪の書いた文章を研究し，最も良い言語使用を記録するようになった。文法家たちは言語使用について裁定を下し，守るべき規範を定めたのである。

　現代の言語学者は，書かれたものだけが言語であるという考え方に反対する。話しことばにも洗練された複雑な構造があり，確かに言語使用は多様であるが，その多様性が話しことばの規則性を知るための障害になることはない。それどころか，話しことばが書きことばよりも優位に立っていることは，言語学者が認めていることである[3]。書きことばは人為的な操作を含んだ人工物であり，文章を読み書きするには手引きに沿った学習が必要である。これに対して，話しことばは自然であり，第一次的である。こうした話しことばの優位性がはっきりしている

　3　［原注］少なくとも方法論的には話しことばが優越しているという意味である。書きことばが言語研究の基本的で豊かな領域であることに反対しているのではない。

にもかかわらず，書きことばに比べると，話しことばはあまり重視されてこなかった。「話しことば」という表現の曖昧さもその一因であろう。「話しことば」は，ある場合には話されたフォーマルなことば(自然会話だけでなく，話された文語も含む)を指し，別のときには「フォーマルではない」，「思いつきの」，「俗な」ことばを指すこともある。

言語分析が文字の発明の恩恵に浴すことができたとはいえ，話しことばを記述し，説明するためには，概念と用語の整備が必要になる。発話を区分するのに，話しことばでは音素と語に区分するが，書きことばでは文字素と語に区分する。このように，それぞれで区切り方が異なる。性・数・人称・時制・法といった形態的な標示も，話しことばと書きことばでは時として大きく異なる。本章では話しことばを言語学的に分析するための手法をいくつか示すことにする。

3. 言語変異とレジスター

すでに述べたが，話し手は全員がまったく同じ言語知識を持っているわけではなく，同じ変種を話す人であっても，一生を通して同じように話したり書いたりするわけではない。各人にはそれぞれに異なる言語形態の目録があり，状況に合わせて意識的あるいは無意識的に，その目録から言語形態を選んで利用する。変異が起きる要因は下の表のようになる。

変異の起きる諸要因

	時間	変化	通時間的
使用者による変異	空間	地理的, 地域的, 局地的, 空間的	通領域的
	社会, 共同体	社会的	通階層的
言語使用による変異	文体, レベル, レジスター	状況的, 文体的, 機能的	通文体的
	媒体	口語／文語	通媒体的

Gadet (2007：23) より。

変異が起きるいろいろな要因のうち,とくに「通文体的」,つまり文体による要因は定義が難しい。ある形式はどのようになれば標準的な変種の中に含まれなくなり,文体による変異体と見なされるのだろうか。「通領域的」でも,「通階層的」でも,「通媒体的」でも,「通時間的」でもなく,「通文体的」な変異と判断するための条件は一体何なのだろうか。

言語分析において,文体による要因を考えることは,言語の「レジスター[4]」や「レベル」の定義を行うことと関係がある。ところが,それらをどう定義するかは難しい問題である。たとえば,マルセイユ出身の話し手が,自分自身について joyeux luron「心配などしない陽気な人」(Ⅲ.3.L36)というとき,luronという語は,どのレジスターに割り当てられるのだろうか。形容詞luronは,多くの辞書で「俗語的」と記載されているが,文豪フロベールの『感情教育』(1845)でも使われている単語である。

ある人たちはことばを,「私的な」ことば(独白やインタビュー),「公的な」ことば(会合,公式の演説,メディアを通した演説),「職業的な」ことば,等に分ける。しかし,学校で使う教科書,辞書,文法書に用いられる伝統的な用語には,下の表が示すように実に多様な観点が含まれる。

用語	想定される類義語
改まった	洗練された,丁寧に作られた,手のこんだ,よく推敲された,教養のある,手の行き届いた,制御された,緊張した
標準の	標準化された,一般的な,共通の,中立化された,慣例の
平俗な	緊張のない,自然な,日常の
俗な	卑俗な,隠語の

Gadet (2007:139) より。

こうしたレジスターの多様性は,Biber & Conrad (2001:175) の定義にも明確に表れている。とはいえ,やりとりの言語レジスターは,状況的な文脈だけで

---

4 「特定の集団や場面に関わる言語変種のことをレジスターと呼ぶことがある」(朝日 2015:207)

決まるわけではない。むしろ同じやりとりの中でレジスターが変わることは頻繁に起きる。そうしたレジスターの移行は，語彙，文法，音声，談話等の面で観察される。たとえば，語彙レベルにおけるレジスターの移行では，prof / professeur / enseignant「教員」，bouffer / manger / dîner「（夕食を）食べる」のように，明確な意味を持つ同義語が用いられる[5]。文法レベルにおけるレジスターの移行では，倒置疑問やイントネーション疑問が好んで用いられ，単純時制や複合時制も使用される。音声レベルにおけるレジスターの移行には，発話スピードを変える，「無音のe」を発音する，リエゾンの実現を増減させる，等がある。最後に，談話レベルにおけるレジスターの移行では，Hein ?「ね?」，Quoi ?「何?」，Comment ?「何だって?」，Je vous demande pardon ?「何ておっしゃったのですか?」といった表現が使われる。

4. 記述のレベル

　言語学者は，さまざまな分析レベルを参照しながら，言語あるいは変種の記述を行う。言語学の理論と学派は様々であるが，多くの概念と用語が言語学者の間で共有されている。たとえ分析方法が違っていても，根本的な点については意見が一致しているのである。

4.1. 語彙論と形態論

　フランス語の話し手の場合，とくに年齢，性別，教育レベル，社会階層，出身地，経験等による違いが大きい。若い話し手は，誰かが自分を bluffé「ビビらせた」というが，年長の話し手ならば，impressionné「驚かされた」，あるいは，sidéré「唖然とさせられた」というだろう。若い話し手の中には，t'es ouf「どうかしてるぞ」や une meuf「女」などの「逆さことば」を多用する者がいるが，同じ年代であっても，全くそれを使わない話し手もいる。こうした表現に価値判断を下すことなく，用法の記述を行うことが言語学者の仕事である。

5　[原注] PFCコーパスのフランス本土の会話について調べたところ，あくまで参考であるが，enseignantは調査者とのインタビューで8回，自由会話で3回出現したのに対し，professeurは調査者とのインタビューで39回，自由会話で23回，profは調査者とのインタビューで45回，自由会話で81回出現した。

地理的な多様性は語彙に最もはっきりと現れる。ケベック州の話し手の語彙は，多くの点でフランスの話し手の語彙とは異なる。カナダでは，「ショッピングする」を faire du *magasinage*[6] といい，「週末に休む」を se reposer pendant *la fin de semaine*[7]，「ブルーベリージャム」は la confiture de *myrtilles* ではなく，la confiture de *bleuets* という[8]。

同じ概念に対して，別の語を使用するだけでなく，同じ単語が変種によって違った使われ方をする場合もある。カナダではモノが dispendieux「高価な」と言うのはふつうだが，フランスではモノが高価なときは，ふつう cher を用い，dispendieux「費用がかさむ」は高いレジスターに属する。

このように語彙は閉じられた総体ではなく，他の言語から借用したり，新語を形成したり，常に拡大する可能性を秘めている。新語の創造には接頭辞と接尾辞が寄与する。最も生産的な接頭辞には，re-prendre「再び取る」，re-corriger「再び直す」，re-faire「再び行う」の re- がある。辞書に記載されているのは，そのうちの最も頻度の高い単語だけである。最近の広告でも，croissant-eries「クロワッサン屋」，sandwich-eries「サンドイッチ屋」の新語が見られる。

言語の変種が変われば，単語の使い方も変わる。IT 分野のフランス語では，英語をそのまま利用することが多いが，カナダでは spam「スパムメール」ではなく pourriel と言う。ある変種で，ある形態がよく用いられるからと言って，他の変種でも同じであるとは限らない。カナダでは，接尾辞 -able と -eux が高い頻度で用いられ，taire「黙る」と parler「話す」から，それぞれ taiseux「寡黙な」と parlable「おしゃべりな」の派生語が作られる。これに対してフランスのフランス語では，cinéma「映画」を ciné，instituteur「小学校教員」を instit のように短縮しているが，カナダのフランス語はこうした短縮形をあまり好まない。

4.2. 音声学と音韻論

音韻論は音を言語の体系として研究し，音声学は音を物理的な観点から記述す

6 　以下のサイトから会話例を観ることができる。TUFS 言語モジュール（ケベックのフランス語）「08. 金額についてたずねる」の L3 を参照。http://www.coelang.tufs.ac.jp/mt/fr-ca-qc/dmod/
7 　同上「27. 好きな行動について述べる」の L11。
8 　同上「13. 好きなものについて述べる」の L16。

る。ここではフランス語とその変種を記述する際の基本概念について見ることにする。最初に，個々の音を取りあげ，次に，アクセントやイントネーションについて簡単に説明する。

4.2.1. 音素：転写法，実現形，分布

　一般に，音素は音声記号を用いて表記される。これによって綴り字の持つ曖昧さを回避することができる。単語の綴り字は利便性はあるものの，音の一部分しか表していない。簡単な例をあげよう。フランス語のchou「キャベツ」とjoue「頬」は，chとjの文字が表している音によって区別される。しかし，chはcとhの2文字から成るが，表す音は2音ではない。さらに，joueの語末のeは無音である。国際音声記号 (IPA)[9]を使ってこの2語を表記すると，chouは [ʃu] に，joueは [ʒu] になる。IPAの [u] の音は，綴り字uの音価とは異なることに気づく。綴り字uが表す音は，IPAの [y] だからである。分かりやすくするために例をあげておこう。

(1) ni「〜もない」/ni/, né「生まれた」/ne/, nu「裸の」/ny/,
　　nous「私たち」/nu/, nœud「結び目」/nø/, nos「私たちの」/no/

　音声を表記するには2つのレベルを区別する。たとえば上の(1)では，意味の異なる6語がすべて同じ子音 /n/ をもち，母音だけで互いに対立する。この対立によって，6つの母音音素 /i, e, y, u, ø, o/ と，子音音素 /n/ を識別することができる。しかしながら，これら6語の [n] 音を細かく見てみると，同じではないことが分かる。鏡を見ながらこれらの語を発音すると，/n/ の発音が始まるときから，唇は次の母音の準備をしていることが分かる。ni /ni/ とné /ne/ では，唇は横に引っ張られ，nu /ny/, nous /nu/, nœud /nø/, nos /no/ では，唇が丸くなる。音素 /n/ のこうした異なる実現形は，IPAを用いて表記できる。たとえば，nuの発音は [nʷy] と表記することができ，[ʷ] は「補助記号」と呼ばれ，唇の丸めを表す。

　9　IPA（国際音声記号）はp.xiv, xvを参照。日本語のWebサイトとしてはhttp://www.coelang.tufs.ac.jp/ipa/がある。

音声転写には2つのやり方がある。音素表記を，斜線 / / の中に記載し，音素の実現形（異音）を，カギ括弧 [ ] の中に表記する。両者の違いを説明しよう。英語を母語とする者がフランス語を学ぶと，語頭子音の /t/ を発音するときに軽い息もれを伴い，thé /te/「お茶」を [tʰe]，あるいは，[tʰeɪ] と発音する。このカギ括弧の中は「狭義の」音声表記と呼ばれる。

　次に，フランス語のroi「王」のr音について詳しく見てみよう。フランスのフランス語で規範的とされる発音では，r音は，舌の後部を口蓋垂に近づけて調音し，「口蓋垂音」と呼ばれ，/ʁ/ で表記される。r音が震え音であれば，/ʀ/ と表記する。フランスのさまざまな地方の年長者や，フランス語圏の国々では，舌尖を歯茎に弾きつけて r 音を発音する。この場合は [r] と表記する。伝統的に「巻き舌のr」と呼ばれるこの音は，最近では，「前部震え音，舌尖震え音」と呼ばれる。歯茎部での弾きが1回だけの場合は，「弾き音」と呼び，[ɾ] で表記する。

　いろいろな変種を比較してみると，その違いは音素目録の違いである場合，音素の実現形の違いである場合，等がある。たとえば，パリの教養あるフランス人の多くは，/a/〜/ɑ/ を区別しない。la「定冠詞単数女性形」と las「疲れた」は，いずれも /la/ になる。また，patte「動物の足」と pâte「パスタ」は /pat/ に，malle「スーツケース」と mâle「雄の」も /mal/ になる。ベルギーでは，多くの話し手が，/w/〜/ɥ/ を区別しない。たとえば，huit「8」は /wit/ と発音される。

　音素目録は同じなのに，音素の分布が語の中で違っていることがある。les /le/「定冠詞複数形」と lait /lɛ/「牛乳」を区別する話し手の中には，未来形のirai「私は行くつもりです」を /iʁe/，条件法のirais「私は行くだろう」を /iʁɛ/ のように区別する人と，区別しない人がいる。さらにレジスターによっては，1人の話し手の中で発音が変化することもある。

　最後に，変種の間で許容される音素連続が異なっている場合について述べておこう。標準的なフランス語には，子音+流音 (/l/ または /ʁ/ のこと) + /j/ という連続が存在しない。そのため，sablier「砂時計」を */sablje/ ではなく，/sablije/ と発音する。ところが，南仏の保守的な変種では，子音+流音+/j/ の連続が許容され，/sablje/ と発音する。

第1章 話しことばを記述するための言語学的知識

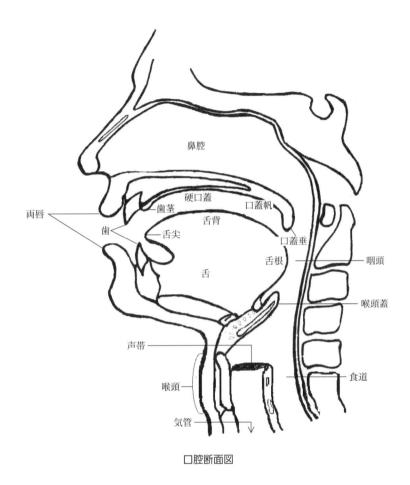

口腔断面図

4.2.2. 韻律（プロソディー）

　会話をしているとき，それぞれの語は，メロディー曲線を伴ったより大きな構成素に分かれる。こうした曲線は，プロソディーとして扱われ，「アクセント，声調」と「イントネーション」の2つの体系を構成する。母語（第1言語）において，子どもはプロソディーを早い段階に習得し（ヴェシエール 2016：128），プロソディーは話しことばの主要な位置を占める。外国語（第2言語）の音素をマスターした学習者が，全員，ネイティブと同じようになるわけではなく，第1言語のア

クセントやイントネーションが長い間にわたって，第2言語に影響を与え続けることがある。プロソディーは，音韻論にとって不可欠な部分ではあるが，統語論，意味論，語用論とも関係がある。音韻論の観点からいうと，ある言語のプロソディーには，アクセント配置，声調，イントネーションが含まれる。アクセント配置と声調は，単語レベルに関することであり，イントネーションは語の連続，すなわち発話レベルに関係する。

第2章　話しことばのフランス語の変種[1]

1. はじめに

　話しことばのフランス語を研究するとき，教師であれ，学習者であれ，研究者であれ，たくさんの疑問が湧いてくる。話しことばのフランス語とは何なのか，その特徴とは何か。そうした特徴は，たとえば，パリやブルキナファソのワガドゥグと，スイスのニヨンの話し手の間で共有されているのか。あるいは，アフリカのコートジボワールのアビジャンで話されるフランス語は，カナダのケベック州やベルギーのリエージュで話されるフランス語と違うのか。もし違うとすれば，それは語彙，談話，統語，音韻，音声のどのレベルにおいてなのか，といった疑問である。

　これまでは，そうした問題を考えようとしても，2つの点でリソースが欠如していた。第1に，自然な談話を収録し，文字化したデータが存在しなかった。教師や学習者が手に入れることができるのは，学術的なデータであり，それらはデータを分析するための材料であった。第2に，教育に合った情報が全般的に欠けていた。話しことばのフランス語についていうと，優れた出版物がたくさんあるにもかかわらず，言語学の素養のない教師や学習者には，観察するための指針がないために，話しことばの特徴を把握することは不可能であった。本書を執筆することになった根底には，こうした2つの欠落点の発見があった。

　16世紀以来，フランス語の研究は，「よき慣用」を決めるための土台となった文学テクストに依拠してきた。その一方で，かなり前から，話しことばと書きことばの間には隔たりがあることが気づかれ，地域，年齢，コミュニケーションの環境や状況によって，フランス語には揺れがあり，そのことが話しことばを特徴づける大きな多様性に関連していることが知られていた。今日では，録音やデジタル化といったテクノロジーの進歩や，コーパス言語学の発達とともに，言語研究と言語教育のいずれにおいても，実際に使用された話しことばのデータが必要不可欠になっている。

1　執筆者Sylvain Detey, Jacques Durand, Bernard Laks, Chantal Lycheの原文を日本語版に際して，重要と思われる部分を中心に訳出した。原著では第1章にあたる。

2. PFCプロジェクト

現時点で利用可能な話しことばのフランス語のコーパスの中で,「現代フランス語音韻論：言語使用, 変種, 構造[2]」(以下ではPFCと略)のコーパスは, 質的にも量的にも, 最も充実したコーパスの1つといえる。本書に出てくる例は, そのコーパスから取られたものである。

2.1. PFCの始まり

PFCは, 大規模な話しことばのデータベースを構築しようとする音韻論者たちのプロジェクトであり, プロジェクトの統括者は, Jacques Durand, Bernard Laks, Chantal Lycheの3名である[3]。1999年にプロジェクトが発足して以来, 世界中の約60名の研究者と学生が協働してきた。これを可能にしたのは, プロジェクトのWebサイトのおかげである[4]。同サイトから, データ, ツール, 刊行物に自由にアクセスすることができる。2016年までに, フランス語圏において, 700件を超える録音が行われた。そのうち400件の録音が文字化され, サイトからアクセスすることができる (Detey他 2016：14)。PFCコーパスは, 規模においても, 構成においても, 話しことばのフランス語の「参照コーパス」としての役割を担うようになった。

2.2. 方法と表記

PFCの強みの1つは, 調査方法の一貫性である。これによりデータの互換性が保証されている。録音された話し手の全員が, ほぼ同じタスクを行っている。調査地点ごとに, その言語共同体を代表していると思われる話し手を, できるだけいろいろな世代から10名程度選び, 以下の4タスクを行ってもらい, 録音した。①単語リストの読みあげタスク。単語リストは音韻体系を調査するためのリスト

2　フランス語ではPhonologie du Français Contemporain : usages, variétés et structureという。
3　[原注] 当初は5つの目的を掲げていた。①話しことばのフランス語の実態を一体性・多様性とともに提供する。②共時態と通時態において, 音韻論モデルを検証する。③共通の方法論に基づいて, 話しことばのフランス語の大規模データベースを構築する。④音韻論の知見とことばの自動処理ツールについて, 情報交換を活発化する。⑤フランス語教育とフランス語学のデータを充実させる。
4　[原注] www.projet-pfc.net

である。②短いテキストの読みあげタスク。短いテキストは，①で観察された話し手の音韻体系を調べるためだけでなく，とくに無音のe（以下では，シュワー[5]と呼ぶ），リエゾンの実現の仕方，等を調べるためのものである。③やや改まった状況で，調査者とインタビュー形式の会話を行った。④調査者の干渉をできるだけなくし，被験者がその家族あるいは隣人と，フォーマルではない自由会話を行った。

　録音データは文字転写のほかに，音声分析ソフトPraat[6]を用いて，シュワー，リエゾン，プロソディー等に関する特殊なコードを付与して，音声，文字，特殊コードを連動させて取り扱えるようになっている。文字転写は標準フランス語の正書法に従っている。たとえば，発音が [ilija], [ilja], [ja] のいずれであっても，il y a「～がある」と文字化する。同じように，[ʒəsɥi], [ʃsɥi], [ʃɥi] のいずれであろうと，je suis「私は～です」と表記した。話し手のためらいはeuhと表記し，繰り返しやポーズも記録した。これに対して，発音しなかった要素は表記しない。たとえば，話し手が [infopa] と発音したときは，il ne faut pas「～してはならない」と表記するが，[ifopa] や [fopa] と発音したときは，il ne faut pasと書くのではなく，それぞれil faut pas, faut pasと表記した。否定辞neについて，on a pas...なのか，on n'a pas...「私たちは～を持っていない」なのかわからないときは，後者のon n'a pasとした。シュワーとリエゾンにコードを付与したことで，シュワーとリエゾンの実現と非実現を数量的に観察することが可能になった。

3. PFCフランス語教育プロジェクト（PFC-EF[7]）

　PFC-EFの主たる目的は，フランス語を教育するために，PFCのリソースを簡単に利用できるようにすることである。このプロジェクトは2006年にスタートしたが，その研究成果の1つが本書である。

5　シュワーは「非円唇・中舌の半狭母音あるいは半広母音の別称として用いられ，[ə] で表わす」（亀井・河野・千野 1996：696）。

6　[原注] Praatに関する情報については，以下のサイトを参照：http://www.fon.hum.uva.nl/praat

7　フランス語ではPhonologie du Français Contemporain : usages, variétés et structure - Enseignement du Françaisという。

3.1. フランス語の変種を研究するための指針

　教授法の観点からみたPFCデータベースの特徴は以下の2点である。①話しことばのデータとして，フランス語の研究だけでなく，学習においても不可欠なデータである。②PFCデータベースは，「話しことばのフランス語における変異」を，とくに地理的な観点から整理して記録し，フランス語圏で見られる話しことばの現状を把握するために不可欠なデータであり，単にフランス語の「訛り」を例示したものではない。

　話しことばのフランス語を研究しようとする者は，まとまった音声データと，その文字転写を持っておくだけでなく，話しことばの特質を理解するための「指針」も理解しておく必要がある。話しことばの特質は，文学作品等に基づいた規範文法と比較されなければならない。そのための材料として，話しことばの音声データと文字転写を解説とコメントを付けて提示し，話しことばの研究と分析を容易にすることが本書の目的である。

3.2. 本書内の記述方法
3.2.1. コーパスの構築，匿名化，文字転写

　地理，世代，文体，社会等によって言語変異が起きる要因を考えるとき，本書の中で，フランス語のすべての変種について説明することはもちろんできない。たとえPFCコーパスに含まれる変種に限ったとしても，その全体を説明することは不可能である。従ってここでは，地理的な変異の例だけをあげて説明する。

　本書では，PFC調査の地点について，その地点を代表していると思われる話し手を選び，その話し手が積極的に参加している会話の中から，音質のとくに良いものを選んだ。話し手の性別や年代に偏りがないように，また，「外国語としてのフランス語」（以下FLE[8]）のクラスでも使えるように，文化や特定のテーマについて説明している会話を選んだ。各会話は5分程度であるが，ベルギーとスイスには短い会話も含まれる。

　PFC調査では，個人情報保護の原則に従って，匿名化がなされている。匿名化された部分は，音声データ上で空白になり，文字転写ではXと記される。たとえ

8　フランス語でFrançais Langue Etrangère (FLE [flə]) という。

ば un autre euh… lycée public, qui s'appelle（X）, dans le quatorzième「別なその…公立高校，Xという名前の，14区にある」のようになる。本書では，基本的にPFCの転写規則を踏襲しているが，必要に応じて臨機応変に対応し，句読点や談話の境界部分で，標準的な書きことばの規則を守っていないことがある[9]。

3.2.2. 表記法

使用した表記法をいくつかあげておく。

表記法	
部・章	Ⅰ.3.は，第Ⅰ部第3章のこと。 Ⅰ.4.4.3.2.は，第Ⅰ部第4章4.3.2.節を表す。
シュワー	実現はe，非実現は(e)
リエゾン	実現は les [z]amis「友人たち」，非実現は grand // émoi「大きな心配事」
音節の区切り	ピリオド．で表記。[a.lœʁ] à l'heure「時間通りに」
単語の境界・位置	語境界はシャープ記号#，位置はアンダーバー。 例　V#C_CVの位置
音声・音韻レベル	音声レベルはカギ括弧 [　]，音韻レベルは斜線 /　/
正書法レベル	<　>で示す。音韻対立 /C#/ と /Cə#/ は正書法上では <C#> と <Ce#>
/R/[10], /A/[11] 等	複数の実現形が可能なことを表す。 /R/ の実現形は [ʁ, χ, r]，/A/ は [a, ɑ]

---

9 [原注] セミコロンと…が転写で利用されているが，PFCの転写では，ピリオド，カンマ，疑問符のみが使用される。話し手の名前は，頭文字2文字で表記した。調査者はEQと表記し，2名のときにはE1，E2とした。伝達文や会話の重なり合いについても変更を加えた。

10　フランス語の音素表記では，/ʁ/（あるいは /r/）と表記するのが慣例であるが，ここではフランス語変種の発音を考慮し，/R/ と表記する。したがって本書では，/ʁ/ と /R/（場合によって /r/）の表記が混在する。

11　慣例では /a/ と表記するが，ここでは /A/ と表記し2つの変異体 [a] と [ɑ] があることを示す。

文字転写規則	
発話者	コロン：により導入。LB : [...] quand... une des professeurs
発話単位	引用符 « » でくくられた部分
発話の重なり	E1 : Il commence un peu à avoir le, la notion de la réalité <CG : Mais il paraît que Sandrine>. CG : est un petit peu comme ça aussi alors je... CGはE1の途中から <Mais il paraît que Sandrine> と話し始めた
コード・スイッチング	FR : [...] Il fallait sortir d'ici pour aller devant l'épicerie, loin là-b/là-bas au lieu d'ici donc ça a été loin, hein. Parfois, *mi arivé, mi gagné pa*, eh bien. イタリックの部分で，フランス語からクレオル言語 mi arivé, mi gagné pa に切り替わった[12]
聞き取り不能	DP : [...] l'école secondaire, à Tecumseh qui angl/, tu sais une école anglaise là (XXX). (XXX)の部分が聞き取れない

---

12 クレオル言語については，Ⅵ.1.2. p.156を参照。

第3章　社会的音声変異の例示[1]

1. はじめに

　フランス語を話す人の言語能力は，地域によっていろいろに変わる。ただし，地理的な変異だけが言語変異というわけではない。話し手や聞き手の言語的・社会的な位置づけ，ある「階層」への帰属や年齢によって，多様な実現形が現れることが知られている。そうした社会と言語の多様な関係性は，それぞれの話し手や聞き手の中に内在化しており，異なる話し手の間で言語変異が観察されるだけでなく，同じ話し手の中でも言語変異が見られる。話し手内部のこうした変異は，とりわけ話し方への注意度の違いとして現れる。言い換えるならば，話し方の「スタイル」に合わせて言語変異が現れるのである。

　ここではPFCプロジェクトがコーパスを構築する中で得た貴重な成果を拠り所にしながら，言語変異のタイプを例示してみよう。PFCコーパスの中には，「調査者とのインタビュー」や「自由会話」のデータに加えて，「単語リスト」と「短いテキスト」の読みあげタスクが含まれる。単語リストと短いテキストによって，話し手の基本的な特徴をすばやく知ることができるだけでなく，データ間の比較も容易である。この章では，音声と音韻を観察することに主眼を置く。これにより，地理的変異だけでなく，話し手の年齢，話し方への注意度，言語共同体における話し手の社会的位置づけ，等の要因に応じて，言語変異の起きることがわかるであろう。ただし，ここでは変異の全リストを提示し，包括的な記述を行うわけではないことを断っておく。

2. 地理的変異と様々な音韻体系

　フランス語の話し手の音韻体系は，場所によって変わる。たとえば，南仏の話し手の音韻体系は，北仏の話し手，あるいは，ケベックの話し手の音韻体系とは異なる。最初に，PFC単語リストと短いテキストを見ておき，続いて，南仏とケベックの話し手から，どのような結果が得られるのかを説明する。

---

[1] 執筆者Jean-Michel Tarrierの原文を日本語版に際して適宜編集した。原著にコメントと提案をいただいたS. Detey, J. Durand, B. Laks, C. Lycheの各氏に謝意を表す。

2.1. PFC単語リストと短いテキスト

単語リストは話し手の音素目録を作成するために考案され，84個の単語と5組の単語ペアを含む。単語の読みあげタスクでは，発音はいくぶん人工的なものにならざるを得ないが，さまざまな実現形を分析することで，発音データをうまく整理することができる。

PFC単語リスト

ランダムに並んだ単語リスト（84語）	
1. roc	岩
2. rat	ネズミ
3. jeune	若い
4. mal	悪い
5. ras	短く刈った
6. fou à lier	完全に気の狂った
7. des jeunets	ごく若い人たち
8. intact	元のままの
9. nous prendrions	prendreの条件法現在1人称複数形
10. fêtard	（話しことば）浮かれ騒ぐ人
11. nièce	姪
12. pâte	パスタ
13. piquet	杭
14. épée	剣
15. compagnie	会社
16. fête	祭り
17. islamique	イスラムの
18. agneau	子羊
19. pêcheur	漁師
20. médecin	医師
21. paume	手のひら
22. infect	汚染された
23. dégeler	溶かす
24. bêtement	馬鹿みたいに
25. épier	見張る
26. millionnaire	百万長者
27. brun	褐色の
28. scier	のこぎりで挽く
29. fêter	祝う
30. mouette	カモメ
31. déjeuner	昼食
32. ex-femme	前妻
33. liège	コルク
34. baignoire	浴槽
35. pécheur	罪人
36. socialisme	社会主義
37. relier	結びつける
38. aspect	局面
39. niais	間抜けな
40. épais	厚い
41. des genêts	エニシダ
42. blond	金髪の
43. creux	くぼんだ
44. reliure	製本
45. piqué	刺された
46. malle	スーツケース
47. gnôle	（話しことば）安いブランデー
48. bouleverser	ひっくり返す
49. million	百万
50. explosion	爆発
51. influence	影響
52. mâle	雄
53. ex-mari	前夫
54. pomme	リンゴ
55. étrier	鐙（あぶみ）
56. chemise	ブラウス
57. brin	若枝
58. lierre	キヅタ
59. blanc	白
60. petit	小さい

61. jeûne	断食	
62. rhinocéros	サイ	
63. miette	パンのかけら	
64. slip	ブリーフ	
65. compagne	仲間	
66. peuple	民衆	
67. rauque	しゃがれた	
68. cinquième	5番目の	
69. nier	否定する	
70. extraordinaire	並外れた	
71. meurtre	殺人	
72. vous prendriez	prendreの条件法現在2人称複数形	
73. botté	長靴をはいた	
74. patte	（動物の）足	
75. étriller	（馬の）毛並みを整える	
76. faites	faireの直説法現在2人称複数形	
77. feutre	フェルト	
78. quatrième	4番目の	

79. muette	muet「口がきけない」の女性形	
80. piquais	piquerの直説法半過去1・2人称単数形	
81. trouer	穴を開ける	
82. piquer	刺す	
83. creuse	creux「くぼんだ」の女性形	
84. beauté	美	

5組の既出単語ペア（10語）

85. patte	（動物の）足	
86. pâte	パスタ	
87. épais	厚い	
88. épée	剣	
89. jeune	若い	
90. jeûne	断食	
91. beauté	美	
92. botté	長靴をはいた	
93. brun	褐色の	
94. brin	若枝	

　単語リストが示すように，そのほとんどが日常的な語彙である。これらの語は，伝統的な音声学の研究書や，これまでに行われた音韻調査において用いられた単語から選ばれた。この単語リストによって，母音と子音の対立だけでなく，他の音素についてもすばやく評価することができる。1番から84番までは，単語がランダムに並んでいる。85番から94番には，既出の単語を利用した5組の単語ペアがあり，話し手の母音音素の目録を作成するのに役立つ。

　短いテキストは語彙と文法の組み合わせを考慮して作成された。地方新聞の小さな記事のような体裁をとりつつも，義務教育を修了した者であれば，問題なく理解できる内容になっている。この読みあげデータは，自然会話を研究するためのデータとしては適さないが，フォーマルな文体ではあるものの，単語リストよりも注意度が低く，より自然な発音に近い。短いテキストには，主な母音と子音だけでなく，フランス語に特有の音韻現象も含まれており，シュワーやリエゾン，そしてそれらと密接に関係する鼻音化と「有音のh」についても，詳細に調査できるようになっている。ほかにも，口蓋化，わたり音，さまざまな同化の現象も

文章の中に含まれている。

　ここでは音素目録の全体を提示するのではなく，以下の単語ペアに関して，音素対立の地理的・社会的な変異を見てみよう。

12. pâte, 86. pâte「パスタ」　　74. patte, 85. patte「（動物の）足」

40. épais, 87. épais「厚い」　　14. épée, 88. épée「剣」

3. jeune, 89. jeune「若い」　　61. jeûne, 90. jeûne「断食」

21. paume「手のひら」　　　　54. pomme「リンゴ」

93. brun「褐色の」　　　　　　94. brin「若枝」

2.2. 南仏の話し手

　単語リストと短いテキストの中に出てくる上の単語ペアを比較することで，音韻体系のいくつかの状況を，早くかつ確実に評価することができる。たとえば，単語リストの読みあげ（12. pâteと74. patte），既出単語ペアの読みあげ（85. patteと86. pâte）において，母音 /a/～/ɑ/ の対立が見られない場合には，その対立が自然会話のタスクの中に見られないことを示す重要な証拠となる。実際，PFC データの中に反例は1つもない。

　南仏の話し手の多くは，単語ペアを読み上げるときに，/e/～/ɛ/, /a/～/ɑ/, /ø/～/œ/ を対立させない。トゥールーズ・ミライユ・ジャン・ジョレス大学（以下トゥールーズ大学）の女子学生JCの場合，85. patteと86. pâteは同じ母音 [a] になり，87. épaisと88. épéeも [e] になり，89. jeuneと90. jeûneは [œ] に，91. beautéと92. bottéは [o] になり，いずれも同じ母音で発音する。他方，93. brun [œ̃] と94. brin [ɛ̃] は，他の南仏の話し手と同じように，鼻母音の発音が異なる（🔊 Exemple sonore 1）。

　同じトゥールーズ大学の男子学生MDの場合は，単語ペアの発音だけを信じるならば，/a/～/ɑ/, /ø/～/œ/ の対立は存在しているように思える。85. patte [a] と86. pâte [ɑ] は区別され，87. épaisと88. épéeはいずれも [e] になるが，89. jeune [œ] と90. jeûne [ø] は対立する。さらに91. beautéと92. botté

はともに［o］になるが，93. brun［œ̃］と94. brin［ɛ̃］を区別する（🔊 Exemple sonore 2）。ところが，ランダムに並んだ単語リストの読みあげを調べてみると，MDには /a/〜/ɑ/ の対立がないことがわかる。12. pâte（🔊 Exemple sonore 3）と 74. patte（🔊 Exemple sonore 4）をいずれも［a］で発音する。このことは短いテキストの読みあげでも同じであった。

- et plus récemment, son usine de *pâtes* italiennes

「もっと最近，彼のイタリアのパスタの工場は」

pâtes［pat］（🔊 Exemple sonore 5）
同じことが［ø］と［œ］についてもいえる。

- quelques fanatiques auraient même entamé un *jeûne* prolongé dans l'église de Saint-Martinville

「数名の狂信者がサン・マルタンヴィル教会で断食の延長さえ始めたようだ。」

jeûne［ʒœn］（🔊 Exemple sonore 6）

2.3. ケベック州の話し手

　音韻対立が安定していれば，ふつう実現形も安定している。そのことをケベック州のラヴァル大学の女子学生JRの発音で確かめてみよう。85. patte［a］，86. pâte［ɑ］，87. épais［ɛ］，88. épée［e］，89. jeune［œ］，90. jeûne［ø］，91. beauté［o］，92. botté［ɔ］，93. brun［œ̃］，94. brin［ɛ̃］となり，いずれの母音も対立する（🔊 Exemple sonore 7）。ランダムな単語リストの読みあげでも，12. pâte［ɑ］，74. patte［a］，40. épais［ɛ］，14. épée［e］，3. jeune［œ］，61. jeûne［ø］，84. beauté［o］，73. botté［ɔ］となり，同じように母音が対立する（🔊 Exemple sonore 8-15）。

　他の2名の話し手を調べてみると，ケベック州では，これらの音韻対立が，すべての社会階層において安定していることがわかる。1人目は，ラジオやテレビ番組でおなじみの大学教授CPである。85. patte［a］，86. pâte［ɑ］，87. épais［ɛ］，88. épée［e］，89. jeune［œ］，90. jeûne［ø］，91. beauté［o］，92. botté［ɔ］，93. brun［œ̃］，94. brin［ɛ̃］と発音する（🔊 Exemple sonore 16）。2人目は，高学歴とはいえない職人JPである。彼も 85. patte［a］，86. pâte［ɑ］，87. épais［ɛ］，88. épée［e］，89. jeune［œ］，90. jeûne［ø］，91. beauté［o］，92.

botté [ɔ], 93. brun [œ̃], 94. brin [ɛ̃] と発音し，母音はCPと同じように対立する（🔊 Exemple sonore 17）。

3. 年齢による変異（バスク地方の話し手）

次に，世代間の違いを見るために，家庭内の3世代の話し手を比較してみよう。3名とも女性で，バスク地方のサン・ジャン・ピエ・ドゥ・ポールに暮らしている。JM（92歳）は退職した学校教師で，娘のMA1（65歳）も同じく学校教師で，孫のMA2（38歳）は法律コンサルタントである。ここで検討するのは，①硬口蓋側面音 /ʎ/ の保持と消失，②世代間における /R/ 音の変異，③無声の声門摩擦音 /h/ の消失，についてである。ここでも単語リストと短いテキストの読みあげデータを利用する。

3.1. 硬口蓋側面音 /ʎ/ の消失

単語リストの読みあげでは，母のJMと娘のMA1が，硬口蓋わたり音の /j/ を，硬口蓋側面音 /ʎ/ に対立させる。単語ペアのétrier「鐙」とétriller「（馬の）毛並みを整える」を見れば，そのことがわかる。これに対して，孫娘MA2の音素体系には /j ~ ʎ/ の対立がない。

1. JM（92歳）母　55. étrier [etχije], 75. étriller [etriʎe]
　　　　　　　　　　　　　　　　🔊 Exemple sonore 18)
2. MA1（65歳）娘　55. étrier [etχije], 75. étriller [etχiʎe]
　　　　　　　　　　　　　　　　🔊 Exemple sonore 19)
3. MA2（38歳）孫娘　55. étrier [etχije], 75. étriller [etχije]
　　　　　　　　　　　　　　　　🔊 Exemple sonore 20)

注意深い読者は気づいたであろうが，母JMは音素 /R/ を，2つの違う音 [χ], [r] で発音している。

3.2. /R/ 音：話し手による変異，同じ話し手内部の変異，世代間の変異

JMの /R/ 音は，前方の /R/ 音（歯茎震え音 [r]）と，後方の /R/ 音（口蓋垂摩擦音の有声音 [ʁ] と無声音 [χ]）との間で変異する（Ⅰ.2.3.2.2. p.15）。最も

第3章　社会的音声変異の例示

多くの変異が観察されたのは数詞であった。[r] 音は5つの語に現れ，[χ] 音は3つの語に，[ʁ] 音は1つの語に現れる。

trois [tχwa]「3」, treize [tχɛzə]「13」, quatorze [katɔʁzə]「14」, trente [trãt]「30」, trente-deux [trãtdø]「32」, trente-trois [trãtrwa]「33」, quarante-cinq [karãtsɛ̃k]「45」, quatre-vingt trois [katrəvɛ̃tχwa]「83」
(🔊 Exemple sonore 21)

quatre-vingt quatre [katrəvɛ̃katχ]「84」では，単一の数詞の中に [r] と [χ] の変異が見られる (🔊 Exemple sonore 22)。

JMの場合，数詞以外では，前方の /R/ が支配的であった。単語リストに34回現れる /R/ 音のうち，33例が前方の /R/ であった。後方の /R/ 音は，55. étrier [etχije] の [χ] だけであった。75. étriller [etriʎe] は，硬口蓋側面音 [ʎ] で発音した (🔊 Exemple sonore 18)。

短いテキストの読みあげでは，ministre「大臣」を除いて，すべての /R/ が前方の /R/ であった。ministre は [ministχ] と [ministr] の間で発音が揺れる (🔊 Exemple sonore 23[2])。調査者とのインタビューでは，後方の /R/ が1例のみ確認されたが，自由会話では皆無であった。このことからJMにとって /R/ 音の支配的な実現形は，歯茎震え音の [r] であると考えられる。この [r] 音は，次の世代のMA1になると口蓋垂摩擦音にとって代わられた[3]。

1. roc [χɔk], 2. rat [χa], 3. jeune [tχwa ʒœn], 4. mal [katχ mal], 5. ras [ʁa], 9. nous prendrions [pχãdʁijɔ̃], 10. fêtard [fetaχ]
(🔊 Exemple sonore 24)

世代間の相違は，次のようにまとめられよう。以下の et des *vérifications*

---

[2]　録音音声はPremier Ministre ne cesse de baisser (...) indiqueraient (...) au Premier Ministre (...)
[3]　下の例の3. jeune と 4. mal では，[χ] 音は数詞の部分に現れる。

d'identité「そしてアイデンティティの証明」という音声は，テキストの読みあげからの抜粋である。

1. 母JM（92歳），前方の / R / 音，[r] が支配的であるが，[ʁ] と [χ] の変異形もある。
   [verifikasjɔ̃]（🔊 Exemple sonore 25）
2. 娘MA1（65歳），後方の / R / 音，[ʁ] が支配的で，頻繁に無声音 [χ] になる。
   [veχifikasjɔ̃]（🔊 Exemple sonore 26）
3. 孫娘MA2（38歳），後方の / R / 音が支配的で，MA1よりも頻繁に有声音 [ʁ] になる。
   [veʁifikasjɔ̃]（🔊 Exemple sonore 27）

3.3. / h / の消失

短いテキストからの抜粋，Le hasard, tout bêtement...「偶然，全く馬鹿みたいに…」では，[h] 音が最年長のJMのみに見られ，娘や孫娘には全く見られない。

1. 母JM（92歳）　　　　［lə hazar］（🔊 Exemple sonore 28）
2. 娘MA1（65歳）　　　［lə azaχ］（🔊 Exemple sonore 29）
3. 孫娘MA2（38歳）　　［lə azaʁ］（🔊 Exemple sonore 30）

4. 話し方への注意度による変異

　話し方に注意をはらう度合いによって，同じ話し手であっても，実現形が変異することがある。あまりフォーマルではない状況よりも，フォーマルな状況の方が，相対的に話し手の注意度は大きくなる。こうした注意度の違いによって実現形が変異する。フォーマルな状況においては，話し手は「威信のある」規範的な形を用い，あまりフォーマルではない状況においては，より自然な話し方になり，規範からは顕著に離れた実現形を使う。こうしたことは言語学者が概ね認めている。PFCコーパスでは，注意度の異なる4種類のタスクを話し手に課している。話し手の注意度は，会話よりも，読みあげタスクにおいて高くなる。読みあげタ

スクの中では，単語リストの読みあげの方が，短いテキストの読みあげタスクよりも注意度が高くなる。調査者とのインタビューと自由会話の関係も同じである。話し手の注意度は高いものから順番に次のようになる。

高い ←——————話し手の注意度——————→ 低い

単語読みあげタスク ＞ 短いテキストの読みあげタスク ＞ 調査者とのインタビュー ＞ 自由会話

4.1. 単語リストの読みあげと短いテキストの読みあげの結果が異なる場合

　単語リストの読みあげと短いテキストの読みあげの結果は，必ずしも同じにならない。これは単語リストの読みあげと短いテキストの読みあげでは，話し手の注意度に違いがあるためである。話し手が最も注意をはらう単語リストの読みあげの中で，いくつかの単語ペアを対立させなかったとすれば，その話し手は，あまり注意をはらう必要のないタスクにおいても，単語ペアを対立させないことが予想される。ただし，本当にそうかどうかは確認が必要である。逆に，最も注意をはらう状況で音韻対立を実現したとしても，注意度の低い状況で，その音韻対立が実現されないことは十分にあり得る。先に見た南仏の話し手MDの例 (p.20-21) は，注意度が変わることで，実現形も変わることを明瞭に示している。

4.2. 語末のシュワー

　話し方への注意度と関連した変異の例をもう1つ挙げておこう。南仏のドゥゼンス村の話し手は，多音節語[4]の語末にあるシュワーを，実現するときとしないときがある（Ⅲ.2. p.86以下）。語末のシュワーを研究する場合，変異を記述するほかに，言語規範という複雑な概念を想定し，規範と文字の習得との関連性も考慮に入れなければならない。ここでは，短いテキストの読みあげと自由会話を比較してみよう。

　ドゥゼンス村の話し手は，全員，南仏のフランス語の一般的な傾向を示しており，文字と発音の間に明確な関連性が見られる。語末に -e の文字がある phare「灯

---

[4] 南仏の変種では，phare のような語は，語末の -e がふつう発音されるため，2音節の多音節語と考えられる。

台」は，[farə], [far] と発音される。それに対して，語末に -e がない fard「ファンデーション」は，[far], [faχ], [faʀ] と発音する。つまり，語末に -e の文字があれば，単語リストと短いテキストのいずれにおいても，シュワーの実現と非実現の割合の違いはなさそうである。自由会話でも，このことは同じである。下の表は，多音節語の後に子音で始まる語が後続するときのシュワーの現れをまとめたものである。

多音節語の後に子音で始まる語が後続するときのシュワー

タスク	出現回数	シュワーの非実現数	シュワーの実現数
読みあげ	341	46 (13%)	295 (87%)
自由会話	480	86 (18%)	394 (82%)

　読みあげと自由会話におけるシュワーの実現については，すでに先行研究がある。自由会話よりも読みあげタスクのほうが，話し手の注意が書きことばの規範をより意識したものになることは明白である。シュワーを実現しない発音は，注意度が低いときに顕著に起きるのに対して，シュワーを発音する南仏の「典型的」な発音は，話し方への注意度が高くなると増加する。さらに一歩進んで解釈するならば，このことは文字の規範と読み書きの習得とも関係する。Durand 他 (1987) が指摘するように，南仏出身の教師は，語末の -e の読み書きを教えるときに，発音と文字が一致しているという教え方をする。つまり，北仏の話し手は，fard と phare，mer と mère の違いを，-e の文字があるかないかという違いとして学習するのに対して，南仏の保守的な地域の子どもたちは，文字と発音は一致していると学ぶわけである。読みあげタスクのように，話し手の注意度が高いと，学校で学んだ文字と発音の対応関係が一層強まる。

5. 社会的位置づけによる変異

　話し手と聞き手の社会的な地位，あるいは社会的関係の度合いが，言語の性質に反映され得る。よくいわれることだが，我々は，皆，同じような話し方をするわけではなく，「社会階層」によって話し方が異なる。「上流階級」の話し方は，

「労働者」と同じではない。社会階層が話し手の言語の違いや変異と関係していることは，多くの研究が示している[5]。社会的地位と言語変異とを関連づけようとするアプローチには，常に困難がつきまとう。社会的なカテゴリーを定義して区分することは，その社会についての豊富な見識が要求される難題だからである。また，その共同体を的確に代表するようなサンプリングを行って調査する必要がある。PFCプロジェクトを，大規模な社会言語学的調査として見てみると，必ずしも言語変異を研究するための調査であるとはいえない。収集されたサンプルが，問題となる社会システム全体を代表しているとはいえないからである。とはいうものの，研究の副産物として，その社会における話し手の位置づけと関係性が言語運用の違いに結びつく例を少なからず見つけることができる。たとえば，南仏のドゥゼンス村の調査では，2人の話し手の言語行動が異なっていることに気づく。その言語行動の違いは，村のコミュニティーにおける彼らの位置づけの違いと関係している。

5.1. 社会的位置づけの違い

　ドゥゼンス村の例で指摘したように，語末のシュワーの実現は，話し手の自分の話し方への注意度と関係する。また，他の要素も関わり得る。Eychenne (2006) は，会話におけるシュワーの実現を統計的に分析し，3種類の話し手を区別した[6]。以下では，シュワーの実現をe，非実現を (e) と表記する。

1 - 「非常に保守的な」話し手。ほぼ常にシュワーを実現する。

　　Non non non ça me gène pas「いやいや，私には気にならないよ」

　　　　　　　　　　　　　　　　　　　　(🔊 Exemple sonore 31)

　　Prime d'arrachage「収穫のボーナス」　(🔊 Exemple sonore 32)

　　Village voisin「隣村」　　　　　　　　(🔊 Exemple sonore 33)

　　C'est un cépage qui est un peu plus huppé que les autres

　　　　「他のよりもちょっと上等なブドウ品種だ」(🔊 Exemple sonore 34)

2 - 「中程度に保守的な」話し手。48歳と23歳で，それぞれ76%，78%のシュワーを実現した。

　5　[原注] これについては，Trudgill (1983) を参照されたい。
　6　このドゥゼンス村の例はⅢ.2.の会話例とは異なる。

3 - 「革新的な」話し手。20歳と18歳で、シュワー保持率は27%、51%であった。

革新的な話し手におけるシュワーの実現

 J'ai fait un bac scientifique parce que
 「僕は自然科学系のバカロレアを取ったんだ、だって」
             （🔊 Exemple sonore 35)

 Une maladie génétique「先天的な病気」 （🔊 Exemple sonore 36)

 On peut porter plainte mais bon「訴えてもいいんだけど」
             （🔊 Exemple sonore 37)

 Quarante mille bouteilles「4万本」 （🔊 Exemple sonore 38)

革新的な話し手におけるシュワーの非実現

 Un(e) petite campagne「ちょっとした田舎」 （🔊 Exemple sonore 39)

 C'est un domain(e) viticole「ワイン畑だ」 （🔊 Exemple sonore 40)

 J'habit(e) Failhenc「私はファイエンクに住んでいます」
             （🔊 Exemple sonore 41)

 Je travaill(e) dans le dessin「私は絵を描いています」
             （🔊 Exemple sonore 42)

シュワーをほぼ常に発音する話し手と、そうでない話し手を分けるのに、年齢が適切な指標であるとしても、シュワーを常に発音するわけではない「他の話し手」をさらに区分しようとすると、年齢だけでは十分な指標にはならない。「中程度の保守的な」話し手の2名は、48歳と23歳であり、年齢差がかなり大きい。23歳の話し手は「革新的な」話し手の年齢に近い。このように年齢は、革新的な話し手の特性と密接に関係するわけではなく、シュワーの実現に関係する要因は1つではないことがわかる。注目すべきは、革新的な2人の話し手が、兄と妹であり、その家族は村の共同体において特別な位置を占めていることである。父親が建築家で、母親がワイン農家であるこの家族は、村はずれのワイン畑が広がる地区に住んでいる。インタビューしてわかったことだが、この家族は長きにわたり、村との関係をほとんど持たなかった。そのために以前非難されたこともあった。2人の話し手は、学校には馴染んだものの、村の人たちとの接触はまれであ

った．もちろん，このように物事を単純に関連づけるのは軽率なのかもしれない．関係が薄い，あるいは，非難されていたことだけで説明できることではなく，言語と社会の両面から，さらに厳密な分析が必要であろう．とはいえ，村の共同体における家族の位置づけと，共同体との関係のあり方が，最も若い人の革新的な言語行動と関係がないかどうかは，さらに検討する余地がある．

5.2. 家族内での社会的位置づけの違い

　多音節語における語末のシュワーの実現について，上例の兄と妹を比較してみると，興味深いことがわかる．シュワーの実現率は，兄の方が妹に比べて明らかに低い．兄が27%，妹は51%である．年齢を考慮するとしても，21歳の兄と18歳の妹では差はごく小さい．この2人の話し手を差異化するためには，年齢という基準を適用するのは困難である．性別についても検討する余地がありそうだが，話し手全体の中では，性別に関係する変異が何も観察されていないため，性別が要因になっているとは考えにくい．妹と兄は，それぞれ教育課程を受けた期間や環境が異なっており，交友関係にも違いが見られる．このように2人の社会的な位置づけが，シュワーの実現率に関係があると考えられる．

第Ⅱ部　北フランス

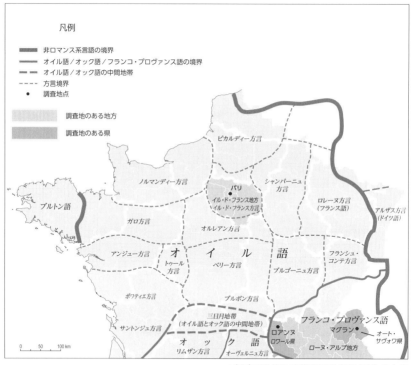

＊行政区分等は原著刊行時（2010年）のもの

第1章　参照フランス語 (FR)[1]：概略[2]

1. 規範の問題
1.1. 規範の歴史

1992年以来，フランスの憲法第2条には，「共和国の言語はフランス語である」という1文がつけ加えられている。もっとも，この「フランス語」を定義するのはやっかいなことである。フランス語に対するこうした愛着心は，フランスという国に特徴的なことであって，たとえば，アメリカ合衆国には国家レベルでは公用語が存在していない[3]。共和国とフランス語とを結びつける考え方は，フランス革命にまでさかのぼる。当時は言語的な統一を実現するために，地域の諸方言を駆逐することが重要課題であった。Pierre Bourdieu (1930-2002, フランスの社会学者) が指摘したように，新しいフランス人は，フランス語という言語を通じてのみ形成され得たのだった。「地域語や方言の代わりに，人々に合法的な言語を強要することは，新たな人間を生み出し，再生産し，それによってフランス革命の成果を永続させようとする政治的な戦略だったのである」(Bourdieu 1982：31)。ところが皮肉なことに，民衆たちを貴族のくびきから解放したはずの革命は，全ての人々に国王の言語，あの悪名高い圧制者の言語を強要することになってしまったのである。

Bourdieuが合法的言語と呼び，「よき慣用」を構築するための土台となったフランス語は，地理的にいうと，16世紀以来，イル・ド・フランス地方のフランス語であり，その後はパリのフランス語であった。このように規範のある場所を定めることは容易だったのだが，社会のどのような人々のフランス語を規範とするかについては，一筋縄では行かなかった。

1　日本語版ではFrançais de Référenceを「参照フランス語」と訳す。この場合の「参照」は，「参照すべき」，「手本とすべき」等の規範的な意味ではなく，「参照することができる」という意味である。

2　執筆者Chantal Lycheの原文を日本語版に際して適宜編集した。

3　現在，アメリカ合衆国の30以上の州が，州のレベルで英語を公用語と定めている。またルイジアナ州では，旧フランス植民地であった22の教区で，70年代半ばからフランス語と英語の2言語使用が合法的に認められている。

Laks (2002) の研究をみると，フランス語の規範についてはいろいろな見解があり，規範として参照される社会集団が時代とともに揺れ動いてきたことがわかる。実際，初期の文法家たちにとっては，フランソワ1世の宮廷が規範と定められた。後に，Robert Estienne (1503-59，辞書学者，印刷業者) は，宮廷ではなく，高等法院に規範があるとした。ところがルイ14世 (1638-1715) が登場すると，宮廷のフランス語がふたたび規範となった。その後，1789年にフランス革命が起きると，貴族に対して勝利をおさめたパリのブルジョワたちの言語を規範と考えた。20世紀になっても規範の社会的な定義は意見の一致を見ない。たとえば，Marguerite Durand (1904-62，音声学者) は，パリのプチ・ブルジョワを規範と定めたが，Édouard Pichon (1890-1940，言語学者，精神分析医) は，「将校や司教を輩出したパリの旧家」を規範とした。Pierre Fouché (1891-1967，音声学者) は，「教養のあるパリ出身者が丁寧に会話をするときの発音」を規範と考えたが，Georges Le Roy (1885-1965，俳優，国立高等音楽院教授) にとっては，コメディー・フランセーズのフランス語こそが規範であった。一方，André Malécot (1920-2015，音声学者) は，「パリの指導者層がくつろいで真面目な話をするときや，会社社長，高級官僚，上級管理職，自由業で責任ある立場にいる人たちのうち，パリ生え抜きの人」を規範と決めた。さらに音声学者のPierre Encrevéは，政治家やメディア関係者といったことばのプロたちの言語を1つの規範と考え，社会言語学的調査を行った。

　これらの定義では，見解の相違はいろいろあるものの，教養のあるパリ出身者たちの話すフランス語 (地理的かつ社会的な規範) に優位性があるという点では意見が一致している。本書の中でも，パリの教養あるブルジョワと支配階層の人たちが話す丁寧なフランス語を規範と考えたい。Morin (2000：92) も強調するように，発音の規範というのは，「階級の問題であり，階級の問題でしかない」。このことは明らかである。とはいえ，支配階層の話し手たちが，実際に用いている言語を詳細に記述したコーパスがまだ存在しない。そのため我々は言語学者たちの定義で満足するしかないのだが，言語学者は自分自身の発音を規範と考えていることが非常に多い。たとえば，多くの概説書が暗黙の前提としている以下の定義を検討しよう。

1.2. 話しことばの規範

　話しことばの規範とは,「教養のあるパリ出身者たちが, 丁寧なレジスターにおいて用いるフランス語」である。この定義もまた, 他の規範の定義と同じように, 言語分析を行うためには不十分である。

　「パリ出身者たちが話すフランス語」については, 現在のところ, いかなるコーパスも存在しない。また,「パリ出身者」とは, パリに生まれ, ずっとパリで生活してきた人のことをいうのだろうか。「教養のある」というとき, 教養をどのような明確な基準で定義できるのか。「丁寧なレジスター」についても, たとえば, パリの上流階級の人が, あまり親しくない相手と話すときに, l'outil que j'avais besoinという構文を用いる（規範的フランス語では, l'outil <u>dont</u> j'avais besoin「私が必要とした道具」）。あるいは, réaliser la situationのような言い方をする（規範的フランス語ではcomprendre la situation「状況を理解する」）。これらの例は丁寧なレジスターに属していると考えてよいのか。同じように, gageure「危険な企て」を,［gaʒœʁ］（規範的フランス語では［gaʒyʁ］）と発音するのも規範の一部と考えてよいのだろうか。

　どのような定義にも欠点があることを認めたうえで, 本書では曖昧な点はあるものの, Morin (2000) の「参照フランス語 le Français de Référence」（以下ではFR）という用語を採用することにしたい。Laks (2002：7) は規範の曖昧な点をまとめて次のように述べている。「Yves Charles MorinがFRと呼んだものは, 結局のところ, Morin自身も述べているように, 伝統的な記述と分析, 音韻論者たちの直感と考察, さらに最近の研究, 特殊な用法の分析, それらを全て集めてできあがった1つの価値観である」。また, 本書におけるFRはFLE教育の基盤をなし, 正音学[4]の大部分において記述される用法を意味する。以下では, FRの母音体系と子音体系について述べ, 次にシュワーとリエゾンについて説明する。

2. 母音体系

　FLE, 正音学, 辞書等の記述によれば, FRには母音が16個あり, そのうち口

　4　語の「正しい」発音に関する学問のこと。

母音が12，鼻母音が4個ある。口母音と鼻母音の対立は口蓋帆の上下動による。口蓋帆が持ち上がると，肺からの空気はもっぱら口腔を通過し，口母音になる。逆に，口蓋帆が下がると，空気は口腔だけでなく鼻腔も通過するため，鼻母音になる（口腔断面図，p.9参照）。

2.1. FRの伝統的な母音音素

表1．FRの母音音素

	口母音			鼻母音		
高・狭母音	i	y	u			
半高・半狭母音	e	ø	o			
半低・半広母音	ɛ	œ (ə)	ɔ	ɛ̃	(œ̃)	ɔ̃
低・広母音		a	(ɑ)			ɑ̃

表1にある母音のうち，シュワー /ə/ は特別な問題をはらんでおり，音韻的な地位も不明確であることから，とりあえずの議論からは除外しておく。表1の母音には，前舌母音 /i, y, e, ø, ɛ, œ, a, ɛ̃, œ̃/ と後舌母音 /u, o, ɔ, ɔ̃, ɑ, ɑ̃/ の対立，円唇母音 /y, u, ø, o, œ, ɔ, œ̃, ɔ̃/ と非円唇母音 /i, e, ɛ, a, ɑ, ɛ̃, ɑ̃/ の対立がある。母音は4段階の高さ（開口度）によって，高・狭母音 /i, y, u/，半高・半狭母音 /e, ø, o/，半低・半広母音 /ɛ, œ, ɔ, ɛ̃, œ̃, ɔ̃/，低・広母音 /a, ɑ, ɑ̃/ に分かれる。このうち半高・半狭母音と半低・半広母音は中舌母音とも呼ばれる。鼻母音 /ɔ̃/ は，通常，口母音の /ɔ/ よりも狭く発音されるため，/õ/ の音声記号で表されることがある。

表1は，伝統的で保守的な観点から母音を眺めた場合であり，実際に観察される現実の一部しか反映していない。そのため本書ではより慎重な立場をとり，体系から消えつつある [ɑ], [œ̃] を除外して考えることにする。そうすると13母音が体系に残るが，13母音は全ての位置に現れるわけではない。母音体系をより正確に把握するには，母音の現れる位置を，語末閉音節 ((C)VC) と語末開音節 ((C)V) に区別することが肝要である。また，非語末の位置にはアクセントが置

かれないため、母音の音韻対立は大きく弱化する[5]。表2は語末位置における母音音素を示している。

表2. 語末位置と母音音素

語末開音節			
高・狭母音	i	y	u
半高・半狭母音	e	ø	o
半低・半広母音	ɛ		
低・広母音		a	

語末閉音節			
高・狭母音	i	y	u
半高・半狭母音		ø	o
半低・半広母音	ɛ	œ	ɔ
低・広母音		a	

表2をみると、中舌母音（半高・半狭母音と半低・半広母音）の分布には制限があり、その制限は「位置の法則」で説明できることがわかる。南仏のフランス語では位置の法則があてはまるが、FRでは以下に見るように、位置の法則で説明できることは限られており、それは法則というよりも、傾向と考えたほうがよい。

2.2. FRにおける位置の法則

開音節に半狭母音が現れ、閉音節に半広母音が現れる、こうした傾向のことを「位置の法則」と呼ぶ。この法則に従うと、中舌母音の分布は相補的になる。つまり、開音節では半狭母音 [e, ø, o] だけが現れ、閉音節では半広母音 [ɛ, œ, ɔ] だけが現れる。そのため開音節のdinerは [dine] と発音し、閉音節のdinèrentは [dinɛʁ] と発音する。同じように、peuは [pø]、peurは [pœʁ] となり、sotは [so]、女性形のsotteは [sɔt] と発音する。ただし、FRにおける母音の分布には多くの例外が見つかり、後に述べるように、位置の法則を一般化できるような例は実はそれほど多くない。アクセントが置かれる語末閉音節では、net / nɛt / 「明確な」、baisse / bɛs / 「低下」、appelle / apɛl / 「呼ぶ」のように、半広母音の /ɛ/ だ

---

[5] 実際、非語末開音節と非語末閉音節では、とくに中舌母音について、音韻対立を見出すことがより困難になる。

けが現れる。他方，語末開音節では，peu [pø]「ほとんど〜ない」，cieux [sjø]「天」，chaud [ʃo]「暑い」，mot [mo]「単語」のように，半狭母音の /ø/ と /o/ が唯一の実現形になる。これらの例は位置の法則に従っているといえる。位置の法則は，アクセントのない非語末位置よりも，アクセントのある語末位置で影響力が大きくなる。ただし，シュワーが脱落し，その音節が閉音節になったからといって，médecin [medsɛ̃]「医者」が，位置の法則に従って *[mɛdsɛ̃] と発音されるわけではない。また，#esC型の単語 espacer「間隔をあける」は，話し手によって，[espase] あるいは [ɛspase] と発音され，閉音節であるのに半狭母音 /e/ と半広母音 /ɛ/ の両方が現れる。

　位置の法則は，本書の第Ⅳ部ベルギーと第Ⅴ部スイスの例が示すように，フランス語のあらゆる変種に適用されるわけではない。また，アクセントの有無にかかわらず，大部分の位置で唯一の法則になっていない点に注意する必要がある。FRにおいても，bosse /bɔs/「たんこぶ」の半広母音 /ɔ/ と，fosse /fos/「穴」の半狭母音 /o/ は，位置の法則に反して対立する。同じように，多くの話し手にとっては，jeune /ʒœn/「若い」と jeûne /ʒøn/「断食」は，/œ/ 〜 /ø/ のミニマルペア[6]である。ただし，全体的な傾向としては，位置の法則が強化されつつあり，もともと数の少なかった上のようなミニマルペアは，当然のことながら数を減らし，結果として消滅へと向かっている。

　表1の母音体系の中には，母音の長短の区別がない。しかし，さまざまな地域変種では，母音の長短が根強く生き残り，faites /fɛt/「〜してください」と fête /fɛːt/「祭り」が対立する。母音の長短以外にも，FRの母音体系の中ではいろいろな変化が起きている。①開音節において /e/ 〜 /ɛ/ の対立が弱化する，②/a/ 〜 /ɑ/ と③/ɛ̃/ 〜 /œ̃/ の対立が消滅しつつある，④/o, ɔ/ の前舌化が起きている，⑤シュワーの後舌化も起きている，等である。こうした変化を順を追って見てみよう。

　まず，母音の長短であるが，Martinet (1945) の調査によって，北仏の多くの地域で長短の対立が消滅しつつあることが明らかになった。Martinet は，FRで

6　「互いに対立する音素を1つだけ同じ位置にもつ，意味の異なる語の対。日本語の「竹」/take/ と「種」/tane/ (...) など」(下線は引用者による。亀井・河野・千野 (1996：1322))

は多くの話し手が依然として長さの対立に敏感であり，とくに là「そこに」と las「疲れた」のペアは，母音の音色よりも，むしろ長さの違いによって区別されると述べた。しかし Léon (1992) 等の近年の教科書や辞書を見ると，母音の長短は，FR においてはもはや市民権を失い，消失したように思える。60年代の Harrap's の辞書には，音声的な長さ (rouge [ʁuːʒ][7]「赤」) と音韻的な長さ (fête /fɛːt/) の両方が記載されていた。しかし，Le Petit Robert の辞書では，伝統的な音色の対立，épée /epe/「剣」と épais /epɛ/「厚い」，pâte /pɑt/「パスタ」と patte /pat/「（動物の）足」，brin /bʁɛ̃/「若枝」と brun /bʁœ̃/「褐色の」は維持されているが，母音の長短はまったく表記されていない。

　ある話し手たちにとって，/e/～/ɛ/ の対立は，アクセントのある開音節で危機にさらされている。音声記述の多くは，実現形が [e] と [ɛ] の中間の音色になると述べたり，位置の法則はまだ守られていると述べている。PFC 調査が明らかにしたところでは，他の2つの対立 /o/～/ɔ/ と /ø/～/œ/ も，若い世代で消失傾向にあるものの，FR から消えてしまったわけではない。もちろん /a/～/ɑ/ の対立が一番弱い対立であり，この2つの母音も，/e/～/ɛ/ と同じように，前舌母音でも後舌母音でもない，[a] と [ɑ] の中間の母音に融合しつつある。

　鼻母音の体系は変化のまっただ中にある。Tranel (1987) や Léon (1992) のような研究者の多くが，/ɛ̃/～/œ̃/ の対立は消滅しつつある，あるいは，弱化していると述べている。しかし，近年の Hansen (1998) によると，/œ̃/ の音色は前舌化しているものの，パリの話し手たちの間では /ɛ̃/～/œ̃/ の対立は保持されているという。/œ̃/ が消滅する傾向にあるのは，ミニマルペアの数が少ないためと考えられる。/ø/～/œ/ のペアと同じように，/ɛ̃/～/œ̃/ のペアとしては，brin と brun，Alain「アラン（人名）」と alun「ミョウバン」だけが生き残っている。また，ラジオ局 Europe 1 の「1」が常に [ɛ̃] と発音されるため，メディアが /œ̃/ を排斥する急先鋒になっている。Martinet (1945) は，鼻母音 /ɑ̃/ > /ɔ̃/ の狭音化について触れていない。しかし，mon enfant「私の子ども」を [mɔ̃nɔ̃fɔ̃] のように発音し，/ɑ̃/ が /ɔ̃/ に近づいていることは頻繁に観察される。この発音は16世紀に既に存在していたらしい。円唇中舌母音の [ɔ] が前舌化し，[œ] と発

7　語末の有声摩擦音 [ʒ] があることによる母音 [u] の長音化。

音されるのも同じように古く，その起源は16世紀から17世紀にまで遡る。もともとパリ民衆の発音傾向であったこの前舌化は，全ての社会階層に影響を与えたわけではないが，FRにおいても広がっているようである。こうした前舌化と並行して，いくつかの研究が，/R/音と接触するシュワーが後舌化し，[ɔ] や [o] になる傾向があることを報告している。en revanche「反対に」を [ɑ̃ʁɔvɑ̃ʃ], la religion「宗教」を [laʁoliʒjɔ̃] と発音するような場合である。

3. 子音体系

FRには18の子音音素があり，そこに半子音，あるいは，半母音として分類される，3個の接近音 /j, ɥ, w/ がつけ加わる。18子音のうち，12子音には無声と有声の対立がある。無声破裂音と無声摩擦音の /p, t, k, f, s, ʃ/ に対し，有声破裂音と有声摩擦音の /b, d, g, v, z, ʒ/ がペアになる。鼻音の /m, n, ɲ, ŋ/ と流音の /l, ʁ/ はいずれも有声音である。表3では，横軸が調音位置を，縦軸が調音方法を表す。

表3．FRの子音一覧

	両唇音	唇歯音	歯音	歯茎音	前部口蓋音	硬口蓋音	軟口蓋音	口蓋垂音
無声破裂音	p		t				k	
有声破裂音	b		d				g	
鼻音	m		n			(ɲ)	(ŋ)	
無声摩擦音		f		s	ʃ			
有声摩擦音		v		z	ʒ			ʁ
有声側面音				l				
接近音						ɥ, j	w	

ここ1世紀の間, FRの子音体系には3つの変化が起きている。①/R/の調音が口蓋垂音 [ʁ] に固定した。②借用語のparkingやcasting「キャスティング」等で, 軟口蓋鼻音 [ŋ] が一般化した。子音の [ŋ] は, langue maternelle「母語」を [lɑ̃ŋmatɛʁnɛl] と発音していたように, 以前から音素 /g/ の変異体として存在していたが, 英語の借用語 (parking / paʁkiŋ/, bowling / buliŋ/「ボーリング」) や新語 (fooding「フーディング」foodとfeelingからの造語) が入ってきたことで, よく使われるようになった。③多くの話し手が, 硬口蓋鼻音 [ɲ] の代わりに [nj] を用いるようになった。Martinet (1945) は, 被調査者たちに3組の単語, la nielle「クロタネソウ」と l'agnelle「雌の子羊」, l'agneau「子羊」と l'Anio「陰イオン」, Régnier「レニェ (人名)」と Rénier「レニエ (人名)」, を提示して, それぞれを同じように発音するかどうか質問した。その結果, 当時すでに, フランス北部と東部の全域において, [ɲ] と [nj] の間に大きな混乱が生じていた。パリでは [ɲ] と [nj] の両者は比較的よく区別されていたが, 世代間には大きな断絶があり, 年配者の9割は区別できたが, 若者の半数以上は区別できなくなっていた。PFC調査のデータも音素 /ɲ/ が消失しつつあることを立証している。

上記以外の変化傾向としては, 綴り字の影響により, exact「正確な」, quand「〜するとき」, coût「費用」等の語で, 語末子音の [t] を発音する傾向がある。しかし, 語末の子音グループが弱化し, 単純化する傾向も同時に見られる。たとえば, PFCの短いテキストには, ministre「大臣」という語が複数回でてくるが, テキストの読みあげのような丁寧なレジスターにおいても, 阻害音＋流音 /tʁ/ が [t] に単純化され, [minist] になるか, あるいは, 完全に脱落して [minis] になる。他にも, parce que [paskø]「なぜなら」のように流音の /ʁ/ が脱落したり, exprès [ɛspʁɛ]「わざと」のように, /ɛks/ の破裂音 /k/ が脱落する等, 常に単純化の起きる単語がある。

4. シュワー

シュワーは「無音のe」,「女性のe」,「脱落のe」等と呼ばれ, フランス語音韻論の難問の1つである。

表1 (p.34) の母音音素体系にシュワー /ə/ を記載するかどうかは, 見解の一致

が見られず,議論は今も続いている。ここでいうシュワーは,いくつかの環境において実現されない母音で,その音色が [ə, œ, ø] 等に大きく変化する母音のことである。Dell (1973/85) の伝統的な著作では,シュワーの音色は [œ] であった。しかし,大規模言語コーパスを使った Fougeron 他 (2007) の研究では,シュワー特有の中舌化された音色 [ə] が実現形として現れ,[œ] よりも,むしろ [ø] に近いことが示された。この結果は,PFC 調査の3地点(パリ地方,ケベック州,スイス)で行われたシュワーの音響分析によっても確認された (Bürki 他 2008)。

FRにおけるシュワーの音色は,環境,地域,個人によって,[ə, ø, œ] 等に変化するため,PFC研究の現状としては,シュワーの位置づけを行うことは困難である。先にも述べたように,この母音の音韻的地位はさまざまな論争を生み出してきた。Jakobson & Lotz (1949) は,シュワーを「音節的渡り音」と呼び,Martinet (1969) はシュワーを「音声的潤滑油」と考え,Dell (1973/85) は「潜在的シュワー」と呼んだ。これら一連のアプローチは,網羅的なものではないが,シュワーの現象が複雑で,全体的な分析が難しいことを示している。

多くの研究者が,シュワーの現れ方を解明しようと努力しているが,いまだにシュワーは未解決の問題である。シュワーは音節頭が子音+シュワー (Cə) となる位置にしか現れず,分布が限定的である。また,他の母音とは異なり,シュワーだけで語頭の音節を形成することができない。たとえば,re-prendre「取り返す」の語頭をシュワーに換えた,*e-prendre という語は存在しない。同じように,母音衝突が起きる位置や,閉音節にもシュワーは現れることがない。いくつかのフランス語の変種,たとえば,ルイジアナのフランス語では,retrouvé「動詞retrouverの過去分詞形」を,[œrtruve] と発音し,le「定冠詞男性単数形」を [œl] と発音するため,シュワーが語頭の閉音節に現れるといえるかもしれないが,こうしたシュワーの現れは,音位転換や挿入の結果であると考えられる。

シュワーの保持と脱落を決める主な規則は,Fouché (1959) の記述を基にした Dell (1973/85) の伝統的著作の中で述べられている。概略をおさらいしておこう。シュワーが脱落するのは,sam(e)di「土曜日」/samdi/ のように,通常 VCə の文脈(例の*/samədi/)においてである。FRでは,donn(e) le pain「パンを与えろ」は /dɔnləpɛ̃/ と発音し,2つの子音 (-nl-) が前にくると,シュワーの脱落は稀である。ところが,pour v(e)nir「来るために」,départ(e)ment

「県」のように，連続する子音 (-rv-, -rt-) の最初が / R / 音のときは，シュワー脱落の可能性が高くなる。一方，単語を強調するときは，doucement「ゆっくりと」[dusəmã] のようにシュワーを発音する。

PFCデータによると，単語の頻度が高ければ高いほど，多音節語の語頭にあるシュワーは弱化する。たとえば，成句の un p(e)tit peu「ほんの少し」，形容詞の p(e)tit「小さい」，名詞の s(e)maine「週」等は，常にシュワーを発音しない。Bybee (2001) の用例モデル理論では，頻度の高い表現は，話し手がその表現に直接にアクセスできるような自律的構造を持っているとされる。実際，頻度の高い petit を含む prends l(e) p(e)tit pain「小さなパンを食べろ」と，頻度の低い devoir を含む prends l(e) devoir「義務を引き受けろ」とを比べると，周りの音声環境がほとんど同じであるのに，devoir の方だけがシュワーを発音し，シュワーの現れ方が異なる。

最後に，-e の文字の有無にかかわらず，ポーズの前でシュワーを発音する現象 (Fónagy 1989; Hansen 1997, 2003) について述べておこう。このシュワーは FR においても聞かれるが，地理的，社会的，世代的な要因により頻度が異なる。しばしば釣鐘型のメロディー曲線を伴い，最後から2番目の音節（シュワーの前の音節）が最も高くなり，シュワーのある最終音節で下降する。Bonjour-e !「こんにちは！」のように，有声子音の後の方がシュワーが現れやすい。ただし，このシュワーの音色は [ə, ø, œ] に限られるわけではなく，わずかながら鼻音化した [ã] や，円唇後舌母音の [ɔ] としても実現されるため，そもそもシュワーなのかどうかを問うてみる必要があろう。

5. リエゾン

リエゾンはシュワーとともにフランス語に顕著な音声特徴であり，文脈によって，伝統的に「義務的」リエゾン，「選択的」リエゾン，「禁止的」リエゾンとして記述される。これらの用語は，リエゾンが「必ず実現する」か，「実現したり，しなかったりする」か，あるいは「実現しない」かを述べたものであるが，PFCデータによると，リエゾンの記述と実際の言語使用の間には，大きな隔たりのあることがわかっている。たとえば，形容詞＋名詞という文脈があるからといって，PFCの短いテキストを読みあげるタスクの中で，リエゾンが体系的に実現するわ

けではない。実際, grand // émoi[8]「大きな不安」ではリエゾンが起きないこともある。単音節語の前置詞についても同じで, dans // un quart d'heure「15分後に」で, リエゾンが実現されないことがある。にもかかわらず, これら2つの文脈は, ふつう, リエゾンが「必ず実現する」文脈として記述される。Durand & Lyche (2008) は,「必ず実現する」リエゾンの文脈を, 以下の4つの文脈だけに限定する。①限定詞と名詞の間 (mes [z] amis「私の友人たち」), ②後接語[9]と動詞の間 (ils [z] arrivent「彼らは到着する」), あるいは, 後接語同士の間 (ils [z] y arrivent「彼らはそこに到着する」), ③動詞と後接語の間 (comment dit-[t] on「どう言っていいのか」), ④いくつかの複合語や成句 (pot-[t] au-feu「ポトフ (料理名)」, comment [t] allez-vous「ご機嫌いかがですか」)。それ以外のリエゾンは, すべて「実現したり, しなかったりする」リエゾンであり, 言語環境によって実現の仕方が異なる。形容詞と名詞の間ではリエゾンがよく見られる (grand [t] enfant「大きな子ども」)。他方, mangeait [t] une glace「彼 (女) がアイスクリームを食べていた」, manger [r] une glace「アイスクリームを食べる」といった, 動詞と限定詞 (+名詞) の間では, ほとんどリエゾンが起きない。また, les savants [z] anglais「イギリスの学者たち」のような動詞あるいは名詞の後でも, PFCコーパスによると, 短いテキストの読みあげという状況でさえ, リエゾンはふつう起きない。PFC調査のフランス北部の6地点を調べてみると,「実現したり, しなかったりする」リエゾンの文脈において, リエゾンの衰退が起きている。たとえば, (c)'est「これは～です」の後では, 33%の話し手しかリエゾンを行わない。さらに半過去形 (c)'était「これは～でした」では, リエゾンの実現は10%に落ち, 助動詞avoirの半過去形avaitの後では0%である。上述の「必ず実現する」リエゾンを除けば, 他の全ては「実現したり, しなかったりする」リエゾンになる点に注意して欲しい。社会的差異に関する詳細な研究がまだないことから, 暫定的な結論として, FRの日常会話においては, リエゾンは衰退しつつあるとだけいっておこう。これまでの研究の中で「選択的」と見なされていた多くのリエゾンが, 会話では「禁止的」リエゾンに変わりつつある。

---

8 // はリエゾンの非実現を表す。

9 後接語とは「後続する語に依存し, これとアクセントの上で1語のようなまとまりをなす語をいう」(亀井・河野・千野 1996:524)。

リエゾンがこうして衰退する傾向にある中で，特定の話し手たち，とくに，公の場で話す機会のあるメディア関係者や政治家たちの間では，新たなリエゾンが出現している。リエゾンに関する最も重要な研究と考えられる Encrevé (1988) によると，政治家たちは，しばしば，アンシェヌマンなしに選択的リエゾンを実現する。たとえば，j'avais un rêve「私にはある夢があった」を，通常のアンシェヌマンを伴うリエゾン，j'avais [z] un rêve [ʒa.vɛ.zœ̃.ʁɛːv] ではなく，アンシェヌマンしないで，j'avais [z] un rêve [ʒa.vɛz.œ̃.ʁɛːv] と発音するのである[10]。メディアの音声を注意深く聞いてみると，この現象がどれほど広まり，ある政治家たちが他の政治家よりも，このリエゾンを頻繁に使用しているなど，個人によってばらつきのあることがわかる。たとえば，Jacques Chirac (1932-，第22代フランス大統領) はこの種のリエゾンを好んで用いた。2005年11月のテレビ演説では，12回アンシェヌマンのないリエゾンが確認できた。PFCの会話データでは，アンシェヌマンのないリエゾンはほとんど現れない。しかし，ある話し手たちの場合，とくにテキストの読みあげを行うときや，リエゾンの子音が文字として存在するときに，この現象が目立っていることから，このリエゾンは話し手が綴り字を意識することと間違いなく関係している。ニュースキャスターたちのリエゾンも明らかに綴り字の影響が見られ，同じリエゾンが日常会話になると，ごく稀にしか起きない。ラジオの会話を分析すると，リエゾンが勢いを盛り返しているものの，リエゾンを好む傾向が日常会話にまで広がっていないことがわかる。興味深いことに，メディアの言語でリエゾンの頻度が高いからといって，それが日常会話に影響を与えることはないのである。

6. 韻律 (プロソディー)

韻律はきわめて複雑な分野であり，簡単には説明できない[11]。ここではいくつか断片的な指摘をするに留めたい。韻律研究においては，アクセントを研究する「語レベルの韻律」と，イントネーションを研究する「語より上のレベルの韻律」

---

10 リエゾンの [z] が右側のunと連結 (アンシェヌマン) するのではなく，avaisの語末で [avɛz] のように実現する。

11 音声学の入門書にも「韻律は，定義をするのが難しい概念である」(ヴェシエール 2016：109) とある。

とを区別する。ゲルマン諸語と異なり，フランス語は，しばしば固定アクセントの言語として記述されてきた。英語ではrecord「記録，記録する」という語を発音するとき，それが名詞なのか動詞なのかを知る必要がある。名詞であれば第1音節にアクセントを置き，動詞であれば第2音節にアクセントを置く。FRでは品詞によってアクセントの位置が変わることはない。FRのアクセントは語に置かれるのではなく，語のグループに置かれ，構成要素間の境界を表示する。語のグループは，しばしば，リズムグループ（アクセントグループ）と呼ばれ，アクセントは，そのグループの末尾，ひと息で続けて発音される一連の音節の末尾を示す。アクセントの配置は，3つの基本原則に従っている。①内容語だけにアクセントを置くことができる。人称代名詞や限定詞のような機能語にはアクセントが置かれない[12]。②[ma maison]「私の家」，[je te le donne]「私は君にそれをあげる」の場合，アクセントグループは，アクセントの置かれる単語maison, donneと，その語が支配する接語ma, je, te, leで構成される。これらはいずれも1つのアクセントグループを形成する。③第1アクセントはアクセントグループの末尾音節に置かれる。Mes amis sont arrivés「私の友達たちが到着した」は2つのアクセントグループを含み，下線を引いた2語の語末音節に第1アクセントが置かれる。しかし，近年の多くの研究が示すように，グループの第1音節にもアクセントが置かれる。知覚の観点からは，アクセントのある音節が周りの音節から浮き立っている。その浮き立ち方は，基本周波数の増加，強さ，長さと関係する。FRの母音体系では，母音の長短の対立がもはや存在しないことを前に見たが，リズムやアクセント配置においては，母音の長さがまだ役割を担っていることがわかる。音節末尾に有声摩擦音 [ʒ] がくるrouge [ʁuːʒ]「赤」のような語，半狭中舌母音の [o] や [ø] が音節核になるfosse [foːs]「穴」，joyeuse [ʒwajøːz]「楽しい」の語では，いずれも母音が長くなる。

韻律の基本単位であるアクセントグループは，階層化された構造を持っており，そのアクセントグループが1つまたは複数集まり，イントネーション単位を形成

---

12 「語彙的意味（lexical meaning），すなわち，明確な指示対象をもつ語を内容語といい，伝統的な8品詞分類による名詞，形容詞，動詞，副詞に属する語がそれにあたる。これに対し，(...) 代名詞，前置詞，接続詞，助動詞，冠詞を機能語（function word）という」（亀井・河野・千野 1996：1031）

する。イントネーション単位はje pars「私は出発する」のように，単一のアクセントグループだけのこともあるが，多くの場合，複数のアクセントグループを含む。平叙文のNous cherchons à le rencontrer「我々は彼に会おうと努める」は，最初に [nous cherchons] で上昇し，その後 [à le rencontrer] で下降する2つのアクセントグループからなり，全体が1つのイントネーション単位を構成する。自然会話の場合，発話スピードにより，アクセントグループの音節数が増えていく。Je viens de rentrer「私は帰ったばかりだ」は，発話スピードによって，アクセントグループが1つのこともあり，2つになることもある。

多くの研究が指摘するように，メディアの関係者や，ある話し手たちの間では，語頭アクセントが広く用いられる。語やグループの第1音節に置かれるこの語頭アクセントには，リエゾンやアンシェヌマンが起きて不明瞭になった単語の左側の境界を明示する機能がある。語頭アクセントは，いわゆる頭高の発音傾向であり，民衆的な話しことばにも見られ，とくに2音節語で顕著である。

7. 結論：FRとFLE

FRは，正音学者たちがFLE教育のために提案した体系であり，伝統的な音声記述や正音学者たちの観察と，時には偏見に基づいた体系である。また，フランス語の教科書に掲載された音素目録はどれも同じ目録であり，音韻論に対してかなり保守的な立場をとっているといえる。本書の中に挙げたフランス語の変種を見てみると，改めて教えるべきフランス語とは，どのようなものなのかという疑問が湧いてくる。その答えは1つではない。1つだけのフランス語があるのではなく，複数のフランス語が存在し，それぞれの体系にはそれぞれの力学があり，そのことは火を見るよりも明らかである。そうした前提に立てば，特定地域の文化的威信，経済的威信，あるいは，他の威信を理由にして，特定の変種を学習者に無理やり押しつけることはできない。カナダで教えられるFLEはカナダの変種のはずであり，アフリカやスイスやベルギー等でも同じであることは疑う余地がない。無論，トゥールーズでは北仏のフランス語ではなく，南仏のフランス語が推奨されよう。フランス語の変種が持っている豊かさは，むしろ活用されるべきなのであり，ある枠組みに押し込められるべきではない。次の章では，FRの考察をもう一歩進め，フランス本土の話し手と聞き手たちが，ある種の心理的現実を

FRに対して抱きながら，FRの共通するイメージに収斂していく様子を示そうと思う。教えるべき変種を選ぶことは，結局のところ，言語学的な選択ではなく，社会学的・教育学的な選択である。

第2章　参照フランス語（FR）の話し手[1]

1. FRの例

　この章も発音の規範とFRの問題を扱うが，ここではとくに2つの疑問，①FRを「具体的に」例示する方法とは何か，②FRの「話し手たち」とはどのような人々か，について考えてみよう。本書では，「実際の」音源を利用して，話しことばのフランス語のさまざまな変種を説明している。従って，FRについても例を示す必要がある。FRの例はその参照的な性質，すなわち他のフランス語が「参照」するのに適切な性質を持っていなければならない。

　とはいえ，発音の「規範」に対するアプローチは，今日でも定まっていないのが現状である。1960年代は「標準フランス語 français standard」の観点からの研究であり，1980年代には「標準語化されたフランス語 français standardisé」という観点であった。地理的に安定していることが，長らく規範の定義とされ，パリやパリ地方のフランス語が参照するのに適切な規範とされた[2]。「標準フランス語」はラジオのニュースキャスターたちのフランス語とおおむね同じであったため，地理的な規範をある程度排除することができた。しかし，「標準フランス語」は海外において Standard French と英訳され，十分に厳密な定義がなされないまま，南仏以外の変種全体をカバーすることになった。

　ところで，パリ住民たちの出身地が多様であることを考えるならば，規範をパリに定めることは危ういことがわかる。Martinet & Walter (1973) の『実際の使用におけるフランス語発音辞典』は，そうした多様性を前面に押し出している。彼らは，「地方出身のパリ住民」，つまり「首都パリに居住しているが，地理的な移動」（Martinet & Walter 1973：18）を伴う地方出身者について述べている。Martinet (1969：131) によれば，「地方の出身で，地方に愛着のある人を優先して調査すべきである。ある程度の地理的移動があることで，特異な発音や「地

---

[1] 執筆者 Sylvain Detey, David Le Gac の原文を日本語版に際して，重要と思われる部分を中心にまとめて訳出した。
[2] ［原注］トゥレーヌ地方を無視するわけではない，トゥールとオルレアンの間にあるロワール河両岸のフランス語は，現在でも「訛りがない」ことで有名であり，John Palsgrave (1485-1554, イギリスの文法家) の時代から模範的とみなされている。

方色」を排除することができる」という。Carton他（1983）は，パリの外へさらに一歩踏み出し，次のように述べている。「今では，パリだけでなく，フランスの「全ての」地方において，どこでも受け入れられ，標準語化されたといえる共通の発音が存在する。（…）」（Carton他 1983：77）。

　規範に関しては，社会的な面でもいろいろな変化があった。当初は支配階層，次に貴族階層やブルジョワ階層といった政治的エリート，続いて文化的エリート，そして最終的に「教養のある」パリの人に優位性が与えられた。ここまではある程度意見の一致が見られる。しかし，参照可能な社会的カテゴリーを，完全に「1つ」だけに絞り込むことは困難なように思える。とくに今日では，俳優やニュースキャスター，政治家たちのように，「言葉のプロ」たちの公的な発話状況が重要視されるようになっている。

　フランス本土以外の変種の地位が解明されたとしても，FRを代表する話し手が誰なのかという疑問は，解決できない問題として残るであろう。Thibault（2006）が指摘するように，FRという概念自体が1つのフィクションであって，「知覚することも操作することもできない」であろう。あるいは，Laks（2002）が指摘するように，FRは「1つの価値観」（Ⅱ.1.1.2. p.33）であり，そのために使い手が誰なのかを探すことが困難になっているとも考えられる。

　FRとその話し手を定義することが理論的に見て問題が多いとしても，教科書を作成し，教育を行うためには，常にFRの選択を行わなければならない。FLEの分野において，フランス語教育やフランス語学習の中に，フランス語圏における様々なフランス語使用例を導入することは，もはや不可欠なことになっている。とはいえ，フランス語の多様性に注意を向けることは，「標準」というものの役割をよりよく理解し，評価することと並行して行われる必要がある。FLEの学習者たちに，どのようなタイプのフランス語を学び，使いたいのか尋ねてみると，彼らの大部分は，「標準の」，「中立的な」，「共通の」，「どこでも通じる」フランス語のことを最初に思い浮かべる。そこから「FLE教育の基盤をなし，正音学の大部分において記述される用法」という本書におけるFRの定義（Ⅱ.1.1.2. p.33）が出てくる。地理的帰属や社会的帰属に関して客観的な要素があったとしても，FRの話し手を「先験的（アプリオリ）に」選別することはできないのであるから，FRを具体的に例示するには，違ったアプローチをとる必要がある。

2. FRを例示するためのアプローチ

　我々は，フランス語の聞き手と話し手の頭の中に，1つのFRなるものが存在しているという仮説から出発する。この仮説によって，より広い基準である「標準語化されたフランス語」の発音に基づいて，FRを代表していると考えられる話し手たちを選び出すことが可能になるのではないだろうか。ただし，その場合，たくさんのフランス語の聞き手にFRの発音を評価してもらい，「参照」できるかどうかを調査する手続きが必要になる。

　話し手を選ぶ際，弁護士，ニュースキャスター，政治家のような，公的な場で話をする職業の人たちを選ぶことも可能であろう。ただそうすると，Léon（1966[1976]）の定義した「標準フランス語」の特徴に戻ってしまい，その職業に特有のアクセント特徴やアンシェヌマンのないリエゾン等の特徴を含んでしまう危険性がある。あるいは，参考書や辞書の正音法の規範にあわせて発音することができるプロの俳優たちを選ぶこともできよう。しかし，それでは教育的な目的しか考えないことになる。また別の可能性として，「大学教員やFLE教員の養成者」を選ぶこともできるであろう。いずれにしても，参照することができる話し手がどのような人かという問題のほかに，FRを決める際の方法論的な問題がある。いったい「誰が」，これこれの人の発音を，「中立的」で，「訛りがない」，あるいは，「目立った特徴がない」と判断するのか。誰が，その話し手たちに，「参照可能」という地位を与えるのか，そしてそれはどのような基準に基づいてなのか。

　長い間，発音の研究は，実際の音声や質問票への回答を分析して行われてきた。専門家による音声の評価ではなく，発音に対する一般のネイティブの聞き手たちの「知覚」や「イメージ」を考慮した研究は，これまでごくわずかしか行われていない。方言学でも知覚的な研究が本格的に始まったのは，15年ほど前からにすぎない。とはいえ，ほとんどの研究は地方訛りや外国訛りの知覚，あるいは，都市の社会方言に関する研究であり，規範に関する研究ではない。Ⅱ.1.で見たように，伝統的な音声記述に基づいて，FRを「先験的に」定義することはできるけれども，ネイティブの「知覚」という観点からFRを調査することも重要である。どのような発音が多少とも「標準的」な発音と判断されるのだろうか。ネイティブの見解はかなり一致しているのか，あるいはバラバラなのか。聞き手の出身地によって見解は異なるのか。出身地が違う人の発音を聞くときは，「訛り」の程度

によって，多少とも際立った違いに気がつく。しかし，「全体として訛りがない」と思われる話し手を選ぶと，そうした違いを知覚するのがずっと難しくなり，最も「標準的」な人を選ぶのは極めて難しいのである。また，マルセイユやパリといった，聞き手の出身地によっても，「標準的」の判断に違いが出ることもあろう。もしもネイティブの見解がバラバラだとすれば，FRの存在そのものも問題になってくる。同じ話し手が，ある人たちからは「標準的」とみなされるが，他の人たちにとっては，そうではないかもしれない。逆に，もしも彼らの見解がかなり一致しているのであれば，フランスの全ての話し手の頭の中には，学歴，メディアの影響，地理的な流動性等といった，たくさんの要因と関連する「参照」フランス語のイメージが存在することになる。そのような「参照」フランス語こそが，「標準的」発音を身につけたいと考えている学習者たちが学ぶべきフランス語の発音なのであろう。上の疑問に答え，FRの「知覚的な定義」を確立するためには，まだ多くの研究を行なう必要がある。ここではその糸口として，2007年に実施した実験の結果を紹介しておく。

3. 実験方法

　最初に，FRを話していると考えられる男性L1（29歳）とL2（33歳）を選んだ。L1は南仏生まれで，各地を転々とし，L2はイル・ド・フランス地方の出身である。次に，「訛りのない」パリ出身のPAR（26歳），「訛りのある」ビアリッツ（南仏アキテーヌ地方）出身のBIA（31歳），レユニオン島出身のREU（39歳），以上の男性3人が選ばれた。この5人について，単語リストと短いテクストの読みあげ，さらに自由会話を行ってもらい，その音声を58人のネイティブ話者に聞かせ，自分たちの発音と違うかどうか，標準語に近いかどうかを評価してもらった。ネイティブの話者は，テキストの読みあげと自由会話では，標準語に近い順番に，L2＞L1＞PAR＞BIA＞REUと評価した。一方，南仏の聞き手は，L1, L2, PARがいずれも標準語に近いことはわかるものの，自分たちの発音とは違っていると感じた。単語リストの読みあげでは，そうした違いがあまり目立たなかった。この実験結果から，ネイティブの話者には，標準語という心理的現実が存在し，それは文体の影響を受けることがわかった。

　次に，上の実験結果に基づいて，最も「標準的」と評価されたL1, L2, PARの

発音を，FRの特徴と比較した。/a/～/ɑ/ を区別しないL1とL2は「標準語化されたフランス語」に近いといえる。鼻母音については，L2とPARは /ɛ̃/～/œ̃/ を区別しない。一方，/ø/～/œ/ と /o/～/ɔ/ の対立は弱まっているものの，知覚上では区別がまだ存在する。これに対して /e/～/ɛ/ の対立は複雑であった。L2は発音と知覚の両方で /e/～/ɛ/ を区別するため，「標準語化されたフランス語」に属していると考えられるが，L1にはこの対立が存在しない。また，位置の法則は発音上は適用されるものの，知覚との間にはギャップの見られることがわかった。

4. 結論

　本章で試みたことは，ある意味，とてつもないことといえるであろうが，同時に非常に地道なことでもある。とてつもないといったのは，FRを厳密に定義することは極めて難しく，おそらくは不可能だからである。地道であるといったのは，結局のところ，こうした試みの積み重ねがフランス語を記述し，教育するための1つの道具を提供することになるからである。ともあれ，FRが絵に描いた餅でないことはわかっていただけたと思う。実際，フランス語の話し手には，「参照することができる」発音のイメージがいくつか存在しており，そのイメージはある話し手たちによって多少なりとも実現されている。逆にこのことは，FRのイメージに関する指標があることを我々に教えてくれるのである。

第3章 パリの上流階級の女性：中等教育について

　LBはパリ西部の上流階級出身である。収録当時は44歳であった。パリ出身で，ずっとパリに暮らしている。高等教育を終え，大企業で働いていたが，収録時は無職であった。子どもが4人おり，とくに子どもたちへの教育が重要と考えている。EQはインタビューに際し，あらかじめ，パリのフランス語に関する調査である旨を伝えた。この音声は収録した会話の最終部分で，比較的インフォーマルなレジスターを使用していると考えられる。収録は，パリ15区のLB宅において，2004年12月に実施された[1]。

LB： Alors nous ce qu'ils font qui est très bien au collège mais, normalement... qui théoriquement euh, d'abord un n'est pas... c'est pas du tout une initiative nationale, c'est vraiment une initiative de ce collège. Parce que les professeurs de maths s'entendent très bien. Donc en fait ils regroupent trois classes de maths. Et, en mathématiques. Et euh... et ces trois classes, ils les remélan/, ils les redistribuent par niveaux d'élèves. Mais à chaque petites vacances, c'est-à-dire en gros toutes les six semaines, ils font, des examens qui sont communs aux trois classes, et puis les élèves bougent de niveau, en fonction si ils ont progressé ou si au contraire ils ont ralenti donc ça/ça bouge dans tous les sens. Et ça marche très très bien. Et, le groupe le... le... qui a plus de difficultés a une heure de maths en plus. Ce qui leur permet alors moi je me souviens quand... une des professeurs avait présenté la chose elle disait : « En plus, dans le groupe des élèves, en difficulté. On a que douze ou treize élèves. », elle dit : « J'en mets un par table. Donc quand on fait un exercice ben je peux m'asseoir à côté de lui et puis je regarde s'il a bien je peux lui expliquer pendant que les autres travaillent. »,

---

[1] 執筆者Kathrine Asla Øtsbyの原文を日本語版に際して適宜編集した。

第3章　パリの上流階級の女性：中等教育について

LB： で，私たちの中学はうまく行ってると思うけど，普通は…理論的には，まず…国が　　1
率先してるのじゃなくて，実際はその中学校が率先してやってることなの。数学の
先生たちはお互いに理解しあって。それで，数学を3クラスに分けてるの。数学で。　　5
その…3クラスに生徒をまぜて，生徒をレベル別に割り振るの。でも，だいたい6
週間ごとの短期休暇に，3クラス共通のテストをやって，その後，生徒はレベルに
応じて移動するの，進んだ人と進んでいない人と，いろいろ移動するのよ。これは　　10
とてもうまくいってるわ。学習が困難なグループは，1時間数学が増えるの。私も
覚えているけど，生徒たちに数学の先生の1人が，このやり方について説明したと
き，こういっていたわ，「それに学習が困難なグループは，12，3人しかいません」。　　15
さらに，「1人ずつ机に座らせて，練習問題をやっているとき，私は隣に座ってでき
てるか，ちゃんとやってるかを見て，ほかの人が勉強している間に，彼に説明をす
るの。」

****

L1　alorsや他の連結辞，là (L44), quoi (L29, L44), ben (L16, L73等)は，話しことばに特徴的
　　で，それ自身は意味を持たない。

L1　語末の-1が脱落する。ce qu'ils font [skifõ]，ils ont (L27)等も参照。

L2　un n'est pas... 否定辞のneは，全体の26%のみで現れる。L21, L37, L40, L44も参照。

L2　鼻母音 [œ̃] はunのみで使用される。

L6　ils les remélangentと言うのを ils les redistribuentと言い直した。

L6-7　［訳注］par niveaux d'élèvesでは，élèvesの [ɛ] が長母音 [ɛ:] である。semaines (L8)，
　　élèves (L9, L14)，supplémentaires (L20) も同様。

L11　le groupe [ləɡʁup] のように，シュワーをしばしば発音している。ce serait (L18), de travailler
　　(L21) 等。

L13　［訳注］choseは意味的に曖昧で，おそらく，この中学校における数学クラスの制度のことで
　　あろう。

53

donc c'est vraiment euh, ce serait une bonne solution <EQ : Ça permet de...>. Voilà ça permet, mais le problème c'est que bon euh... il faut des moyens supplémentaires il faut euh, il faut une volonté des professeurs de travailler en commun. Ce qui n'est malheureusement pas toujours le cas. Donc euh... <EQ : Et évidemment des parents aussi qui...>

EQ : Ben qui s'engagent, qui <LB : Oui.> ...

LB : Et puis des parents qui sont pas derrière eux bêtement. Parce que maintenant c'est, enfin je sais pas si en Norvège c'est le cas mais en France c'est vraiment le cas c'est que les parents euh... Les parents considèrent que ils ont rien à faire pour euh... pour que leur élève euh... Apprenne euh, que ça tout doit être fait en classe euh... Donc c'est un peu une catastrophe quoi.

EQ : En Norvège, je ne sais pas. Je sais pas je... pour l'instant je n'ai pas d'amis qui ont des enfants à l'école etcetera, je sais tout simplement ce que je lis dans les journaux c'est justement qu'on, qu'on reproche à l'école de... de... de se (X), enfin de. Qu'on baisse le niveau, tout simplement <LB : Baisser le niveau oui ben c'est, c'est.>. Ouais, pour s'adapter aux élèves <LB : En France, en France c'est clairement le cas.>.

LB : Moi quand j'ai passé mon baccalauréat j'ai découvert, que, il n'y avait que quarante pour cent des gens qui l'avaient. Maintenant il y a, il y a près de quatre-vingt à quatre-vingt-dix pour cent de, de jeunes qui l'ont. Mais je pense très honnêtement que ça ne représente plus rien du tout. Mais vraiment plus rien. Euh... quand j'ai... quand j'ai passé mon bac c'était vraiment euh... Une épreuve difficile, on commençait à réviser dès le troisième trimestre, on se préparait on... C'était vraiment on, on avait peur de ne pas l'avoir quoi. Là j'ai vu mon fils, c'est bien simple, il a, les cours se sont terminés, un... c'était quand, un mardi. Il passait la philosophie le jeudi. Il avait rien commencé à réviser le mardi. Et il a... Alors il a des facilités.

本当これはいい解決法だわ。＜EQ：そうすれば＞。うまく行くのだけど，問題は，
その…補足する手段が必要なの，つまり，先生たちがお互いに協力して仕事すると 20
いう意志がないとね。残念だけど，いつもそれができているわけではないの。だか
ら，その…＜EQ：もちろん両親たちも…＞

EQ： 関わりを持たないとね，＜LB：ええ。＞…

LB： 両親たちはただの後見人じゃないものね。でも，ノルウェーはどうか知らないけど， 25
フランスはね，まさにそう。両親たちは子どもたちがその，学習するために…生徒
は全てを授業の中でやらなければならない，自分たちにできることは何もないと思
ってるの…これってちょっと最悪よね。

EQ： ノルウェーのことはわからないわ…学校に通う子どものいる友達が今いないから， 30
新聞で読むことしか知らないけど，まさに学校で批判されてるのは…授業レベルが
下がることね。＜LB：レベルを下げる，そうよ，まさに。＞ そう，生徒にあわせる
ため ＜LB：フランスでは明らかにそうよ。＞ 35

LB： 私がバカロレアに受かったときは40％の人しか合格しなかった。今じゃ若い人の
合格率は80％から90％よ。正直いって，バカロレアはもう何でもないんじゃない。 40
何でもない。その…私が…私がバカロレアに受かったときは，それは本当に…難し
い試験だった，3学期になったらすぐ受験勉強を始めて，準備してた…本当に受か
らないのではないかと心配してたわ。それが息子を見ると，とても簡単，学期が終
わって…，それが火曜日で。木曜日には哲学に受かってたの。火曜日は，まだ受験 45
勉強を始めてなかった。その…彼は能力はあるわ。

****

L24　Parce que は，話しことばにおいて，しばしば，単なる連結を表す。

L28　語末の -r が脱落する。être fait [ɛtfɛ], descendre [desɑ̃d] (L51), détendre [detɑ̃d] (L53), peut-être [ptɛt] (L88) も同様。

L37　バカロレアは，1936年では全学生の2,7％，1970年では学生の20％だけが取得できるエリートの学位であった。ところが，2006年では，全学生の64％が取得している。

L38-39　il y a... qui は，話しことばの特徴といえる。

L40　［訳注］ne représente plus rien の plus で，[l] が脱落している。il avait plus (L52-53), ça veut plus rien dire (L59-60) も同様。

L44-45　c'est bien simple の simple で，鼻母音 [ɛ̃] が長い。

C'est vrai. Mais il avait rien commencé à faire le mardi. C/ je le coinçais comme la télévision est là et l'ordinateur est au premier étage et qu'on est dans une maison lui est au deuxième, dès que je l'entendais descendre je lui disais : « Qu'est-ce que tu fais ? ». Je lui dis : « Tu as rien à faire en bas, tu remontes travailler. ». Et du coup en fait, il avait plus que le piano pour se détendre donc c'était un coup du piano et que voilà. J'ai jamais autendu/ entendu autant de piano ce mois/ pendant cette semaine là. Et euh... et il a révisé en fait pendant une semaine. Et il a eu son bac du premier coup avec une mention bien. Et pour lui c'était euh... Il disait : « Mais attends je vois vraiment pas l'intérêt de réviser le bac euh... franchement euh... c'est évident que je vais l'avoir. ». C'est quand même euh... Et c'est malheureux parce que du coup ce/ ce/ ça r/ ça veut plus rien dire. Je pense que, tout a baissé d'un niveau, c'est-à-dire lui il a/ il a eu son bac avec mention bien. Je pense qu'à mon époque il l'aurait eu avec mention assez bien. Autrefois quand il y avait une mention très bien on disait : « Oh la la lui il a une mention très bien euh, qu'est-ce qu'il est fort. ». Autour de nous on connaît des euh... des tas de jeunes qui l'ont eu avec mention très bien. C'est-à-dire avec plus de seize de moyenne maintenant. Et il y a même euh, d'ailleurs ils le disent aux in/ aux informations parce que du coup ils sont bien obligés de... De comment dire que de, pour donner quand ils donnent une copie euh, qui a dix celui qui en fait deux fois plus il est quasiment obligé de leur donner dix-neuf ou vingt. Et l'année dernière j'avais entendu aux informations ils parlaient d'un jeune qui avait eu je crois dans deux matières vingt. Dont je crois en italien. Ce qui me paraît une aberration.

EQ : C'est presque impossible enfin <LB : Et ben non.> ça devrait être.
LB : Pour moi c'est impossible. Ben voilà. Pour moi c'est c'est totalement impossible, c'est-à-dire qu'il a. Il a pas fait une faute de... de... de grammaire pas une faute de vocabulaire, que son texte était parfait,

第3章　パリの上流階級の女性：中等教育について

それは確か。でもね，火曜日に何にも始めてなかった。テレビがあり，2階にはパ 50
ソコンもあって，彼を部屋に押し込めてたの，一軒家で彼は3階にいるから，降り
てくるのが聞こえたら，「何してるの？下には用がないでしょ。上にあがって勉強な
さい」って言ったわ。そしたら後は，ピアノしか気晴らしがないから，ピアノの音
よ，こんな具合よ。その月の間，この週くらいピアノを聴いたことはなかったわね。
それで…息子は1週間受験勉強したのよ。1回目で「優」の成績でバカロレアに受 55
かった。彼にとって…それは…彼の言い分は，「バカロレアの受験勉強やるって，意
味がわからないんだけど…正直…受かるのはわかってるから。」それでも，結局，そ
の…不幸ね。それ（バカロレア）が何の価値もないんだから。思うに全部レベルが
1つ下がってる，息子が「優」の成績でバカロレアを受かったから。私の頃だった 60
ら彼は「良」だったと思うの。以前は「秀」の成績があったら，「まあ，すごいわ
「秀」よ，偉いわねえ。」って言ったものよ。周りには「秀」の成績の子が，つまり
（20点満点で）平均16以上の子がたくさんいるの。ニュースになっているけど，と 65
いうのは…どう言っていいのかしら，10点の答案を2倍すれば，もう19か20点を
あげるしかないということだから。去年ニュースで聞いたけど，確かひとつはイタ 70
リア語だった思うけど，2つの教科で20点をとった若い人がいたわ。勘違いじゃな
いのって思ったけど。
EQ：ほとんどあり得ないわね＜LB：そうよ。あり得ない＞きっと勘違いかも。
LB：私だとあり得ないわ。本当に絶対あり得ない，そんなこと。文法や語彙の間違いが 75
　　　1つもない，文章が完璧だなんて，

****

L53　J'ai jamais entendu を誤って，autendu と言ったために，言い直している。
L67　インフォーマルなレジスターであるが，infos でなく，フォーマルな単語 informations を用いた。
L72　同じくインフォーマルなレジスターであるが，フォーマルな単語 aberration を用いた。

surtout que... Euh, dans les langues c'est à l'écrit, il y a une petite rédaction à faire, donc à la limite ça veut dire que les idées étaient parfaites, que... étaient bien en place, que... On a une amie qui a eu/ dont/ dont la fille a eu dix-neuf, en français. Une ré/ un commentaire composé <EQ : (X) >. J'ai envie de dire mais... mais c'est... Nous quand on avait seize c'était déjà extraordinaire. Pour moi dix-neuf c'est, c'est aberrant, je veux dire normalement elle devrait faire Normale Normale Supérieure euh... Lettres c'est-à-dire une thèse en lettres <EQ : Oui.>. Eh ben non elle fait médecine. Oh oui oui non mais, il y a/ c'est pour ça, ça je pense que ça veut plus rien dire maintenant. Et là (X) quand il est rentré il a/ il a eu cette réflexion il a dit : « Ben oui finalement quand j'ai vu mes notes... Si j'avais travaillé j'aurais peut-être pu en avoir une mention très bien. ».

EQ : Oui.

とくに…言語の試験で，筆記でしょ，小さな作文よね，せいぜい着想が完璧くらいじゃない，それが…構成が上手で…。フランス語で娘が19点をとった人が友達にいたわ。論評でね。＜EQ：(X)＞。いいたいのは…つまり…16点だとしてもすごいのよ。19点なんて，私には勘違いのレベルよ，ふつう，そんな人は高等師範学校で文学の博士論文を書くべきじゃない。＜EQ：そうね。＞ いや，彼女は医学部で勉強してる。そうよそうよ，だからバカロレアはもう今は何でもないものなのよ。だから(X)息子は，入学したとき，こう考えて言ったの，「ほら，やっぱりね，戻ってきた点数を見たけど，勉強してたらたぶん「秀」をとれたよ」ってね。

EQ：ええ。

****

L85-86 c'est pour ça... que の構文中に，ça je pense が挿入されているが，これは話しことばの特徴である。

第4章　ロアンヌ（ロワール県）：1954年入隊組のモロッコ南部旅行について

　ロアンヌは，リヨンの北西90キロにある38,880人の町である。繊維と軍需産業が盛んな地域であり，1970年代からは，経済危機によって人口が激減した。FGは，収録当時68歳であった。彼はロアンヌ近郊のコルデルという小さな町に生まれ，同地方で，建具屋，狩猟店，釣具店で働いた。調査者のEQは，FGの配偶者であるCDをよく知っている。収録は，2002年にFGの自宅で行われた[1]。

FG： Eh ben ma foi, tss le Maroc pour moi c'était bien. Si tu veux savoir comment que je l'ai, euh... je l'ai organisé, c'est une chose. Bon ben, j'ai fait mon voyage d'abord une. C'est... je peux dire que c'est moi, qui ai fait mon parcours. Mais je l'ai fait, bien entendu, euh, d'après plusieurs euh, prospectus de différentes euh... autocaristes. Ça c'est certain. J'ai pris, moi j'ai pris euh, à l'époque j'ai pris Michel, j'ai pris Guillermin. Bon j'ai pris, c'était Gilbert à l'époque au départ. Euh, enfin bref plusieurs autocaristes. Et pour le voyage au Maroc, on avait choisi le... en réunion de classe bien entendu le... le Sud marocain. Et à partir de là, de suivant ces, ces trois ou quatre euh, documents que j'avais, j'ai fait un programme. Alors un programme. J'ai fait mon programme au crayon quoi. Et puis après, j'ai été voir les trois ou quatre auto/, autocaristes que j'avais envie de choisir, mais avec mon programme moi, pour avoir un prix, qui soit, comparatif. Parce que on peut pas euh... On prend un programme chez un, un programme chez l'autre, c'est sensiblement pareil. Les prestations peuvent varier, et les prix varient. Tandis que moi, en leur donnant ce que je voulais, à tous les autocaristes, j'ai pu faire une différence de prix.

1　執筆者Dominique Nouveauの原文を日本語版に際して適宜編集した。

第4章　ロアンヌ（ロワール県）：1954年入隊組のモロッコ南部旅行について

FG： ああ，確かにモロッコはよかった。どんな風な旅行かというと…自分で計画したか　　1
ら，まずそれがひとつ。そう，自分で旅行したことがよかった。それに…旅程を計
画したのも僕だ。もちろん複数の観光バスの…パンフレットを見て計画したんだ。
もちろんね。そのときはミシェルのパンフも見たし，ギエルマンのも見た。最初に
見たのはジルベールのだった。つまりいくつもバス会社のパンフを見たよ。モロッ　　5
コ旅行はというと…，同期入隊組の集まりで，モロッコ南部を選んだ。持っていた　　10
3, 4冊のパンフレットから，パンフを参考にして僕が計画を立てた。まず1つの素
案を。仮の案を作ったんだ。それからその後で，利用しようと思っていた3, 4社の
バス会社に行った。もちろん計画を持ってね，料金を比較するためにね。なぜって
…ある会社のプランを見て別のを見ると，両者はほとんど同じなんだ。でもサー　　15
ビスが変わると料金も変わる。でも，こっちの希望を全部のバス会社に言って，料
金の違いがわかったんだ。

****

L3　d'abord [dabœʁ] のように [ʁ] 音の前で [ɔ] が [œ] になるのは，ロアンヌ地域に特有の音現
象である。Alors [alœʁ] (L11, L19, L35等), ressort (L23), d'accord (L40), porte (L69, L77),
dehors (L79) も同様。

L12　voirでは母音が狭くなり，[vwæʁ] と発音される。départ (L7, L19) も同様。

L15　選択的リエゾン chez [z]un が実現される。

L16　peuvent [pøv] では，[v] 音の前で [œ] が狭い [ø] になる。

Et c'est comme ça que je m'en suis, je m'en suis tiré. Au départ. Alors euh... à partir de euh, à partir de là, bon ben, après tu, tu vois ce que tu peux faire, ce que tu peux pas faire, et puis euh... bon, puis vogue la galère quoi. Et on est partis comme ça, alors donc euh j'ai choisi là, en dernier ressort euh, bon j'avais vu Michel, j'avais vu Guillermin. Après je suis, après je suis, après je procède par élimination. Celui qui est vraiment trop cher et qui m'intéresse plus ou moins euh, je le prends pas. Et puis après euh, bon, une fois que j'ai fait mon choix, après je, on, on affine quoi, bien entendu. J'affine avec euh, alors euh, je, moi je joue sur les prestations des hôtels. Hein, si c'est des deux étoiles, trois étoiles, quatre étoiles. Quand tu vas au Maroc, faut bien faire attention, que si tu prends qu'un deux euh, un deux étoiles en France, hein, ça fait à peine une étoile à..., une étoile au Maroc. Donc il faut prendre un quatre ét/, au moins un quatre étoiles pour avoir l'équivalence en France de deux à trois étoiles. Alors c'est entre quatre et cinq étoiles. Si tu veux avoir des hôtels correspondants quoi. Bon, après le programme, bon euh, je vais pas raconter toutes les péripéties, ici, parce que. Alors là, il y a une autre chose, que quand tu changes de pays, c'est que moi ce qui s'est produit quand je suis arrivé là-bas, j'ai eu un gros souci, parce que le... l'agence qui m'a reçu là-bas, ils avaient un programme. Mais moi, j'en avais un autre. Alors là, c'était pas le cas comme de... C'était pas la joie parce que je lui dis : « Moi je suis pas d'accord. » Et là on a, on a discuté ferme. Faut pas se laisser avoir bien entendu. Et on a discuté ferme parce que... on avait une sortie en quatre-quatre, qui était pas prévue, qu'ils, moi que j'avais sur mon programme parce que j'avais bien gardé mes doubles, et puis tous mes, tous mes documents qui étaient signés et approuvés par la, par l'autocariste en France. Et quand je suis arrivé là-bas, ils l'avaient pas ça, alors euh bien entendu euh... Enfin tu me connais suffisamment, j'ai, j'/, tout de suite euh mis les points sur les i.

こんなふうになんとかやったんだ。始めはね。で…そうすると，ええと，そうする 20
と，後は，できること，できないことが見えてくる。で，その，…やっていける。
こんな風に始めたんだ。その，最終的に選ぶのに，ミシェルを見て，ギエルマンを
見た。後は，後はね，消去法でやるんだ。高すぎたり，興味あるかなぁ，なんての 25
は，やっぱり選ばない。後は，一度選んだら，後は，さらに詳細を詰める，もちろ
ん。詳細を決めて，次に，ホテルのランクを吟味する。ほら2つ星，3つ星，4つ星
というように。モロッコに行くときは気をつけないとね，フランスなら2つ星とい
うのはモロッコではせいぜい1つ星だ。だからフランスの2つ星や3つ星に相当す 30
るのは4つ，少なくとも4つ星を予約しないといけない。だから4つ星か5つ星にな
る。フランスと同じレベルのホテルを予約するのだとね。で，その後に起きたいろ
んなことをここで全部話すつもりはないよ。で，もうひとつあって，国が変わると， 35
その，僕については，現地に着いたとき起きたことだけど，大きな問題をかかえる
ことになったんだ。つまり…現地で引き受けてくれた代理店の旅程表が，僕のとは
違っていたんだ…それでね，…のようなときとは違って…愉快なことではなかった
よ。その人に「納得いかない。」って言ったんだ。で，とことん話しあった。言い 40
なりになっちゃだめだ。しつこく話しあった，だってね…四輪駆動で遠出するとい
うのがあったんだけど，予定にはなかったんだ，でも僕の予定表にはあって，コピ 45
ーもとっていた。それにフランスのバ，バス会社がサインしたものだった。向こう
に着いたら，先方はその旅程表を持ってなかったんだ。で，もちろん…僕の性格を
よく知ってるだろ，はっきりさせたよ。

****

L20-21　après tu, tu vois ce que tu peux faire におけるtuは，onに近い意味で用いられている。
tu étais debout, tu voyais... (L66) も同様。

L21-22　[訳注] vogue la galère 「なるようになれ」は，あまり一般的ではない表現。話しことばで
は，c'est parti.

L25-26　[訳注] je le prends pas のpasは，円唇化し，[o] に近い。ils l'avaient pas ça (L46) も
同様。

L30　si tu prends qu'un deuxにおいて，ne...que「～しかない」の否定辞neが脱落している。

L33　選択的リエゾンde deux [z] à troisが実現される。

L35　[訳注] je vais pas raconter のje vaisは，無声化が起き，[ʃfe] に近い発音になっている。

Bon, enfin, finalement, après des tractations, sur place euh, j'ai eu ce que je voulais, et ils, ça s'est bien passé quoi. Bon. Le, le... le voyage par lui-même, bien. Et puis il y a eu quelques anecdotes qui ont été bien. Entre parenthèses, quand on a descendu après Ouarzazate, qu'on est descendu dans euh, dans les dunes de... Mais je me rappelle plus du nom, tu t'en rappelles toi ? <CD : Non.> Enfin, il y avait la..., oh la... oh comment dirais-je, la...

EQ : On va sauter le nom.

FG : Oui enfin, bref, je vais sauter le nom, je me rappelle plus. Bon, on a des /. On a euh descendu en plein désert dans un camp berbère. Et on a couché sous les tentes berbères. Alors là euh, il y a eu une surprise quand même bien entendu qui était agréable à voir. Parce que c'était joli, ça faisait des couleurs. On était reçus sur des, euh par terre il y avait des tapis partout, à même le sol, à même le sable. Et puis, il y avait de l'o /, de l'orchestre quoi les, les musiciens et tout. Bon enfin, bref, on mange. Mais le, le, le plus beau, c'était que les chambres. Alors c'était des grandes toiles berbères. Et qui se, la séparation, c'était deux piquets, une couverture. Alors tant que tu étais debout, tu voyais le voisin. Et alors, on discutait. Alors, tu voyais le voisin se déshabiller, alors tu te baissais. Alors et là, là, c'était là, c'était le début là. Et puis la porte. C'était la couverture que tu prenais puis que tu coinçais avec une pierre par terre. Alors ça c'était du tonnerre. Alors bon, je, c'est ce que j'aurais dit tout à l'heure, moi j'ai dit à ma femme, j'ai dit : « Bon, on se déshabille. Tu prends les valises et tu y refermes tout bien. Parce que le sable va rentrer un peu partout. ». Alors ça a pas manqué parce que dans la nuit on a eu une tempête de sable.

CD : Deux heures et demie du matin.

第4章　ロアンヌ（ロワール県）：1954年入隊組のモロッコ南部旅行について

　　　　ただ最終的には裏取引ができて，その場でこちらの希望どおりになった。よかった。
　　　　旅行そのものもね。それと，面白い話がいくつかあるよ。余談だけど，ワルザザ　　50
　　　　トの後で，その，砂丘に降りていったんだ…なんて名前か忘れたけど，覚えてる？
　　　　＜CD：ううん＞　結局，あったんだ…あの…あれ何というか，あれ…　　　　　　55
EQ：　名前はどうでもいいわ。
FG：　まあそうね，じゃあ，名前は置いといて，思い出せないから。そう。砂漠の真ん中
　　　　のベルベル人のキャンプに行ったんだ。それでベルベル人のテントに泊まった。そ
　　　　のときね，見た目が素晴らしいので驚いたよ。テントが綺麗だったから，カラフル　60
　　　　だし。招かれた僕たちは地面に座った，地面と砂の上いたる所にカーペットが敷き
　　　　つめられていた。その後，オーケストラ，楽団や，もろもろが来た。それで食事し
　　　　たんだ。でも一番美しかったのは部屋だよ。ベルベルの大きな布だ。間仕切りは2
　　　　本の杭と毛布だ。だから立ってると，お隣さんが見えていた。だからお隣と話して　65
　　　　た。でもお隣さんが着替えるのも見えるから，そのときは身をかがめないとね。で
　　　　も，でもね，これはまだ序の口だった。次に扉。毛布を掛けて，地面を石でふさい
　　　　でいた。これってすごいでしょ。で，さっきいおうとしたんだけど，女房にこうい　70
　　　　ったんだ，「さあ，着替えをしよう。鞄をとって，ちゃんと閉めてくれよ。砂がそこ
　　　　ら中に入るからね。」　やっぱりそのとおりになったよ，夜中は砂嵐だった。
CD：　夜の2時半に。　　　　　　　　　　　　　　　　　　　　　　　　　　　　　　75

****

L52　選択的リエゾン quand [t]on a descendu が実現される。助動詞が avoir である。L53では est descendu である。

L53-54　je me rappelle plus du nom, tu t'en rappelles toi ? において，動詞 se rappeler は，de + 名詞をとっている。FR では名詞を直接とり，前置詞 de は不要である。

L61　ça faisait des couleurs における主語の ça は，話しことばの特徴である。

L62　sable では，後ろ寄りの [ɑ] が聞かれる。sable (L73, L74) も同様。

L67-68　Alors tu voyais le voisin se déhabiller, alors tu te baissais の語尾 -er と -ais は，いずれも狭母音 [e] である。FR では，前者が [e]，後者は [ɛ] になる。

L72　代名詞 y は，ロアンヌ地方に特有の現象である。tu prends les valises et tu y refermes tout bien は，FR では，tu les refermes となる。以下の L81 も参照。

L73　ça a pas manqué のように，11個ある否定文の全てにおいて ne が欠けている。

L73　[訳注] テキストの Alors ça pas manqué は，Ah ça pas manqué のように聞こえる。

FG : Deux heures et demie du matin. Alors, bien entendu, le..., le, la couverture qui, qui barrait qui faisait fer / qui faisait office de porte. Eh ben, pfft, ça ! Les... oh la oh la la. Alors là, c'était « mémorant ». Alors bien entendu que tout le monde. À moitié à poil dehors. En petite chemisette, en slip ou en... Et tout le monde se faisait, affolés quoi. Enfin, on y a pris à la rigolade. Alors moi au bout d'un moment, comme j'en avais marre, j'ai dit, de tenir, j'ai pris mon... parce qu'on avait des... des matelas quoi, des, des matelas en mousse. Je l'ai mis en travers, j'ai coincé la couverture dessous, je me suis couché dessus. J'ai dit : « Pour qu'il déplace quatre-vingt-dix kilos, eh ben, il faudra que ça souffle quand même un moment. ».

FG： 夜中の2時半。もちろん…毛布が（砂を）遮断して，鉄みたいに，扉の代わりをしてくれたよ。そう！あれは！ほんとうにもう！「忘れがたい」ね。もちろん誰でもそうだろうけど。半分裸でベッドから出た。半袖シャツとブリーフで…みんな気が動転してた。最後には大笑いしたけど。しばらくして，僕はもう耐えられなくて，マットレス，スポンジのマットレスがあったから。それで入口をふさいで，下に毛布を押し込んで，その上で寝たんだ。「90キロを動かすには，ちょっとばかり風が吹かないとだめだろうね」って言ったんだ。

****

L78 ［訳注］mémorant「忘れがたい」という語は，FRのmémorableの意味であろう。
L81 on y a pris à la rigoladeにおけるyは，ロアンヌ地方に特有の代名詞で，FRではこの文は，on l'a pris à la rigoladeとなる。

第5章 マグラン（オート・サヴォワ県）：以前の生活について

　マグランは，アルヴ谷にある約3,000人の村で，観光地シャモニーと工業地帯クリューズやジュネーヴの中間に位置している。2006年に調査者のEQが調査を行ったとき，EPは70歳であり，彼は森林や旋盤等の関連で働いてきた。EPは小学校を卒業しており，フランコ・プロヴァンス語[1]を流暢に話すことができる。録音では，若い頃のこと，オート・サヴォワ地方の文化，アルジェリア戦争等について話している[2]。

EQ : Et votre vie d'autrefois, elle était comment ? 1
EP : On avait... deux bêtes, deux vaches quoi, et on foinait l'été, on faisait nos jardins, nos patates. Bon, et puis... c'est tout hein, c'était pas... c'était pas la grande vie. On mangeait pas du rôti tous les jours hein. On mangeait la soupe, on mangeait du pot-au-feu, on mangeait, bon ben, 5 c'était tout des produits qu'on, qu'on... qu'on avait nous quoi. <EQ : Hum.> En principe. On tuait le cochon l'hiver, des fois on tuait une vache. À l'époque, il y avait pas de congélateur, alors on faisait saler ça... à la saumure, et ensuite euh, on y mettait dans, dans une beurne, c'est-à-dire une beurne, c'est un fumoir, qui dépasse en dessus du toit 10 <EQ : Hum.>, tout en bois, carré, et on mettait, on accrochait ça à hauteur de deux mètres, deux mètres cinquante, et on faisait le feu dessous, avec du, du bois de, bien sec du sapin ou... ou du hêtre, du fayard quoi. Et... au bout d'une semaine, ça commençait à être fumé, vous voyez, après ça se conserve une fois que c'est fumé. Il fallait y mettre saler un 15 mois avant. On mettait tout ça au sel, hein, lard, euh...

---

1 「フランス南東部，スイス西部，イタリア北西部にかけて分布する，ロマンス諸語の1つ」（長神 1992：780）
2 執筆者Elissa PustkaとMartin Vordermayerの原文を日本語版に際して適宜編集した。

第5章　マグラン（オート・サヴォワ県）：以前の生活について

EQ： 昔の生活は，どうだったのです？ 1
EP： 私たちには…家畜2頭というか，雌牛2頭がいました。夏には干し草をして，庭の手入れやジャガイモを育ててました。そう。それと後は…それだけですかね，あまり…あんまり大した生活ではなかった。肉料理が毎日食べられるというわけではありません。スープやポトフを食べたり，その，作るのはそれだけで，自分たちが作 5
っていたのはね。<EQ：なるほど。> 基本的には。冬は豚を屠殺し，時には雌牛1頭も殺しました。その頃は冷蔵庫なんてなかったから，塩漬けにしてました…。塩水で，それと，その，beurneの中に入れて，beurneは燻製室のことです，屋根から上に突き出てて，<EQ：なるほど。> 木製の正方形で，2メートルか，2メートル 10
50センチの高さに肉を引っ掛けて，下で火をおこすんです，木でね，よく乾いたモミの木か…ヨーロッパブナか，ブナ。そしたら…1週間後には燻製が始まる。で，その後，燻製してしまえば，保存できるんです。塩は1ヶ月前にはしておかないといけない。全部を塩漬けにしたんです，脂身や，えーっと… 15

****

L2　語末開音節で，広い [ɛ] faisaitと狭い [e] étéを区別する。
L3, L24　地域フランス語ではジャガイモのことをpatateという。patateはこの地域に特有の語彙ではない。
L4-5　benやheinは，話しことばに特徴的な語彙である。
L8　salerの語頭アクセントは，オート・サヴォワ地方に特徴的である。saucisses (L17), vécu (L21), pénible (L53) も同様。
L9　塩水による (à la saumure) 豚肉の塩漬けはこの地方の料理。
L9　on y mettait dans, dans une beurneのyは，オート・サヴォワ地方に特有の現象で，この場合，直接目的語の「豚肉を」を指している。Il fallait y mettre (L15) も同様。II.4.のロアンヌの会話L72, L81も参照。
L10　beurneはfumoir「燻製室」を意味する方言形。
L11　carréの後ろ寄りの [ɑ] は，この地方に特徴的である。他にも，gâté (L25, L39, L44), gagnait (L68) がある。

69

à part les saucisses, on faisait des saucisses et puis la pormonaise, saucisse de chou. Euh... autrement, ben... fallait vivre avec ce qu'on avait hein, il y avait pas le choix hein. Après la guerre là, moi je me rappelle, j'étais tout petit, ben, on mangeait pas, on mangeait du pain de polente, et puis là il y en a peut-être pas beaucoup qui y ont vécu ça encore. On mangeait du pain de polente, enfin, avec le lard du cochon, on faisait du saindoux, on faisait des t/, des tartines avec ça. Bon, on faisait de la confiture. Et puis, puis voilà hein. On va, on semait pas mal de patates, on... n'était pas, on n'était pas gâté comme maintenant et en plus, il y avait pas euh... il y avait pas les, les supermarchés qu'il y a maintenant hein, ça existait pas, on vo/. On avait les tickets, on allait chercher du, on allait chercher de la nourriture là dans une épicerie, ben fallait... on avait les tickets à présenter pour/ ils nous prenaient les tickets comme quoi, quoi, on avait eu droit à tant par mois. Alors euh... bon ben... on pouvait pas aller tous les jours chercher le pain frais hein. Ça existait pas à l'époque. Après la guerre là, tout de suite après la guerre. Bon ben après on a déjà vécu la guerre là, moi j'ai encore vécu la guerre d'Algérie, j'ai fait deux ans là-bas en Algérie. Bon ben, ça... no/notre plus belle jeunesse, on l'a passée là-bas hein. Entre dix-neuf et vingt et un ans. C'est sûr que... c'était dur quoi. Enfin, on est revenu, il faut pas se plaindre, il y en a beaucoup qui sont pas revenus hein. Alors voilà, à peu près notre vie euh, on allait à l'école quoi, on avait des sabots en bois, euh... On n'était pas gâté comme maintenant hein. Eh oui.

EQ : Et vos parents, ils avaient une ferme ?

EP : Ben euh... une ferme, on avait deux bêtes quoi, deux vaches, euh... On élevait le « con », comme on dit, « pouère », en patois on dit « le pouère », « caillon ». Et puis, bon ben... on était, je dis bien, on était pas gâté comme maintenant hein. On n'allait pas, tous les jours euh... à Carrefour ou/... Ça existait pas à l'époque hein, il y avait qu'un... qu'un/.

第5章　マグラン（オート・サヴォワ県）：以前の生活について

ソーセージは別で，ソーセージやポルモネーズを作ってました，キャベツのソーセージのことです。それで…他には…，あるもので暮らさなければならなかったんですよね，だから選択肢などなかったんです。戦後で思い出すのは，まだ小さかった頃，食べ物がなくて，ポレンタのパンを食べてました，その，今じゃそんな生活を　20
経験した人は多くないと思います。ポレンタのパンを食べて，そう，豚の脂身で，ラードを作って，パンに塗ったもんです。それとジャムも作った。そう，そうね，そんな感じです。ジャガイモをかなり植えてました，私たちは…今みたいに甘やか　25
されてませんでした，それとあれもなかったし…今みたいにスーパーなんてね，なかった。チケットもらって，店に食べ物を買いに行ってました，えーと…チケットを見せないといけなくて，1ヶ月の間に使ってよいチケットを，店の人が受け取っ　30
てました。なので，えーっと…その…新鮮なパンを毎日買いに行けなかったんですよ。当時はなかったです。戦後，戦後すぐです。そう，戦争も経験しました，アルジェリア戦争をね，アルジェリアに2年間いました。そう，その，…一番いい青春　35
時代を，あそこで過ごしたんですよ。19歳から21歳まで。もちろん…辛かったですよ。でも戻って来れたんだから，文句なんていえない，戻って来れなかった人もたくさんいたから。まぁ，だいたいこんな生活でしたね，学校に通って，木靴履いてね，今みたいに甘やかされてなかった。そう。

EQ：　ご両親は農場をお持ちでしたか？　40
EP：　えーっと…農場を1つね，家畜2頭に，雌牛2頭がいました，その…« con »，いわゆる豚，ここの俚言で « pouère » とか « caillon » というのを飼ってました。それに，その，えーっと…さっきも言ったけど，今みたいに甘やかされてませんでした。毎日，その…カルフールになんて…行けませんでしたし，あの頃はなかったし，　45
1つしか…1つしかなかった。

****

L20　pain de polente「ポレンタのパン」とは，トウモロコシ粉で作ったパンのこと。
L24　pas mal de は，話しことばで beaucoup de の代わりに用いられる。
L32　語末閉音節で，狭い [o] côtes (L57) と広い [ɔ] époque を区別する。
L35-36　vingt et un ans において，un [œ̃] を [yn] と発音している。
L39　[訳注] on n'était pas gâté の gâté に語頭アクセントがある。
L43　pouère と caillon（省略形 con）は，いずれもフランコ・プロヴァンス語で「豚」を意味する。

On descendait à Gravins là en bas le village de Gravins en bas, cherch/ chercher notre pain, on faisait deux trois courses, à ce qu'on avait eu droit, puis on remontait à pied hein. Jusqu'à la maison. Mais... c'était plus sociable, les gens étaient pas si... étaient pas si euh... étaient pas si bêtes que maintenant, je veux dire bête en é/, en/, méchant quoi. Les gens ils/, nous, dans un village on s'aidait tous, quand il y en avait un qui avait du travail à faire pénible, on allait donner la main. Porter le fumier avec le... Porter la terre pour euh... faire le jardin quoi. Les foins, tout ça, mais maintenant. Maintenant, ils vous verraient au bord de la route agoniser, maintenant, ils... vous jettent encore un coup de pied dedans, dans les côtes pour vous finir euh. C'est vrai maintenant, c'est, c'est ça la jeunesse hein. D'ailleurs vous voyez bien tous les coups durs, les maisons qui se brûlent et tout, hein. Ici en France, c'est horrible.

EQ : Euh oui. (XXX).

EP : Alors, euh... Oui, on n/, on a pas... on a manqué de rien mais c'était pas... C'ét/, envers ce qu'il y a maintenant, c'était... c'était autre chose hein.

EQ : Et vous, après l'école, vous avez fait quoi ?

EP : Ben, j'ai travaillé avec mon père là... <EQ : Hum.>, jusqu'à vingt ans quoi. Après je suis parti au ré/, à dix-neuf ans, je suis parti au régiment. Puis, quand je suis revenu, ben j'ai travaillé un peu avec les gardes, mon père était âgé et puis ça gagnait pas hein, c'était pas... Il y aurait fallu moderniser quoi euh... Puis moi, ça me plaisait pas trop le décolletage, alors euh... on travaillait un peu dans les bois euh... avec les gardes, on a coupé des... on coupait, coupait du bois quoi, (X) euh... on faisait des coupes. <EQ : Hum.> Puis après, ben j'ai retr/, j'ai retravaillé à côté là à l'usine, c'était Vulpillière là, à côté euh, j'ai travaillé là. Alors c'était pas loin, on allait travailler de/. Il y avait juste la, la route <EQ : Hum.> à traverser et ... c'était tout bon...

第5章　マグラン（オート・サヴォワ県）：以前の生活について

　　　　グラヴァンまで行って，グラヴァン村まで下りて，パンを買いに，ちょっと買い物
　　　　をして，チケットの買える範囲内でね，それで登って帰ってきました。家までね。
　　　　でも…今より人づきあいがありました，人々はそんなに…そんなにえーっと…今ほ　　50
　　　　どひどくなかったから，ひどいっていうのは意地悪って意味ですけど。村じゃお互
　　　　いに助けあってました，仕事が大変な人がいたら，手伝いに行ったもんです。堆肥
　　　　を運んであげたり…土を運んだり，庭の手入れをしたりと。干し草なんかもね，な
　　　　のに今じゃ。今じゃ，あんたが道端で苦しんでいても，見てるだけでしょう，今じ　　55
　　　　ゃ，あんたを足蹴にするかもしれない，脇腹を死ぬほど蹴ってね。ほんとですよ，
　　　　それが今の若いもんですよ。それに，ひどい事件があるでしょう，家に火をつけた
　　　　りね，このフランスでですよ，まったくひどいもんだ。
EQ：　ええ，そうですね。(XXX)　　　　　　　　　　　　　　　　　　　　　　　　　　60
EP：　その…足りないものなどなかった，でもそれは…今の状態と比べたら…まったく別
　　　　ものでしたね。
EQ：　学校を出た後は，何をされたのですか？
EP：　えー，父といっしょに働きました…＜EQ：なるほど。＞ 20歳まで。19歳のときに　65
　　　　家を出て，兵役のためです。その後，戻ってきて，その，森林管理官といっしょに
　　　　少し働きました，父はもう歳で，それに稼ぎはあまり良くなかったんです…近代化
　　　　しないといけなかったんですが。それに…旋盤工はあまり好きじゃなかったので，
　　　　その…森の中で少し働いて，つまり…森林管理官といっしょに木を切って，伐採し　　70
　　　　てました，(X) そう…伐採してました。＜EQ：なるほど。＞ それから，また近隣の
　　　　工場で働きました，隣町のヴュルピエールです，そこで働きました。遠くなかっ
　　　　たんで働きに行ってました。そこの道を＜EQ：なるほど＞渡るだけでしたから…
　　　　それで職場に着くんです…それでよかったんです。　　　　　　　　　　　　　　　75

****

　　L53　［訳注］on allait donner la main における donner la main は，FR では donner un coup de
　　　　main と言う。
　　L58　2005年にフランス各地で起きた暴動のこと。
　　L68-69　Il y aurait fallu moderniser 直接目的語としての y の使用。L9を参照。

第Ⅲ部　南フランス

＊行政区分等は原著刊行時（2010年）のもの

第1章　南仏のフランス語：概略[1]

1. はじめに

　南仏のフランス語というただ1つの統一された変種が存在しないことは明らかである。この章の様々な例が，南仏のフランス語の多様性を教えてくれるだろう。変種を記述する際には，それがいつどこで使用されたのか，地理的領域と固有の特徴について詳細に示す必要がある。幸いにもたくさんの研究によって南仏の変種の主な特徴が明らかになっており，ここでもそうした先行研究を拠り所にする。いくつかの特徴は南仏の変種に共通し，「南仏のフランス語」という用語の下にまとめることができる。ここでの概略はかなり一般的なものになるが，南仏の変種の主な特徴と，その変化のダイナミズムを示すことになるであろう。

　最初にいっておくが，南仏の地域，とくに都市部では，目下大きな変化が進行中である。ここに提示する特徴のすべては実際に観察されたものであるが，現在，その特徴がどれほど定着しているかを示す統計資料があるわけではない。また，この章の記述は，何世代にもわたって南仏の地域に根を下ろした家族に対して行ったPFC調査のうち，主に保守的な南仏の話し手に関する記述であることを断っておく。海外や都市部から移住者が流入することで話しことばは影響を受けているのであるが，ここではそれについて触れていない。この第Ⅲ部の地理的な観点は，Bec (1963：9) の『オック語』におけるオイル語（北仏語）とオック語（南仏語）の区分を踏襲し，カタルーニャ語とバスク語の地域も南仏の中に含める。こうした言語区分はフランスの古い方言区画であり，北部のオイル語，南部のオック語，東部のフランコ・プロヴァンス語の区画に基づいている (p.xiiiとp.30の地図)。

2. 統語的・語彙的側面

　統語レベルにおいては，話しことばのフランス語に見られる一般的な現象を除くと，地域的な特徴はほとんど見られない。Blanchet (1992) のように，プロヴ

1　執筆者Annelise Coquillon, Jacques Durandの原文を日本語版に際して適宜編集した。

ァンス方言に関して統語的な特徴を指摘した研究もあるが，統語論の分野では方言変異はあまり見られない．統語的な特徴は，特定の言い回しや表現に限定的に現れる．たとえば，プロヴァンス地方では，mettre bien de sucre「砂糖をたくさん入れる」，gras de beurre「バターの油分」のように部分冠詞を使用する．また，mets les bottes「ブーツを履け」，mène le pastis「パスティスを持って行け」では定冠詞を使用するが，これらはFRではmets tes bottes, amène du pastisになる．また，faire peine「つらい思いをさせる」，mettre table「テーブルをセットする」のように定型表現に冠詞が欠けている．FRではそれぞれfaire de la peine, mettre la tableとなる．さらに，FRでは男性名詞であるのに，オック語を模して女性名詞にすることがある．たとえば，la lièvre「野兎」，la chiffre「数字」，une anchois「アンチョビ」等である．

　これに対して地域的語彙はかなり頻繁に見られ，その大部分はオック語の基層[2]から生じている．インターネット上にあるたくさんの語彙集やマルセイユ方言辞書が地域的語彙の多さを教えてくれる．Moreux & Razouの『現代トゥールーズ方言辞書』(2000) にはミディ・ピレネー地方とラングドック地方における音韻，形態，統語について数多くの参考文献や注記が含まれている．

　ほとんどの場合，地域的語彙はフランス語にうまく言い換えられない．プロヴァンス方言のdégunは，フランス語のpersonne「誰も～ない」，nul「何も～ない」，aucun「1つも～ない」の全てを意味する．その地域の事物を表すためにフランス語に直訳できないこともある．リムザン方言のsegouttudeはFRのgrosse averse「激しいにわか雨」を表す．地域的語彙は，一般に，狩猟，漁業，牧畜等に関する語彙として現れる．たとえば，ニース方言のgoussouはFRのpetite barque「小舟」を，カマルグ方言のmanadeはFRのtroupeau「羊の群れ」を表す．その地域の動物や植物を指すこともある．ラングドック方言のtataragneはFRのarraignée「(昆虫の) クモ」のことで，プロヴァンス方言のriganèouはFRのchêne kermès「ケルメスガシ (植物)」を指す．もちろん料理も含まれる．ガ

2　「言語接触 (language contact) の一つのあり方で，2つの違った言語が地理的に隣接するという形ではなく，同一の社会集団の中で，たとえば，支配階層の言語と被支配者の民衆の言語というように，上下の階層関係をつくって共存する場合の，その下層をなす言語」(亀井・河野・千野 1996 : 268) を基層という．

スコーニュ方言の garbure は「キャベツと肉のコンフィのスープ」を指し，バスク語の pintxos は「ピンチョス（スライスしたパンの上にのせて出す食べ物）」を指す。フランス語に coller「貼る」という語があるのに，ラングドック方言やプロヴァンス方言では，péguer「貼る」を頻繁に使う (Avanzi 2017：122-123)。ほかにも，FR の ça va にあたるラングドック方言の ba pla「元気だ」，ラングドック方言とプロヴァンス方言の間投詞 té「ちょっと」[3]，他にもののしり言葉等がある。南仏では，地域的語彙を用いることが多いが，田舎と都会といった環境の違い，あるいは職業の違いによって，その重要性は異なる。ボルドー方言の acaner「ブドウの木の下部を添え木に結ぶ」のように，父祖伝来のいくつかの業種ではオック語特有の隠語を使う。地域的語彙は，日常的に頻繁に使用されるわけではなく，フランス語に地域的な色づけをするものであり，その頻度はコミュニケーションの状況に依存することが多い。フォーマルな場面，あるいは，話し相手がその地方の出身者でないとき，南仏の話し手は地域的語彙を用いない傾向にある。

3. 音声学・音韻論的側面

ここではいくつかの変種における分節音（音素と異音）について説明する。以下では，ロワール河以北の言語使用を指すために FR の略号を用い，南仏の保守的なフランス語には FMC (Français Méridional Conservateur) の略号を用いる。

3.1. 子音

バスク地方の高齢者たちには，étriller /etʁiʎe/「馬の毛並みを整える」と étrier /etʁije/「鐙」のように，硬口蓋側面音 /ʎ/ と /j/ の対立がまだ存在する（Ⅰ.3.3.1. p.22）。これを除くと，南仏のフランス語の子音体系は，FR の子音体系（Ⅱ.1.3. p.38）と基本的に同じである。ここではとくに，/R/ の実現形，阻害音，わたり音に注目する。

---

[3] TUFS 言語モジュール（南仏のフランス語）「01. 挨拶する」の L1。同会話にはオック語に特有の間投詞 bé「えーっと」(FR の Eh bien)，adiu「こんにちは」(FR の bonjour) が出てくる。
http://www.coelang.tufs.ac.jp/mt/fr-midi-py/dmod/class/ja_01.html

3.1.1. /R/ 音

子音の中で社会言語学的な指標として一番よく知られているのが /R/ 音である。Walter (1982) の音韻記述に見られる [ʁ] と [r] の対立，mari [maʁi]「夫」と marri [mari]「遺憾な」の対立は，PFC調査において今までのところ見つかっていない。前寄りの舌尖音 (震え音の [r]，弾き音の [ɾ]) が南仏の特徴であるという主張は，フランス全土の社会言語学的な変異を極端に単純化した主張であり，/R/ 音が後ろ寄りの [ʁ] 音へと進化していくスピードは，都会と田舎で同じではない。プロヴァンス地方では，何世代も前から /R/ は後ろ寄りの [ʁ] 音であり，最も高齢の話し手でさえ舌尖音は全く観察されない。このことはエクス・アン・プロヴァンスやマルセイユの調査が物語っている。オード県やピレネー・オリアンタル県では，数名の話し手が前寄りの強い震え音 [r] を使用する。しかしながら，Durand と Tarrier がオード県の小村ドゥゼンスで行った調査 (Durand & Tarrier 2003, III.2.) では，高齢者と中高年者の間にはっきりとした断絶があった。1945年以降に生まれた話し手は，全員，後ろ寄りの /R/ 音を発音した。同じようにバスク地方の調査においても，舌尖の [r] 音を使用したのは92才の女性だけであった (I.3.3.2. p.23)。

3.1.2. 阻害音 [4]

阻害音の対立は基本的に FR と同じである。しかし，いくつかの変種の最も保守的な話し手では，語末位置で，完全あるいは部分的な無声化が起き，club [klœp̬]「クラブ」，gaz [gas̬]「ガス」，sud [syt̬]「南」になることがある。この無声化は絶対語末の /R/ にも影響を与え，/R/ が mer [mɛχ]「海」のように，無声摩擦音 [χ] になる。語中と語末では子音グループが単純化し，explosion [ɛsplozjɔ̃ŋ]「爆発」，infect [ɛ̃ɱfɛk̬]「汚染された」のように，それぞれ [ks > s], [kt > k] の単純化が起きる。この現象は若い世代ではあまり一般的ではない。若い世代では，il est parti [paʁtʃi]「彼は出発した」，c'est trop dur [dʒyʁ]「あまりに辛い」のように，破裂音 [t] と [d] が /i/ と /y/ の前で，[tʃ] と [dʒ] に破擦音化する傾向が観察される。

4　阻害音には破裂音，摩擦音，破擦音が含まれる。II.1.3. p.38を参照。

南仏の多くの話し手において観察されることだが，islamique [izlamikə]「イスラムの」, socialisme [sosjalizmə]「社会主義」の語で，無声摩擦音の /s/ が後続する有声音に同化して [z] になり，[isla-] が [izla-]，[-ismə] が [-izmə] となる。この傾向は他の変種においても観察されるが，FMCでは語頭子音も影響を受け，slip [zlip]「ブリーフ」では [sli-] が [zli-] になる。

鼻音については，FRと同じように，多くの変種で硬口蓋音の /ɲ/ を [nj] と発音する傾向がある。

3.1.3. わたり音

南仏の変種には3つのわたり音 [j], [w], [ɥ] が存在する。しかし，派生語におけるわたり音の実現はFRとは異なる。南仏の話し手は，子音の後にくる2つの母音を，別々の音節に分けて発音する傾向がある。たとえば，FRではcamion [kamjɔ̃]「トラック」，mouette [mwɛt]「カモメ」，luette [lɥɛt]「口蓋垂」と発音するが，南仏では[kamijɔ̃ŋ], [muɛtə], [lyɛtə] と発音する。この現象は，単語ごとに決まっているため音韻規則で説明することはできない。FMCのいくつかの変種には，FRに存在しない阻害音＋流音＋[j] の連続が見られる。例としては，vous entriez [ãtʁje]「あなたは入っていた」，un sablier [sablje]「砂時計」がある（Ⅰ.1.4.2.1. p.8）。

最後に，FRでは，子音 [ʁ], [z], [v] が前の母音を長くするが，Carton他 (1983) によれば，南仏ではそのようなことは起きないという。

3.2. 口母音（シュワーを除く）

南仏のPFC調査によって，Brun (1931), Séguy (1950), Durand (1976), Carton他 (1983) 等の記述したFMCの母音体系が，今も安定していることがわかった。南仏では，ほとんどの話し手にとって母音の長短は音韻的機能を持たず，長母音と短母音の区別はない。/a/～/ɑ/ の対立もないようである。そのため南仏の変種には前舌母音 [a] しかないといわれるが，実は /A/ の実現形には多くの音色が見られる。半広母音 [ɛ], [œ], [ɔ] は実現形として存在するものの，FMCの音韻体系の中には入っていない。

シュワーを除くと，FMCの口母音体系には7母音が含まれ，11母音のFRの

体系（Ⅱ.1.2.1. p.34）と比べると、「簡素化された」体系のように見える。

FMCの口母音体系

	前舌母音	後舌母音
狭母音	i y	u
半狭母音（中高母音）	e ø	o
広母音	a	

　南仏のほとんどの話し手にとって、中高母音の開口度の対立、すなわち半狭母音と半広母音の対立は存在しない。とはいえ実現形のレベルでは、[e, ɛ], [o, ɔ], [ø, œ] といった半狭と半広の違いが観察される。半狭母音と半広母音のどちらが実現形として現れるかは、「位置の法則」（Ⅱ.1.2.2. p.35）に従う。半狭母音 [e, ø, o] は開音節だけに現れ、半広母音 [ɛ, œ, ɔ] は閉音節、あるいは後続する音節がシュワーを含むときに現れる。たとえば、balai「ほうき」[bale] は半狭母音の [e] になり、creuse「空洞のある」[kʁœzə], chaude「熱い」[ʃɔdə] は半広母音の [œ] と [ɔ] になる。観察された例の多くがこうした傾向を裏づけており、この傾向は最も革新的な発音であっても変わることがない。「位置の法則」が重要な働きを担っていることは確認できたが、この法則にはしばしば見逃されがちな複雑な面がある。それは単語の形態的な成り立ちが重要な役割を担っている点である。たとえば、prestataire「受給者」[pʁɛstatɛʁ] には位置の法則が適用されるが、接頭辞 pré- のついた複合語 préscolaire「就学前教育の」[pʁeskolɛʁə] には適用されない。一方、chauffe-eau「湯沸かし器」の場合、chauffe [ʃɔf] + eau [o] だけを見ると、*[ʃɔfo] という発音が予測されるが、実際には [ʃofo] と発音される。これは chauffe-eau が単一の語と感じられるためである。

3.3. シュワー

　シュワーにはアクセントが置かれず、シュワーを発音するか消失する。南仏の変種は、数世紀前から、シュワーをほぼ体系的に発音する傾向がある。とはいえ、こうした見解はかなり単純化した見方であり、南仏訛りに見られるシュワーは実

はずっと複雑である。Chantal LycheがⅡ.1.4.(p.39以下)で説明したように，シュワーを記述する際の諸問題については，今のところ良い解決策がない。ここではFMCにおけるシュワーの現れ方について述べておく。

3.3.1. 語末位置

語末位置は語頭位置とまさに対極をなしている。語末子音が発音され，その後に綴り字の-eが続くと，南仏の大部分の変種では，単音節語のときと同じように，語末子音の後でシュワーが発音される。Durand & Eychenne (2004) によれば，シュワーの発音される確率は86.8%である。Le père de ton frère「君の兄弟の父」は，ふつう [ləpɛʁədətɔ̃fʁɛʁə] になる。一方，語末子音の後に綴り字の-eがなければ，シュワーを発音する確率が2.5%と非常に低くなる。Il part sept jours.「彼は7日間不在にする」は [ilpaʁsɛtʒuʁ] となる。両者の違いはとても重要であり，南仏の変種においては，<C#> と <Ce#> の綴り字上の対立が，/C#/ と /Cə#/ の音韻対立と密接に関連する。保守的な南仏の訛りでは，子音で終わる単語と子音+アクセントのない母音で終わる単語は，roc [ʁɔk]「岩」と rauque [ʁɔkə]「しゃがれた」，fard [faʁ]「ファンデーション」と phare [faʁə]「灯台」のように，シュワーのあるなしで対立する。FRでは，これらの語は同音語になる。方言の間にも重要な違いがある。Coquillon (2005) は実験音声学的手法を用いて，リズムグループ末尾に現れるシュワーが，マルセイユよりもトゥールーズのほうが際立ち，より長く発音されることを証明した。

他方，最も保守的な南仏の訛りであっても，同じリズムグループの中で，caisse の後に est のような母音で始まる単語が続くと，la caiss(e) est vide「その箱は空だ」となり，語末のシュワーは消失する。

3.3.2. 多音節語の語頭音節

FRでは，la semaine「その週」，tu ferais「君はするだろう」のようなV#C_CVの位置[5]において，頻繁にシュワーが消失する。逆に南仏の多くの変種では，同じ位置でシュワーが保持される。Durand & Tarrier (2003), Eychenne (2006)

---

5 la semaine [a#s_mɛ], tu ferais [y#f_ʁɛ] で，[ ]内がV#C_CVの位置である。

等のPFCコーパスに基づいた研究によると[6]，語頭音節では大部分のシュワーが保持されることがわかっている。シュワーの消失する珍しい例は，頻度の高い語petit「小さい」(un p(e)tit peu「ほんの少し」)，助動詞serait (ça s(e)rait bien「それはいいだろう」) である。

3.3.3. 多音節語の語中音節

最後に，tellement「とても」のような語中位置でのシュワーの消失について説明しよう。バスク地方の最も革新的と思われる方言でさえ，この位置でのシュワーの消失にはかなりの抵抗がある。Eychenne (2006) によると，ラングドック地方では85％のシュワーが保持され，バスク地方でも65％が保持された。音韻論的観点からいえることは，語中位置は語頭位置よりも弱い位置であり，アクセントのない語末位置は語中位置よりもさらに弱い位置である。このため語末位置ではシュワーの消失が一番起こりやすい。また，南仏の若い世代は高齢層に比べて，シュワーをより多く消失させる傾向がある。

3.4. 鼻母音

ロワール河より北では，/ɛ̃/～/œ̃/ の対立が中和し，/ɛ̃/ になる傾向があるが，FMCでは4つの鼻母音 /ɑ̃, ɔ̃, œ̃, ɛ̃/ が保持される。

南仏訛りの鼻母音には典型的な特徴がある。Séguy (1950) 等の先行研究で記述されたように，南仏の鼻母音は北仏の鼻母音よりも長くなる。それは鼻母音がいくつかの調音段階から成り立っていることと関係する。具体的にいうと，鼻母音は，まず口母音の部分から始まり，続いて鼻音化 (全体の約20％) が起き，最後に鼻子音の要素が続く。その鼻子音が聞こえるにせよ，聞こえないにせよ，鼻母音は後続する子音と同じ調音点になる。たとえば，両唇音の前では [m]，唇歯音の前で [ɱ]，歯音や歯茎音の前で [n]，口蓋音や休止の前では [ŋ]，[ɲ]，あるいは [ɴ] になる。図式化していうならば，鼻母音の /ɔ̃/ は [ɔɔ̃ŋ] のように発音されるのである。また，調音点の同化現象は，en patois [ampatwa]「俚言[7]で

---

6 Ⅲ.3.マルセイユの会話のL5, L30も参照。
7 「フランスの方言学では，使用地域が狭く，田舎の社会的に下層の人々どうしが用いる書き言葉をもたない言語変種をさして (俚言 patois という語を) 用い，しばしば軽蔑的なニュアンスを

は」のように単語の境界を越えて起きる。最も若い世代の発音では，最初の口母音部分がどんどん短くなっていることを指摘しておく。

3.5. リエゾン

Brun (1931) を始めとして，南仏のフランス語は義務的なリエゾンを別にすると，ほとんどリエゾンしないといわれてきた。しかし，PFCの分析はこうした主張に異議を唱える。南仏の4地点と北仏の6地点を比較して，Durand & Lyche (2008) は，qui est [t]apparu「現れたもの」，elle était [t]allée voir「彼女は見に行った」等のリエゾンと同じように，(c')est, (c')était, avaitの後の選択的なリエゾンについて，南仏の話し手は北仏の話し手よりもリエゾンを多く行うことを明らかにした。南仏のフランス語における選択的なリエゾンの実現については，さらに体系的な研究が必要である。義務的なリエゾン（Ⅱ.1.5. p.41）については，南仏の変種とFRの間に特筆すべき相違はないように思える。

3.6. 韻律（プロソディー）

語の韻律についていうと，南仏の話し手のアクセント配置は，FRのものと基本的に変わらない。最も頻度の高い基本構造は，FRの場合と同じで，リズムグループの最終音節にアクセントを置く。南仏のフランス語では，シュワーが高い頻度で実現されるため，「アクセント音節＋無アクセント音節（シュワー音節）」がたくさん生み出される。たとえば，ˈnette「明らかな」，ˈronde「丸い」，ˈporte「扉」は，語末から2番目の音節にアクセントが置かれ強弱型になる。こうした強弱型のアクセント配置は，語中でも観察され，南仏では北仏よりもずっと頻繁に強弱型が観察される。たとえばrondelette「整頓」は，強弱強弱型の [ˈʁɔ̃dəˈlɛtə] になり，FRの [ʁɔ̃dˈlɛt] とは異なる。ただし，この強弱型のアクセント配置はまったく弁別機能を持たない。マルセイユのフランス語についてBrun (1931) が指摘したように，このアクセント配置は，マルセイユを起源とする語彙aˈioli「オリーブ油とニンニク入りのマヨネーズ」，ˈpati「不器用な」，ˈpistou「バジルの調味料」だけでなく，chariˈvari「大騒ぎ」，ˈcolis「小包」，ˈfourbi「雑然とし

伴う」（亀井・河野・千野 1996：1386）。今日のフランスでは俚言は完全に消滅したといわれる。

た山」のようなフランス語にも適用される。リズムに関していうと，強弱型（アクセント音節＋無アクセント音節）の内部での長さの配分は地域によって異なる。トゥールーズの話し手は，マルセイユの話し手よりも，シュワーを含む音節を相対的に長く発音する。

　3.1.3.のわたり音のところで述べたように，FMCでは，音節末に摩擦音の［ʁ］，［z］，［v］があっても，前の母音の長さに影響はないようである。

　イントネーションは全ての南仏訛りで同じわけではない。プロヴァンス地方のイントネーションは，頻繁に模倣され風刺されるため，それに関してたくさんの研究がある。プロヴァンス訛りのイントネーションにとって最も重要なパラメーターは音の高さの変化であり，FRよりも大きく変化する。また，メロディーとリズムの形状にも特徴がある。FRに関する研究では一度も観察されたことのない「丸帽子」型のメロディー曲線が現れる。このイントネーションは，メロディーの上昇から始まり，次に下降するまでの間，複数音節（2音節から6音節）におよぶ平板な高さが続く。このイントネーションによって，話し手がプロヴァンス地方の出身であることが分かるという。また，イントネーション単位の末尾にシュワーが現れることで，FRとは異なるプロヴァンス訛りに特徴的なメロディーが見られる。

第2章　ドゥゼンス（オード県）：2つの大戦の思い出について

　ドゥゼンスは，カルカッソンヌとナルボンヌの間に位置する600人の村である。そこでは主にブドウが栽培されている。JPは収録時67歳の男性で，ドゥゼンスに生まれ，ずっと村に住み，ブドウ園の管理人として働いた。JPは小学校を卒業し，オック語を流暢に話す。調査者EQは男性の大学教員であり，この教員の指導する学生がJPの個人的な知り合いであった。収録はドゥゼンスにある学生の自宅で2001年に行われた[1]。

JP : Si, si <EQ : Ah bon ?> parce que, si c'est... là euh... le beau-père bon euh, b/ justement, oui, là oui, le, le beau-père parlait le patois dans, dans les Corbières. <EQ : Ah il parlait.> il parlait le oui il par/, il parlait les Cor/, il parlait le patois. Bon, c'est un homme qui était... bon s/ il était a/-griculteur. Bon, il avait du bois/ des bois, il avait des champs, bon il avait un troupeau de moutons, il avait des vignes, et euh bon a/ c'est un homme qui était petit qui avait une moustache là, il avait une moustache. Et il avait fait la guerre de quatorze ce, ce, ce pauv/ cet homme. Alors quand il nous parlait bon, ils ont, ils ont été traumatisés par cette guerre. <EQ : Ah oui.> Et de temps en temps je veux dire par là il me, il me parlait de la guerre. Alors il me disait qu'un jour, il est monté quatre fois à l'assaut. Vous vous rendez compte hé. Alors, avant de monter à l'assaut, ils y donnaient de la gnôle, pour ne pas, et lui, il voulait pas, il la et la gnôle il la gardait. Et euh, et un jour il a été blessé au bras. Bon il a fait aussi les, la campagne des Darda/ euh, des Dar/, des Dardanelles là-bas aussi. Mais enfin euh, ç/, ça, ça l'a, ça l'a traumatisé, mais... Dans son pays là-bas, dans les Corbières, comme ici d'ailleurs hé, on a eu des morts, des morts, des morts,

---

1　執筆者Jacques DurandとNathalie Rossi-Gensaneの原文を日本語版に際して適宜編集した。

第2章　ドゥゼンス（オード県）：2つの大戦の思い出について

JP： そう，そう＜EQ：え，そうなんですか？＞ だってもし…あの…義父が，まさにそ　　1
う，義父はコルビエール地方で俚言を話していて，＜EQ：へえ，話していたんで
すね＞，ええ話してました，彼はコル，いや彼は俚言を話してました。彼は…農夫
でした。山林を持っていて，畑も持っていて，羊もあって，ワイン畑も持っていて，　　5
あーそれと，口にひげを生やしていました。背の低い男でしたよ。そう，ひげをは
やしてた。彼は「14年戦争」に従軍して，ほんとに，ほんと哀れな人でした。私
たちに話すとき，彼らはあの戦争でトラウマを負ったんです。＜EQ：ええ＞ 私が言
いたいのは，その，たまに戦争の話を私にしてくれたんですよ。ある日なんか，4　　10
回も攻撃をやったとね。考えてもみてください。それで攻撃にいく前にブランデー
が与えられた。彼は欲しくなくて，ブランデーを取っておいたんです。ある日腕に
けがをして。ダルダの…，あそこのダルダネル隊の一員だった。けれど，えっと，　　15
その，それが彼にとってトラウマで，でも…。故郷のコルビエールで，ほかと同じ
で，そこでも死人が出ました，何人も死んで，亡くなって，

****

L1　［訳注］le beau-père は，FRでは mon beau-père「私の義父」である。
L1　［訳注］père の r の発音は震え音 [r] で，JP の全ての r 音がそうである。
L8　la guerre de quatorze「(19)14年戦争」は第1次世界大戦 (1914-1918) のこと。
L13　［訳注］avant de monter において，monter の発音が [mɔ̃ⁿte] となり，不完全な鼻母音の後に
　　鼻子音が聞こえる。grand (L49)，voisin (L79) も同じ。
L13　ils y donnaient de la gnôle において，受益者を表すために代名詞 y を使用するのは俗語的で
　　ある。FR では ils lui donnaient de la gnôle となる。
L14　la gnôle は [ɲoːlə] と発音。

87

et alors, dans son coin, il avait tous ses, tous ses copains, du coin, qui étaient avec lui au /, autour de lui. Chaque fois quand il partait à 20 l'assaut, ils disaient un tel, un tel ou un tel, il y est plus. Un tel il, il a disparu. Vous vous rendez compte, ses copains, comme ça et de temps en temps il en manquait un, il en manquait un autre, il en manquait un. Mais ça, ça, ça, je vois moi, euh... ça les a traumatisés. Traumatisés vraiment, hé, vraiment, vraiment hé. <EQ : Ils sont pas revenus par / 25 ils sont pas revenus pareils.> Pareils, non, non, non, non, vraiment hé. Moi, ça, ça me, mon, mon grand-père pareil là, mon grand-père, c'était pareil à la guerre de quatorze tout ça. Bon lui il était dans, il était dans, dans euh... dans l'artillerie, tout ça mais, il me disait : « Quand, quand l'artillerie, bon, b /, ils bombardaient, que ce soit les Allemands ou, ou 30 les Français, mais à vingt kilomètres au loin, vingt kilomètres au loin le sol, il tremblait. ». Vous vous rendez compte mais, mais, et dans les tranchées mais, dans les tranchées, un jour, ça c'est le beau-père, il était dans les tranchées un jour, il a fallu qu'ils aillent chercher, une mitrailleuse, à, à... der / derrière, euh derrière le... les tranchées. Bon ils sont 35 sortis des tranchées, mais à, au bout de cinq kilomètres, ils sont, ils sont allés dans un trou, tellement que ça bombardait, ils sont restés dans le, dans le trou, autour / les, les deux là, ensemble là. Ah, et le plus fort, le plus fort, ça, ça, ça m'a chose, ça m'a, ça m'a, enfin pas choqué, bon, et des fois ils avaient soif. Quand le, le bombardement ou, ou l'assaut 40 était fini, ils allaient à un point d'eau. Ils allaient à un point d'eau, et les Allemands aussi, allaient au même point d'eau qu'eux. Et ils se disaient rien, ils prenaient l'eau et ils partaient, mais alors, moi ça ça m'a hé vraiment hé. Quand il me racontait ça ce pauvre homme moi, (XXX). Et mon père, mon père, il est parti à la guerre de quatorze, il avait pas 45 dix-huit ans. Parce qu'à force des, des morts, des morts, des morts, des morts, et, et alors, et là, et c'était les jeunes qui y allaient. Et il y en a de sa classe qui sont morts.

第2章　ドゥゼンス（オード県）：2つの大戦の思い出について

　　それで，そのあたりでは，みんな，その辺の，彼と一緒に，周りにいた友達もみん　20
　なね。攻撃に出るたびに，あいつと，あいつが，あいつももういないって言うん
　ですよ。あいつ，その人が，彼がいなくなったって。考えてもみてください，友達
　たちがこんな風に，ときどき1人いなくなり，また1人いなくなり，さらにもう1人
　いなくなる。けれどそりゃね，そりゃあ，私にもわかりますよ。それが彼らのトラ
　ウマだってことは。ほんとのトラウマですよ，ほんと，ほんとに。＜EQ：彼らは戻
　ってこなかった，同じように戻ってこなかったんですね＞同じように，いや，いや，　25
　ほんとですよ。私は，私の祖父も同じでね，私の祖父も，14年戦争でまったく同じ
　だった。そう彼は，えっと，砲兵隊にいて，けど私に，「いつ砲兵隊，その爆撃が
　あると，ドイツ人のだろうが，フランス人のだろうが，20キロ，20キロ離れていて　30
　も，地面が揺れるんですよ。」考えてもみてください，塹壕の中に，中に，ある日，
　義父なんですが，ある日その中にいたんです。彼らは機関銃を，その後ろ，塹壕の
　後ろに取りにいかなければならなくなった。で，彼らは塹壕を出て，けれど5キロ
　のところで，彼らは穴の中に入ってね，爆撃がひどいもんだから，彼らは穴の中に　35
　とどまっていた。周りに，その，2人でね，一緒に。ああ，ほんとすごい，一番す
　ごいこと，それ，そのことがね，私はショックじゃなかったけれども，彼らは何度
　も喉が渇いた。爆撃が，その，攻撃が終わると，彼らは水場に行った。水場に行く　40
　と，ドイツ人も同じ水場に来る。で，一言も言わずに，水をくんで立ち去る，けれ
　ど，それこそ，それが私には，ほんとにね。可哀そうな父は，そのことを話すと，
　私は（XXX）。父は14年戦争に従軍したときは18歳にもなってなかった。なんた　45
　って，戦死者が多かったせいで，そこに行ったのは若者たちだった。彼と同じ年代
　で死んだ人がいるんです。

****
L19　［訳注］tous ses copainsのcopainsを [copεŋ] と発音している。ses copains (L78) も同じ。
L31　loinを [lwaŋ] と発音。
L46　Parce que節は独立した発話を導く。会話の中でよく観察される現象である。
L47-48　Et il y en a de sa classe qui sont morts「彼と同じ年代で死んだ人がいるんだよ」のsa
　　classeが指しているのは学校のクラスではなく，同年生まれの陸軍もしくは海軍の新兵のこと。

EQ : Moi j'ai eu mon grand-père aussi qui, qui a fait la guerre de quatorze, et quand il était vieux, il m'a raconté qu'il avait tué quelqu'un d'un coup de baïonnette. Et ça l'avait marqué, et personne m'a cru dans ma famille, ils ont dit : « Il l'a inventé. », <JP : Oh non.> il l'a pas, il l'a pas inventé <JP : Oh non il l'a pas inventé.> non mais, il me l'a dit, il avait, quatre-vingt-deux ans, <JP : Oh, oui, oui.> il l'a dit à personne d'autre, <JP : Oui, oui.> mais personne a voulu me croire <JP : Oui, oui.>. Et j'étais vexé parce que bon, j'ai pas insisté parce que c'est pas la peine, <JP : Non, non, non.> ils ont cru que je disais bon, mais, il m'a, un jour il m'a dit : « Tu sais j'étais dans un, on a contourné euh, j'avais contourné un gros rocher, et on s'est retrouvés face à face, <JP : Face.> c'était lui ou moi. <JP : Et oui c'est ça, ouais, ouais.> Et je l'ai tué. », mais ça a dû le marquer parce qu'il en avait jamais parlé.

JP : C'est sûr hé.

EQ : Il a fallu qu'il soit proche de sa mort, <JP : Oui, oui, c'est sûr hé.> pour parler du fait qu'il avait tué quelqu'un d'un coup de baïonnette, comme ça <JP : Comme ça oui.>.

JP : Et mon père ce qui l'a marqué aussi, étant jeune comme ça, c'est que la, la, la guerre de quatorze étant finie, il a fallu qu'ils nettoient les champs de bataille. Oui, « Tous ces morts. », il m'a dit, « Tous ces morts. », des fois il prenait les jambes, les ré/ les jambes re/ restaient. Euh vous voyez euh les jambes re/ restaient à la, à sa, à la main comme ça là, étaient a/arrachées comme ça là. Bon des, des dizaines de, de milliers de morts il s/ il a fallu qu'ils les, ou qu'ils déterrent, qu'ils étaient à moitié enterrés tout ça pour a/ pour enterrer ailleurs. Et des jeunes de dé/, de dix-huit ans. Mais ça, pff, ça, ça marque, c'est s/, c'est sûr que ça marque. Ces pau/ ces pau/ ces pauvr/ pauvres hommes hé. Mais moi, m/ surtout mon beau-père, quand il me racontait ça. Et alors il me le racontait souvent hé. Il était marqué par ça.

第2章　ドゥゼンス（オード県）：2つの大戦の思い出について

EQ： 私にも14年戦争に参加した祖父がいます，年をとってから，彼は銃剣で誰かをひと突きで殺したことを私に話しました。それで彼は心に傷を負ったみたいで，私の家族は誰も私が言うことを信じてくれないんです。「作り話だ」って言うんです。＜JP：いや＞，作り話，作り話ではなかったでしょう。＜JP：いや，そうですよ＞だけど私にいってくれたとき，彼は82歳だった＜JP：そうか，そうか＞他の人には話さなかった。＜JP：そう，そう＞いや，でも，誰も私のことを信じようとしないんですよ。＜JP：そう，そう＞で，私も腹が立って，で，もうそれ以上くどくど言うことはやめました。＜JP：いや，いや＞私が話したことは…，まあ，でも，父は私に，ある日，話したんです。「あるとき俺たちは登って，大きな岩をよけて行くと，そしてお互いに正面から出くわしてしまった。＜JP：正面から＞彼が死ぬか，私が死ぬかだった。＜JP：そう，その通り，そう，そう＞それで彼を殺したんだ」，けれどそれが心に痛手となったに違いない，なぜってそれについて，彼は一度も話したことがなかったから。

JP： その通りです。

EQ： （話せるようになるには）死が近くなったときでないといけなかったんです。＜JP：そう，その通り＞銃剣の一突きで誰かを殺したことについて話せるようになるには，こんな風に＜JP：こんな風に，そう＞

JP： 私の父にとってつらかったのは，こんなに若いときに，14年戦争が終わったときに，彼らは戦場を清掃しなければならなかった。そう，「死んだ人たち，みんなをね」っていって，「戦死者みんなを（きれいに）」，足を持とうとすると，足が，こんな風に残っていた。わかりますか，足が残っていて，手にこうね，こんな風に引きちぎられて。いや，10万人の戦死者を，彼らは掘り出さないといけなかった，半分埋葬されていたので，18歳の若者が別の所に埋葬しなければならなかった。それは，それは，深い心の傷を，心の傷を負うのも当然です。この可哀そうな人たちは。けれど，うちの義父が，私にそれを話したとき，彼はよくその話をしました。彼はそのことで心に深い傷を負ったんです。

****

L52　famille の語末でシュワーを発音している。comme (L64)，bataille (L68) も同じ。

Et, et puis il était marqué de voir que ses, ses copains, d'un village voisin. Bon, ça y est il n'y est plus, allez un autre bon, il n'y est plus. Alors sur, sur vingt qu'ils étaient à la compagnie ou trente, ils se sont trouvés à rien que sept ou huit, <EQ : Ce devait être triste dans les villages quand même.> à la fin de la guerre. Oh là, su/, su/, sur le monument aux morts, on le voit c'était énorme. Des ch/ des familles entières décimées hé, décimées hé. Ce que c'est que la guerre. Aussi je dis moi le marché commun, même l'Europe, c'est c'est c'est m/ c'est magnifique, quand on, on aura plus de guerre, regardez avec l'Allemagne maintenant c'est hé. Voilà, je dis que c'est un bien. C'est c'est magnifique ça. Bon qu'on fasse même avec la Russie, qu'on fasse vous voyez, plus tard peut-être bien que elle rentrera tout ça. Moi je trouve que c'est magnifique ça. Ça c'est la paix ça. <EQ : Je suis d'accord.>. Que qu'est-ce que c'est qu'une guerre ? Qui c'est qui profite de la guerre, en parlant franchement hé ? Personne profite de la guerre. Personne. Et je trouve que c'e/ ça c'est un bien.

EQ : Et la guerre de trente-neuf quarante-cinq vous vous en souvenez <JP : Oh oui.> parce que vous étiez petit ?

JP : Oh là je m'en souviens oui, oui, là je m'en souviens. <EQ : Pourtant vous étiez.> Bon j'av/ trente-quatre oui égal/ oui là je vois les Allemands, <EQ : Six ans au moins.> moi je vois les Allemands sur la place là, je le vois, ils avaient euh b/, bon ils réquisitionnaient un, un tas de maisons, tout ça et bon pour... moi je le vois, pff. Et ils sont arrivés. Les premiers Allemands qui sont arrivés, ils sont arrivés avec les chevaux. Avec les chevaux, comme à la guerre de quatorze, avec les chevaux hé. Alors je voy/ il y avait des chevaux partout par-ci, par-là. Je vois ça hé. Bon après heureusement, quand ils sont partis à la débâcle, heureusement oh là c'était plein de munitions, ils o/, ils ont pris les munitions, ils les ont mis en dehors du village, ils les ont faites sauter.

隣村の友達を見つけたことで心に傷を負って。彼はもういない，他の1人もいない。一緒に中隊にいた20，あるいは30人のうち，7，8人としか再会できなかった。 80
＜EQ：村では悲しいことだったはずですね＞ 終戦のとき。その慰霊碑を見ると，とんでもない数なんです。家族の皆が亡くなり，殺された。戦争はこんなものなんですね。そりゃそうと，共同市場っていうのは，欧州でもあれは素晴らしいもんで 85
すね，きっともう戦争はないだろうから，ドイツを見てくださいよ，今ではああでしょ。というか，私はそれはいいことだって思いますよ。素晴らしいですよ，あれは。ロシアとだって，そうすればいいですね，もっと後でロシアも加入するといいかもしれない。私は素晴らしいことだと思います。それこそ平和ですよ。＜EQ： 90
賛成です＞ 戦争って何なんでしょうかね？誰がそれで得をするんでしょうかね，率直に言ってね？誰も戦争で得なんかしませんよ。誰もね。それはいいことだと思います。

EQ： 1939年-45年の戦争について何か思い出すことがありますか？＜JP：ええ，ええ＞
あなたはまだ小さかったでしょう？ 95

JP： ええ，それについては覚えています，ええ，覚えています。＜EQ：で，あなたは。＞
その，私は1934年の生まれで，その，えーと，ドイツ人を見ました。＜EQ：6歳
くらいになられてましたね。＞ 私はあそこの広場でドイツ人を見たんです。見まし
た。彼らは，まあ，たくさんの家から徴発しました，何もかもね，その，その様子 100
を見たんですよ，ふぅー。彼らがやってきた。到着した最初のドイツ人たちは，馬
に乗ってきました。馬に乗ってね，14年戦争のときと同じように馬で。なので，そ
こら中に馬がいました。それを見たんです。で，幸運にも，後で，彼らが潰走した
とき，たくさんの爆薬をね，爆薬を持って，それを村の外れで爆発させたんです。 105

****

L81 ［訳注］sept ou huit の huit は [uit] と発音。dix-huit (L74) は FR に近い発音である。
L83-84 Des ch/ des familles entières décimées hé, décimées hé. の hé は，FR では hein になる。
L94 ［訳注］trente-neuf quarante-cinq において，cinq は [sɛ̃] と発音され語末の子音 [k] がない。
L101 ［訳注］avec les chevaux の avec は [ave] と発音される。Avec (L102) も同じ。

<EQ : Ah oui.> Heureusement encore, ils ont eu encore, c'est-à-dire que les Allemands qu'il y avait là, à la fin de la guerre, c'est des Allemands qui, qui venaient de Russie tout ça, qui avaient m/, qu'ils av/, en/, avaient marre de la guerre. Ils en avaient marre, marre, marre, marre hé. Oh ils sont partis je veux dire sans, sans faire de dégâts, ni rien. Et alors j'étais, j'habitais avec ma gra/ à, sur la route, parce que la cent treize habitait, traversait la, le village, et pendant quatre jours et quatre nuits les Allemands, à la débâcle, ils s/, ils sont passés, sont passés, sont passés, sont passés, et il y en a qui passaient des Allemands, ils étaient att/ euh, ils étaient en vélo, ils étaient attachés à, derrière un camion, en vélo. Comme ça hé. Ça se, je me souviens de ça hé. Et je me souviens aussi quand ils ont fait les quand ils ont explosé, quand ils ont fait par/ sauter toutes ces munitions. Ils nous, ils nous avaient dit : « Laissez les portes et les fenêtres ouvertes, à cause des f/, des déflagrations. », hé, aussi quand ça pétait pfff, et aus/ on a, on a eu aussi des, des avions, euh... anglais qui sont venus bombarder. Pas dans le village même, un, un train (X) dans, dans la su/, à côté là un train.On n'a pas eu de dégâts. Alors je, je me souviens de ça de ces, <EQ : Donc ils étaient pas méchants ces Allemands (XX).> euh ici, non. Ici non bon, on les a laissés tranquilles hé, bon, il y avait des maquis, aussi. Il y avait des maquis, bon euh un maquis de Tartanel qu'on appelle, il y avait trois ou quatre jeunes de Douzens qui y étaient au maquis, bon et comment ils ont fait, je sais pas comment ils ont fait, ils se sont fait en/ encercler, et bon et, ils sont é/ ils se sont fait, ils ont été prisonniers, mais seu/ étant prisonniers, bon et s/ euh a/, alignés, et fusillés.

EQ : Ah oui ?
JP : Ah oui. Mais seulement il y en a un de Douzens, avant d'être fusillé, il a sauté le mur, il y avait une muraille et en cou/ il est parti en courant il s'appelait euh, (X).

第2章　ドゥゼンス（オード県）：2つの大戦の思い出について

＜EQ：あー，そうなんですか。＞幸運にも，彼らはまだ，そこにいたドイツ人は，戦争の終わりに，それは，ロシアからやってきたドイツ人でした，で，彼らはもう戦争にうんざりしていました。うんざり，うんざりだったんですよ。で，彼らがいなくなった，何をいいたいかというと，なんにも，なんの被害も出ずにね，なんにも。で，そのとき，私はいっしょに道路沿い，113号沿いに住んでいたから，村を通る道路を，彼らが通って，ドイツ人が通ったんです，彼らは，その，自転車に乗っていました，トラックの後ろに自転車ごとくくりつけられていた。こんな風に。それを覚えてます。で，私は，ドイツ人たちが爆発，爆発させたのも覚えてます，彼らは，その，爆薬を全部爆発させたんです。彼らは私たちにいったんです。「ドアや窓を開けておけ，爆風が来るから」とね，で，それが爆発したときは，ふぅー，その，私たちは…，爆撃にやって来たイギリス軍の飛行機がね，その。村の中じゃなくて，列車を(X)，…中に，そばの列車を(爆撃して)ね。被害がなかった。それを覚えてます。＜EQ：じゃあ，ドイツ人たちは悪い人ではなかったんですね(XX)。＞その，ここでは違います。まあ，私たちは彼らを放っておきました，まあ，対独レジスタンスもいましたね。レジスタンスが。ダルダネルのレジスタンスと呼んでました，ドゥゼンスでも3，4人の若者がレジスタンスでした。まあ，どうやって，彼らがどうやってやったのか，どうやって包囲されたのか，彼らは囚われて，囚人になって，まあ，その並べられて銃殺されました。

EQ：　そうなんですか？
JP：　ええ，そうです。けれどドゥゼンスには1人だけ，銃殺される前に壁を越えて，外壁があったんです，その1人は走って逃げました。彼の名前は(X)。

110

115

120

125

130

135

****

L126-128　maquisは第2次世界大戦中の対独レジスタンスのこと。

第3章 マルセイユ（ブシュ・デュ・ローヌ県）：船の料理人について

　マルセイユは80万人を擁する大都市である。この港湾都市の経済は多様であり，また異種混合の住民が暮らしている。RPは収録時に45歳の男性で，17歳の娘がいる商業船のコック長である。中等教育修了レベルの職業教育免状と調理師免許を取得している。彼はマルセイユ郊外のセプテーム・レ・ヴァロンという町に生まれ，その後もずっとマルセイユで暮らし，今もマルセイユ市内に住んでいる。RPの両親も同じくマルセイユ出身で，フランス語とプロヴァンス方言を母語とする。RPはプロヴァンス方言を理解できるが，日常的に使用するわけではない。調査者EQはRPの配偶者の姪である。会話はEQによってインタビュー形式で進められ，マルセイユのRP宅で2000年に収録された[1]。

RP： Euh, j'ai quarante-cinq ans donc euh, comme vous pouvez vous en apercevoir. Je fais le métier de marin de commerce. Euh, je suis marié à Françoise euh...

EQ： De... Tu f/ tu as toujours fait ce métier ?

RP： Pratiquement, je fais ce métier depuis mille neuf cent quatre-vingt-un en, sans discontinuer, sinon je l'ai fait un petit peu avant soixante-dix-neuf. Et j'ai arrêté euh au bout de, de trois quatre mois de... de navigation.

EQ： C/ c'est une moto, ça m'a fait bizarre.

RP： Et... J'ai travaillé à terre, donc dans la restauration puisque je suis cuisinier.

EQ： D'accord cuisinier. Et tu as quoi comme formation ?

RP： Comme formation, ben j'ai fait l'école hôtelière de Nice euh. Je suis de la promo soixante et... seize. J'ai un BEP, un CAP de cuisine. J'ai également fait donc un concours cuisine niçoise quand j'étais euh à... élève à Nice. J'ai terminé troisième du concours.

---

[1] 執筆者Annelise Coquillonの原文を日本語版に際して適宜編集した。

第3章　マルセイユ（ブシュ・デュ・ローヌ県）：船の料理人について

RP：　えー，ぼくは45歳で，その，分かると思うけど，商業船の船員をしている。フラ　　　1
　　　ンソワーズと結婚してる。
EQ：　あなたは，ずっとその仕事を？
RP：　うん，ほとんど。その仕事は1981年からやっている。途切れずにね，1979年より　　5
　　　前も，ちょっとやっていたかな。ただ，えっと，（そのときは）航海に出て，3, 4ヶ
　　　月後に辞めた。
EQ：　それバイクじゃないの，合わない感じがするけど。
RP：　えっと…陸でも働いていたから，レストランでね，料理人だから。　　　　　　　　10
EQ：　そう，料理人ね。どんな教育を受けたの？
RP：　教育は，その，ニースのホテル学校に行った。76年…に卒業した。職業教育免状
　　　（BEP）と調理師免許を持ってるよ。ニースの学生だったときに，ニース料理のコ
　　　ンクールにも出た。コンクールでは3位に終わったけどね。　　　　　　　　　　　15

****
　　L1　　j'ai quarante cinq ans donc euh を，[ʒekaʁɑ̃ⁿtəsɛ̃ⁿkɑ̃dɔ̃ⁿkəø] と発音し，鼻母音が口母
　　　　　音の後に発音され，さらに鼻子音が続いている。このことは，RPの発音全体についていえる。
　　L2　　marié を [ma.ʁi.je] のように3音節で発音しているが，FRでは2音節 [ma.ʁje] である。この
　　　　　ように音節を分けて発音するのは，南仏方言の特徴である。
　　L5　　depuis で語頭のシュワーを発音する。
　　L13　［訳注］soixante et... seize「76」とあるが，FR では et なしに，soixante-seize という。
　　L14　［訳注］cuisine の語末のシュワーを発音する。nationale (L17), dommage (L69), âme (L76)
　　　　　も同じ。
　　L14　quand [kɑ̃ⁿtə] j'étais à euh において，quand の末尾子音 [t] の後でシュワーを発音する。

EQ : Félicitations.

RP : Sinon euh après euh... j'ai fait l'armée dans la marine nationale. Dont je suis sorti avec le, le grade de euh, pff post/ c'était le grade de, de, de, de, de, attends je dis pas de bêtise. Quartier maître chef je crois enfin un truc dans ce style.

EQ : Je parle pas trop, mais, bravo. Et euh et c'est, ça a plus rien à voir avec l'armée là où tu travailles là.

RP : Non. Ben à part l'uniforme bon, les officiers qui, pourraient nous rappeler l'armée, sinon, bon. C'est quand même pas, l'armée non. C'est, c'est beaucoup plus, tranquille beaucoup plus classe, enfin. Ça... On est sur un bateau à passagers donc ça n'a rien à voir avec un bateau de guerre voilà c'est ça que je veux dire. Et à... <EQ : Et au niveau du boulot, ça a une bonne ambiance euh...> Très très bonne ambiance. <EQ : Tu t'y plais beaucoup apparemment.> Ah, oui, oui c'est un métier que j'adore, et si c'était à refaire je recommencerais, je ferais la même chose. Parce que j'adore la mer qui est ma passion. Cuisiner également donc c'est un métier qui me plaît. Et arriver à concilier les deux, faire la cuisine sur un bateau, c'est quelque chose qui me paraissait euh, disons euh... un aboutissement.

EQ : Et hum avec les collègues de travail donc tu...

RP : Tout se passe très très bien, je suis un joyeux luron, bon je... je, je dynamise les... les groupes quand euh, quand on est euh, dans les brigades tout ça... Je, je pense être un bon chef de cuisine parce que..., j'ai toujours su faire la part des choses. Je... je, quand quelqu'un fait mal, je suis là pour lui expliquer, comment, se rattraper. Et puis bon ben j'évite les, les conflits, je pense être quelqu'un d'assez, assez sociable et hum..., j'assiste pas mal les gens dans la hum, dans leur vie de tous les jours. Voilà donc euh...

第3章　マルセイユ（ブシュ・デュ・ローヌ県）：船の料理人について

EQ： それはすごいわね。
RP： それと，後は，えっと，フランス海軍で働いたよ。で，階級を取ってから辞めた。ふぅー，階級はね，その…，海軍の階級はね。ちょっと待って，間違えないようにしないとね。兵長だったかな，まあ，そんなもんだ。　　　　　　　　　　　　　　　　20
EP： もうこれ以上言わないけど，でも，すごいわ。で，えっと，今働いているところは，軍隊と関係ないの？
RP： ああないよ。制服を除けばね，まあ，将校たちが軍隊を思いださせるだろうけど。やっぱり違う，軍隊じゃないね。その，それは，もっと穏やかで，もっと優雅なや　25 つだよ，結局は。それで…今は客船に乗っている，そう，戦闘用の船とは関係ない。ぼくが言いたいのはそこだ。それで，…＜EQ：仕事は，いい雰囲気でしょうね＞とっても雰囲気はいいよ。＜EQ：仕事が気に入ってるみたいね。＞　あー，そう，そう，大好きな仕事だよ。人生やり直すとしても，また始めるだろうな，同じことを　30 すると思うよ。なぜかっていうと，ぼくは海が大好きで，料理するのも同じさ。だから気に入ってる仕事だよ。それと，船上で料理するからどちらも両立できる，言ってみれば，目的を達成したっていう感じに思えるよ。
EQ： なるほどね，仕事の同僚とはどうなの…　　　　　　　　　　　　　　　　　　　35
RP： とっても，ほんとにうまくいってるよ，ぼくは陽気な性格だから，うん，その，隊に分かれて活動するときは，ぼくが全ての隊を活気づけているんだ…ぼくはいい料理長だと思うよ，何でかっていうと，状況を把握することがいつだってできるからね。その，もし誰かがうまくできなかったら，どうやってその埋め合わせをするかを説明するためにぼくがいる。それに，まあ，争いは避ける，ぼくは十分，十分に　40 社交的な人間だと思うな，それに，日常生活についても，みんなをかなり助けてるんだ。そう。で，えっと…

****

L19　je dis pas de bêtiseのように，否定辞のneを省くのは，話しことばのフランス語によく見られる。

L30　recommenceraisでは，語頭のシュワーを [o] と発音している。Ⅱ.1.2.2. p.38も参照。

L36　joyeux luron「心配せず，いつも楽しむことを心がけている人」の意味。

L37-38　la / les brigade(s)「隊」（L37-38, L56）職業的な隠語から派生した用語である。軍隊用語にも同じものがある。

Dans le boulot c'est, c'est pas évident parce que comme nous sommes euh... une petite famille euh, nous sommes quand même cent quatre-vingt membres d'équipage sur un bateau. On vit en autarcie donc on est tous les uns sur les autres, pendant, pendant des, des, des semaines des fois il faut se supporter et c'est vrai que bon c'est pas évident de, d'arriver à... Alors je suis un peu le l/, comment dire... Le lien entre toutes les personnes, j'essaie de euh, j'essaie de calmer les, les esprits quand ça s'échauffe, et puis bon je, de, de par mon/ ma position à bord puisque, la cuisine c'est, le baromètre, d'un bateau, le baromètre de l'équipage, si la cuisine est bonne euh, l'ambiance est bonne. Alors ça fait que quand les gens viennent me trouver me demander de, de leur faire des petits plats des trucs comme ça, bon ben j/ j'essaie avec la brigade de cuisine de satisfaire euh... tout le monde. Et apparemment ça se passe pas mal puisque bon. Sans dire que je suis le meilleur, mais bon les gens sont satisfaits de, d/ des prestations qu'on leur donne et ils sont satisfaits de travailler avec moi.

EQ : OK et hum... Euh avant d'habiter à Marseille, <RP : Ben...> tu, tu habitais où ?

RP : Avant d'habiter Marseille donc j'habitais dans un petit village euh... dans la banlieue Nord de Sept/ euh de Marseille qui s'appelle Septèmes-les-Vallons. Mon père y habite toujours d'ailleurs. Et puis donc dès que j'ai la possibilité, je vais le voir. C'est un petit village qui est sympathique qui a beaucoup pris d'ampleur euh... ces, ces derniers temps. Et, quelquefois c'est vrai que, je le reconnais pas parce que il y a eu des constructions nouvelles qui, qui l'ont un peu défiguré, c'est, c'est trop dommage.

EQ : Ouais, un peu comme partout.

RP : Hum. Mais enfin, mon père il habite dans un tout petit... quartier, qui ne sera je pense jamais, jamais touché parce que c'est vraiment les vieilles maisons comme on trouvait à l'époque euh.

第3章　マルセイユ（ブシュ・デュ・ローヌ県）：船の料理人について

　　　　仕事の上では，そう簡単にはいかない。なんでかっていえば，ぼくらは，まー，小　　45
　　　　さな家族だから，でも，船の上では180人の乗組員だけどね。自給自足だし，だか
　　　　らお互いに依存しあってるんだ。何週間もの間，お互いに我慢しないといけないと
　　　　きもある，簡単にできることじゃないよ…，で，ぼくは，ちょっと何というか，み
　　　　んなの取り持ち役なんだ。その，もし状況がもめそうなときは，みんなの心を落ち　　50
　　　　つかせるように努力する，船上での立場上ね。だって，料理は船のバロメーター
　　　　で，乗組員のバロメーターだから。料理がおいしいときは，その，雰囲気もいい。
　　　　なので，誰かがぼくにちょっと料理を作ってほしいと頼みに来るときは，料理隊と　　55
　　　　一緒に，みんなを満足させる料理を作るようにしてる。そう，みんなをね。なんと
　　　　か，うまくいってるみたい，なんでかっていうと，ぼくが一番とは言わないにして
　　　　も，だけど，みんなもらえる手当に満足しているし，彼らはぼくと一緒に働くこと
　　　　に満足してる。
EQ：　なるほど，うーん。えっと，マルセイユに住む前は＜RP：えっと＞どこに住んで　　60
　　　　いたの？
RP：　マルセイユに住む前は，小さな村に住んでいた，セプトの，マルセイユの北の，郊
　　　　外の，セプテーム・レ・ヴァロンという小さな町にね。父はそこにまだ住んでいる
　　　　よ。それで，できるだけ父に会いに行くんだ。感じのいい小さな村だよ，この頃は，　　65
　　　　でも，かなり大きくなってしまったけど。だから，時々，昔の村のようには思えな
　　　　い，なぜって，新しい建物ができたから。しかも村の風景を損なうような。それは，
　　　　それはほんとに残念だよ。
EQ：　そうだねー，どこもちょっと同じね。　　　　　　　　　　　　　　　　　　　　　70
RP：　そう。けど，まあ，父は，とても小さな…地区に住んでいて，そこはきっと，絶対
　　　　に影響を受けないと思う，だって，昔あったような古い家並みがあるところなんだ。

****

L59　［訳注］avec moiでavecの語末子音［k］がほとんど聞きとれない。
L69　c'est trop dommageにおけるtropは，trèsやvraimentの代わりに用いられている。

Les maisons imbriquées les unes dans les autres, il y a pas de possibilité de faire de constructions nouvelles donc... c'est, ça reste quand même un... quelque chose de sympathique. Il y a encore une âme dans ce, dans ce petit quartier.

EQ : Et ici dans ce quartier c'est pas trop pareil ?

RP : Dans ce quartier, ben depuis que j'habite là maintenant ça doit faire euh sept ans. J'ai, sympathisé avec tous les, tous les jeunes euh des environs. Je m'entends très bien donc avec tous les commerçants. Euh... on se tutoie enfin euh là en plus j'ai un copain de travail qui habite juste en face euh, chez moi. Ça a été le hasard qui a fait que je suis venu donc euh faire, enfin construire euh la maison à cet endroit. Et puis bon moi je, j'entretiens de très, très bonnes relations. Les jeunes, les vieux donc je connais tout le monde.

第3章　マルセイユ（ブシュ・デュ・ローヌ県）：船の料理人について

　　　　互いに瓦状に重なりあった家だから，改築をするような可能性はないだろうね，で　75
　　　　も，感じのいい姿が残っている。その小さな地区にはまだ魂があるんだ。
EQ：　でも，この地区だって同じような感じじゃないの？
RP：　この地区は，うーん，ここは住み始めて，もう7年になると思うけど。近くに住ん　80
　　　　でる若い人達とも仲良くなった。商売してる人たちとは，とても仲がいい。その，
　　　　（親しく）tuで話せるし，で，うちの真向かいに住んでいる職場の友達がいるんだ。
　　　　たまたまね，ここへ引っ越してきて，その，家をここに建てたんだ。で，まあ，ぼ　85
　　　　くはとてもいい関係を築いている。若い人たち，お年寄り，みんな知ってるよ。

****

　　L76　âmeを [amə] と発音する。RPには後舌母音の [ɑ] がない。
　　L85-86　Les jeunes les vieux, donc je connais tout le mondeでは，目的語のles jeunes, les vieux
　　　　が左側に移動し，同じ内容を指すtout le mondeを右側に重複して用いている。これは話しこと
　　　　ばでよく見られる構文である。

第Ⅳ部　ベルギー

第1章　ベルギーのフランス語：概略[1]

　ベルギーでは「ベルギー語」が話されているわけではない。フランス語，オランダ語，ドイツ語，そしていくつかの地域語が話されている。ベルギーのフランス語圏は，スペイン語，ポルトガル語，イタリア語等のロマンス諸語が話されている領域の最北部に位置する。ローマ帝国の拡大によってラテン語が周辺地域に普及し，様々なロマンス諸語が生まれたのだが，ローマ帝国の拡大は，現在のベルギーのフランス語圏とオランダ語圏とを分かつ境界線あたりで止まった。この境界線の南部に位置するワロン地方ではフランス語が公用語であり[2]，首都のブリュッセルでは公用語はフランス語とオランダ語である。

1. 歴史・政治的状況

　現在ベルギーで話されているフランス語は，10世紀から続く長い歴史の産物である。10世紀頃に，今日のワロン地方を含むオイル語（北仏語）地域（Ⅲ.1.1. p.75）の北部にいた聖職者たちが，地域を越えた共通の書きことばを作り出し，それが後にフランス語となった。当初，そのフランス語は教養のあるエリートだけが用いていたのだが，後にワロン地方で用いられていたロマンス語系の諸方言を駆逐し，まずはワロン地方での日常語となった。その後，フランス語系住民たちがブリュッセルへ移住したことで，フランス語が首都にも伝播した。この点に関連して，ワロン地方には他のフランス語圏にはない特色がある。地域語からフランス語への移行が，20世紀初頭という遅い時期に始まったにもかかわらず，わずか3世代の間に，その移行が急速に成し遂げられたのである。

　もちろんこうした状況は，ベルギーで話されるフランス語の姿にも影響を与えている。PFC調査の被調査者となった60歳以上の話し手の大部分が，フランス語のほかにワロン方言を理解することができ，何人かは日常でもワロン方言を使用していた。彼らの子どもや孫も，多少の差はあれ，ワロン方言を聞いて理解す

1　執筆者Philippe Hambye, Anne Catherine Simon, Régine Wilmetの原文を日本語版に際して適宜編集した。
2　[原注] 東部に位置する小さな領域を除く。この領域はドイツ語が公用語である。

ることができる。ワロン方言を想起させるような形態が，主に発音や語彙において観察されるため，ワロン方言とフランス語が2変種併用の状況にあったことがわかる。つまり，ベルギーのフランス語の特徴は，必ずしも言語接触の結果として生じる借用に由来しているとは限らないのである。その特徴の1つは，使用頻度の高い古語で，FRでは消滅してしまった古い語法がベルギー語法として残っている。もう1つは，ベルギーのフランス語として生み出された新語である。このようにベルギーのフランス語の特徴は，単に過去からの遺物であるだけでなく，象徴的価値やアイデンティティーといった新たな価値も表す。

　ブリュッセルで話されているオランダ語は，そこに住むフランス語系住民とベルギー全土のフランス語系住民の言語使用に影響を与えているが，このことも上と同じ理屈で説明できる。つまり，ブリュッセルにおいては，フランス語系住民がオランダ語の地域変種（フラマン語[3]）とまず接触し，続いて標準オランダ語とも常時接触してきた。何世代も前からのブリュッセル生え抜きの人々の多くは，フランス語とオランダ語のバイリンガルであり，とくに高齢層でアクセントや語彙に，フラマン語やオランダ語の痕跡が数多く見られる。フランス人のユーモア作家がベルギー訛りをからかうときに真似する「伝統的な」ブリュッセル訛りが見られる一方で，標準フランス語の発音に近い，富裕層を特徴づける発音がブリュッセルとその近郊に見られる。こうした発音の標準化は，ブリュッセルが文化，政治，経済の中心であることと関係がある。最後になるが，ブリュッセルのフランス語を理解するには，フランス都市部の貧困地区の場合と同じように，異人種間のコミュニケーション手段として使用されるフランス語にも言及する必要がある。ブリュッセル北部や西部の下町に住む移民の若者たちは，母語からの借用語をたくさん取り入れた俗語フランス語を話す。ワロン地方の町でも見られるこうした現象が，ブリュッセルで耳にするフランス語にさらなる多様性をつけ加えている。

2. 訛りの多様性とベルギー内における規範の存在

　多様な訛りが存在することは，確かにベルギーのフランス語の特徴の1つであ

---

[3] 「フラマン語は，ベルギー北部（フランドル地方）のオランダ語諸方言の総称であって，決して「フラマン語」という単一の存在があるわけではない」（桜井 1988：1080）

る。ベルギーのフランス語系住民がお互いにフランス語について話すときも、フランス語の多様性のことがよく話題になる。ベルギーには1つの訛りしかないという外国で広がっているイメージとは裏腹に、話し手の出身地や社会的背景によって、フランス語の発音に大きな差異のあることをPFC調査が明らかにした。そうした地理、社会階層による変異があることを理解するためには、ベルギーにおけるフランス語の規範についても、すこし触れる必要があろう。

　他のフランス語圏と同じように、ワロン地方やブリュッセルに住んでいるベルギー人は、フランスのフランス語、とくにパリのフランス語に代表される参照モデルと自分たちのフランス語とを比べ、自分たちのフランス語が「正しくない」、あるいは「不純な」ものと考えていた。そのため、とりわけエリート文化人たちは、「美しく話そう」と努め、伝統的なベルギー語法の特徴をすべて消し去ろうと心がけてきた。ベルギー語法が民衆的で地域的な話しことばだからである。ただし、「上品」と判断されるいくつかの特徴は例外であった。たとえば、né [ne]「生まれた（男性形）」と née [ne:]「生まれた（女性形）」のような、言語体系に古くから組み込まれている母音の長短の対立はそうした例外である。日常的に用いるフランス語の中にも特徴的な用法が見られるものの、そうした用法はベルギーの参照フランス語とは見なされない。ワロン地方では、話し手の多くがある程度目立った訛りで話をし、訛りはアイデンティティーの印として機能することがある。訛りによって、話し手がリエージュの出身であり、ブリュッセル、あるいは他のワロン地域の出身ではないことが分かる。他のワロン地域でも発音と語彙によって自分たちの出自が明らかになる。これに対して、ブリュッセルの状況はワロン地方とは異なり、ブリュッセルには典型的な変種が複数存在していると考えなければならない。

　ベルギー語法は、それなりに高い評価を得てきており、これまでも「威信のある」変種と共存しており、今も共存している。ベルギーのフランス語系住民たちは、ベルギーの参照体系とは異なる1つの変種が存在していることを認めるが、その変種がワロン地方とブリュッセルの両方のフランス語系住民をまとめるアイデンティティーの象徴にはならないと考えている。アイデンティティーは言語使用と関係があり、ワロン地方とブリュッセルでは、それぞれに特有の変種がそれぞれのアイデンティティーの象徴になっている。発音についても、地域を区分す

る強いアイデンティティーがあることで、地域間に大きな発音の違いが保たれている。

3. ベルギーにおける話しことばのフランス語の多様性を示す例

　最初に述べておくが、トゥルネー地方は、ワロン地方において言語的に例外と考えられる。このため本書で会話例を掲載しなかった。ワロン地方の人々は、トゥルネー訛りのことをフランスの訛りと考えている。というのも、トゥルネーは地理的にフランスに近いことに加え、ワロン地方のリエージュやジャンブルーよりも、フランスのピカルディー地方にあるリールと文化的・経済的に関係が深いからである。

　ここではベルギーのフランス語の多様性を示していると考えられるジャンブルー、リエージュ、ブリュッセルの3地点を選び、ワロン地方とブリュッセルに複数の訛りが存在していることを示す。ベルギーのフランス語系住民の多くに共通する言語特徴を取り上げることで、フランス語とベルギー訛りの違いを対照させながら示すことができる。

　最初の例は、ワロン地方の中心に位置する小さな町ジャンブルーで収録された会話である。ジャンブルーの発音は、ワロン地方の「平均的な」発音を代表している。ジャンブルーは、ブリュッセルからある程度離れており、ブリュッセルの言語的な影響範囲の中には入らない。とはいえ、ジャンブルーは地方都市変種の中心地というわけではなく、またワロン地方南部のいくつかの村のように、非常にローカルな言語が用いられているわけでもない。要するに、ジャンブルーの例は、ワロン地方、さらにいうとベルギーのフランス語圏で広く見られる特徴を示すといえる。

　第2の例は、リエージュ訛りである。ジャンブルーとは対照的に、リエージュ訛りには多くの固有の特徴があり、ベルギーの訛りの中でリエージュ訛りだということがすぐにわかる。リエージュの都市圏はワロン地方の東部に位置し、その地域で最大の都市である。かつては工業地帯であったため、リエージュにはワロン地方やフランドル地方から人々が集まり、結果として、フランスやイギリスの工業地帯で見られるような都市ことばが生まれた。地理、歴史、政治などの理由によって、リエージュはワロン地方の中で例外的な地域と考えられ、そのことがリ

エージュの人々に強い意識と誇りとアイデンティティーを与えている。リエージュの人々は，しばしば，地域への帰属意識や訛りへの愛着について口にする。しかし，リエージュの人々が思い描く自分たちの発音には相反する性質がある。リエージュ訛りは，アイデンティティーの特徴となる一方で，ベルギーの参照フランス語からすると汚名の烙印でもある。それゆえ，リエージュの人々が自分の訛りとどう関わり，またその訛りをどの程度用いるかは社会階層によって大きく異なる。

　第3の例は，ブリュッセルで収録された会話で，移民の若者たちに特有のフランス語である。この会話には首都で使用されるフランス語の多様性が表れている。

第2章　ジャンブルー（ナミュール州）：性格の異なる2人の子どもについて

　ジャンブルーは，ナミュールとブリュッセルの間に位置する約2万人の町である。都市化が近年進んだ町として知られている。CGは，収録当時54歳の女性で，ジャンブルーに住んで50年近くになる。両親は労働者階級で，本人は会社員である。大学とは別の高等教育機関で教育について学び，大学教員と結婚した。父親はワロン方言を話していたが，CG自身はワロン方言を理解できるものの，話すことはできない。調査者のE1とE2は学生で，E1はCGの子どもの友達である。収録はジャンブルーにあるCGの自宅で2002年に行われた。CGは2人の息子の性格や行動の違いについて説明している[1]。

E1 :　Vous n'avez pas u/ un exemple de, de chose un peu euh...

CG :　Euh Samuel par exemple voilà, euh... le samedi soir il me dit : « Tiens euh, il me manque de l'argent, ben je vais aller à la banque. ». Ou un dimanche, c'était un dimanche : « Je vais aller à la banque ». Ben je dis : « Oui, oui, oui vas-y tu peux y aller hein Samuel mais », je dis : « Tu p/ tu vas courir à pied jusque-là et puis tu vas avoir une déception. ». « Ben pourquoi j'ai de l'argent sur mon compte. ». Ben je dis : « Samuel quel jour sommes-nous ? Dimanche voyons. ». Voilà des, des exemples comme ça euh...

E1 :　Ouais.

CG :　C'est, ils n'ont, il n'a pas les pieds, sur terre. Enfin il me semble qu'au contact de Sandrine, il me semble que ça va un petit peu mieux quand même. Donc euh...

E1 :　Il commence un peu à avoir le, la notion de la réalité <CG : Mais il paraît que Sandrine>.

CG :　est un petit peu comme ça aussi alors je...

E1 :　Mais je crois qu'elle l'est moins.

1　執筆者Philippe Hambye, Anne Catherine Simon, Régine Wilmetの原文を日本語版に際して適宜編集した。

E1： その，たとえば，例はありませんか。ちょっと，えーっと…。　　　　　　　　　　　　1
CG： その，サミュエルは，たとえば，ほら，えーっと…土曜の夜にいうの，「ちょっと，現金が足りない。銀行に行ってくるね」って。あるいは，日曜に，「銀行に行ってくる」って。だから，私は，「はいはい，行ってらっしゃい。行ってもいいけど，サミュエル，でも」，「走って行っても，がっかりするわよ」っていうの。「えっ，なんで，口座にお金あるけど」。で，「サミュエル，今日は何曜日？日曜でしょ」っていうのよ。ね，たとえば，こんな具合よ。そう…。　　　　　　　　　　　　　　　　　5
E1： なるほど。　　　　　　　　　　　　　　　　　　　　　　　　　　　　　　　　10
CG： それって，彼ら…，彼は地に足がついてないのよ。でも，たぶんサンドリーヌとつきあうようになってから，ちょっとだけよくなったと思う。だから，その…。
E1： ちょっと現実感をもつようになったんですね。＜CG：でも，サンドリーヌも＞　　15
CG： ちょっとそんな感じだと思うわ，だから私…
E1： でも，彼女はそれほどでもないと思います。

****

L4　語末から2番目の音節に長母音が現れることがある。dimanche c'était un dimanche (L4), c'est toujours bien rangé (L37-38), où c'est rangé quoi (L45), la voiture est lavée (L95-96)。

L5　[訳注] vas-yのaが長母音化し，後ろ寄りの [ɑ] になる。

L6　母音が弛緩し，開口度が大きくなる。pied [pjɛ] (L6), déception [dɛsɛpsjɔ̃] (L6), Sandrine [sɑ̃dʁɪn] (L12), téléphone [tɛlɛfɔn] (L24) など。

L6　[訳注] courir à piedは，FRではcourirになる。

L12　[訳注] Sandrineは特徴的な発音で，鼻母音 [ɑ̃] が長く，母音 /i/ が中舌母音に近い。

L12-13　ワロン地方西部では，鼻音の前の /ɛ/ が鼻母音化する傾向にある。quand même [kɑ̃mɛ̃m] (L12-13, L53)。

CG : Elle l'est moins oui.

E 1 : Parfois euh elle lui remue les p/ puces un bon coup et <CG : Oui c'est ça oui>.

CG : mais c'est ce qu'il faut faire parce que... Parce que des autres exemples euh, je ne sais pas moi euh. Et puis euh p/ on part en vacances, pour te donner un exemple l'année passée maintenant je, je, ce que je fais je téléphone, avant de revenir, quand on est à Metz.

E 2 : Oui.

CG : Hein, comme ça, quand je reviens euh... le lave-vaisselle tourne, la machine à laver tourne, le séchoir tourne. Et alors quand on sort du séchoir au lieu de, du séchoir au lieu de, comment donc de, de replier tout de suite, on fait un gros boulot et allez on monte ça en haut comme ça et puis on se ressert au fur et à mesure, voilà des petits exemples. Mais c'est plus garçon je crois ça les <E1 : Oui>...

E 1 : mais ça c'est...

CG : Les filles ne sont pas comme ça hein.

E 2 : Oui (XXX).

E 1 : Oui oui et ça c'est autant Samuel que Sébastien hein oui <CG : Que Sébastien.>.

CG : Mais Sébastien euh... point de vue ordre, dans la chambre, c'est toujours bien rangé. Samuel, au plus il y a d'o/ de désordre, au mieux c'est. Et on ne peut pas toucher autrement il ne s'y retrouve pas. Mais ça c'est, les grands esprits il paraît hein. Faut pas regarder mon bazar, moi j'ai du bazar aussi pour le moment là mais enfin ça ne, non mais

第2章　ジャンブルー（ナミュール州）：性格の異なる2人の子どもについて

CG： それほどでもないわ，ええ。
E1： 時々だけど，えーって，彼女は彼にきつく言ってるの。それで＜CG：そうそう，はい。＞ 20
CG： でも，そうしなきゃね，なぜって…なぜって…ほかに例が，えーっと，あるかしら，えーっと。その，えーっと，バカンスに行った時の，例を挙げるわね，去年，今，私は，家に電話してね，帰る前に，私たちがメスに着いて。
E2： ええ。 25
CG： で，私が家に着いたときには，その…。食洗機はつけっぱなしで，洗濯機もまわり，乾燥機もまわったまま。で，乾燥機から出すとき…あれするよりも，乾燥機から出すときは，その…なんていうか…すぐ全部を畳むよりも，上まで全部そのまま持ってって，で，みんなが（必要なときに）上に行って自分で取るほうがね。これはほんの些細な例よ。でもどっちかというと男性っぽいわね…。＜E1：ええ。＞… 30
E1： ですけど，それは…
CG： 女の子はこんな風じゃないでしょ。
E2： ええ（XXX）。
E1： ええ，セバスチャンもサミュエルも同じですね。＜CG：セバスチャンもそうね＞ 35
CG： でも，セバスチャンは，その…整頓はね，部屋の中はいつも綺麗に整理されてるわ。サミュエルの方は，汚ければ汚いほどいいみたい。それに，触れないの。触ると自分の物が見つからなくなるから。でも，それは頭がいい人の特徴らしいわね。私のちらかしてるのは見ないでちょうだいね。今は私も散らかしてるから。でも。 40

****

L19　elle lui remue les puces un bon coupは俗な言い方で，secouer les puces à quelqu'unの派生的な表現である。

L23　母音に長短の対立がある。l'année passée [lanepase:]では，語末母音を [e:] と長音化し，音声上でも女性形を示す。

L23　ベルギーの格式高い用法では，開音節の長音化した /ɛ/ を広い母音で発音するが，ジャンブルーの話者は，狭い母音で発音する。fais / faitでは [fe:] と何回も発音している。

L29　語末で [ɔ] ~ [o] の対立を保持する。gros boulotを [gʁɔbulɔ] と発音し，2つの語末母音が広い。よってboulot [bulɔ] は，bouleau [bulo]「樺の木」と対立する。

L38　Samuel, au plus il y a d'o/ de désordre, au mieux c'estにおいて，CGはau plus... au plus / mieuxという構文を使用しているが，FRでは，ふつう，plus... plus / mieuxを用いる。

L39　語末子音の無声化が見られる。s'y retrouve [siʁtʁuf] (L39), fardes [faʁt] (L43), dérange [deʁɑ̃ʃ] (L65), Claude [klot] (L91), valises [valis] (L97) 等。ただし，これはベルギーのフランス語に特有のものではない。

L41　moi j'ai du bazar aussi「私も散らかしている」は俗な言い方である。

L41-42　[訳注] non mais c'est vraiにおいて，/R/ が無声化し，/v/ も /f/ に近い発音になっている。grands-parents (L57) のgr- も同様。

c'est vrai. Et alors <E1 : Mais je crois oui.> c'est tout par terre Séb/ Samuel hein. Donc euh, <E1 : Oui. Je oui.> il étudie et il met ses fardes comme ça par terre, un petit peu partout. Et il faut surtout pas toucher parce que, il sait, lui il sait où c'est rangé quoi.

E1 : Mais je crois qu'ils sont tous les deux très intelligents mais avec des tempéraments différents.

CG : Différents oh oui. Oui, oui ça oui.

E1 : Mais Sébastien était pas enfin... était plus comme Samuel avant ou enfin et q/... Quand on voit les photos qu'il était quand il était, enfin maintenant euh c'est c'est un peu le grand euh, écervelé.

CG : Oui ben oui pff. Ben, ce qu'il y a c'est que, euh, Sébastien re/ physiquement, ressemble fort, à mon mari. Quand même.

E1 : Oui.

CG : Hein.

E1 : Oui.

CG : Samuel il ressemble plus à ses grands-parents, je dirais. <E1 : Ah oui.> Enfin à ses grands-pères. Même les deux. Enfin surtout mon, moi je trouve qu'il ressemble plus à mon beau-père. Mais au point de vue caractère, euh... Sébastien me ressemble plus. Et Samuel ressemble plus à son papa. Il est un peu plus taiseux comme ça euh... Euh, je te dis euh...

E1 : Posé aussi.

CG : Posé euh...

E1 : Tête en l'air.

CG : Tête en l'air euh... le désordre ne le dérange pas la poussière ne le dérange pas euh...

E1 : Ben j'aurais pas imaginé Sébastien maniaque quand même.

CG : Mais il est plus euh... Déjà petit ça se marquait on allait à la plage hein. Et bien, Samuel il se roulait dans le sa/ dans d'abord il allait dans l'eau, puis il se roulait dans le sable. <E1 : Ah non.> Si il voyait des mégots de cigarettes, n'importe quoi pouf c'était en bouche. Ça c'est petit hein.

(サムエルは) ほんとに私が言っている通りなのよ。だから ＜E1：でも，私もそう思います，はい。＞ セバ，サムエルはなんでも床に置くの。だから，その，＜E1：ええ，私，はい＞ 勉強するとき，彼はファイルを床にこんな風に置くの，どこでもね。だから絶対に触ってはいけないの。なぜって，彼はわかってるから，どこに整理されてるのか知ってるのよ。 45

E1： でも，お2人もとても優秀なんですけど，性格が違うんだと思います。

CG： 違うわ。ほんとにそう。そう，そうよ，ええ。

E1： だけどセバスチャンはなんというか，つまり。…前はもっとサムエルみたいだったんですね，つまり，あの…昔の，昔のときの写真を見るかぎりといいますか，今 50 は，その，すこしおっちょこちょいですね。

CG： ええ，まあ，そう。ふぅー。えー，確かに，セバスチャンは夫に外見がよく似てるってことね。かなり…

E1： はい。

CG： でしょ。 55

E1： ええ。

CG： サムエルはどちらかというと祖父母に似てるわね。＜E1：あー，はい。＞ というよりは，祖父にね。祖父2人に。というか，とくに，私の，彼は私の義理の父にとくに似ていると思う。でも，性格の面では，えーっと…セバスチャンはどちらかというと私に似ているわね。で，サムエルは父親似ね。彼もちょっとこんな風に無 60 口なのよ，その…えーっと，ほら。

E1： 落ち着いて。

CG： ええ，落ち着いてるわ。その。

E1： 心そこにあらずですね。

CG： 心そこにあらずねぇ，えーっと…彼は自分の部屋が汚いことも埃があることも気に 65 ならないのよ，その…

E1： まあ，でもセバスチャンがきれい好きって感じでもないけど…

CG： でも，彼はもっと，その…小さいときから性格が目立っていたわ，海水浴に行ったときのことよ。サムエルは砂の上でゴロゴロ…海水浴に行って，砂の上でゴロゴ 70 ロしてた。＜E1：あー，そうなんだ。＞ 吸い殻を見つけたら，なんでもすぐに口に入れてたのよ。それは，幼児みたいよね。

****

L43　fardesは書類を収納するための穴の空いた薄いファイル，あるいはペーパーフォルダーのこと。
L45　ベルギーのFRでは，saitを [e] と発音し，les, des, ces等の語は広い母音の [ɛ] で発音する。
L53　[訳注] ressemble fortはFRではressemble beaucoupが一般的で，fortはレジスターが高い。
L61　taiseuxは今日でも残っている古語。FRのtaciturne「寡黙な」の類義語である。
L68　[訳注] ça se marquaitは，FRではça se voyaitやça se remarquaitという。

　　　　 Et Sébastien petit, il allait dans l'eau il fallait qu'il s'essuie, et s'il avait du sable c'était, euh... tu vois, mais déjà tout tout bébé hein c'était comme ça quoi.

E1 :　Ah ah oui d'accord.

CG :　Hein donc euh... Sébastien... Pourtant ils ont été élevés tous les deux les mêmes hein, je peux pas dire que j'ai dit plus quelque chose à l'un qu'à l'autre. Et bien, Sébastien, il mange il va se laver les mains. Samuel pff... Il n'en a rien à faire, si il se les lave déjà avant de manger c'est déjà bien, mais alors après euh... Il n'en a rien à faire. Donc tu vois c'est, pourtant bon c'est vrai ils ont été élevés, ils ont eu les mêmes, consignes et tout tous les deux en même temps mais, c'est, c'est différent ça ne... Il n'en a rien à faire. <E1 : Oui.> Samuel il n'en a rien à faire donc voilà quoi.

E1 :　Oh Ouais. Oui il est comme ça.

CG :　Il est comme ça, il est heureux comme ça mais il vit bien <E1 : Oui mais il est bien.>.

E1 :　Oui c'est clair.

CG :　Ils sont heureux tu sais les gens qui sont comme ça.

E1 :　Oui.

CG :　Moi je vois Claude, c'est la même chose. Il sait pas ce qu'il y a dans son compte en banque, il gère rien du tout...

E1 :　Oui c'est vrai <CG : Euh.>.

CG :　Ben c'est vrai, quand il part en vacances, il s'installe, saute dans la voiture et oup, tout est fait. Ah ben oui, il y a rien à faire, la voiture est lavée, l'entretien a été fait, euh, l/ tout est est dans la caravane ou dans les valises <E1 : Vous en avez des choses à faire>.

E1 :　alors si vous, parce que en plus en ce moment vous avez et Claude et Samuel à la maison Sébastien n'est même pas là donc euh <CG : Oui.>.

CG :　Ben oui, il faut gérer tout. <E1 : Oui.> Heureusement que je suis en arrêt de travail hein.

E1 :　Oui ben oui pour pour gérer tout ça.

でも，子どものときセバスチャンは水に入った後は体を拭かないと嫌だったの，で，もし砂がついていたら，それは，えーっと（大変だった！）…わかるでしょ，ほんとに，赤ちゃんの頃からそうだったの。

E1： あー，ええ。わかります。 75

CG： だから，その…セバスチャン…でも，2人とも同じように育てられたのよ，どちらか一方だけ口やかましくいったわけじゃないわ。セバスチャンは食事が終わったら手を洗う。サミュエルには，ふぅー…（手洗いなんて）どうでもいいこと。食べる前に手を洗ったら，もう上出来だから，食べてから手を洗うなんてどうでもいいの。だからわかるでしょ，同じように育てたのはほんとよ。同じようにしつけられて，2人とも同じときに，でも，違うわね…サミュエルにはどうでもいい。＜E1： 80
ええ。＞ もうどうでもいいって思っている。

E1： そう。ええ，そんな風なんですね。 85

CG： こんな風なの。こんな風で幸せなのね，楽しく生活している。＜E1：ええ，でも彼にとって，それがいいんですね。＞

E1： ええ，それは確か。

CG： 幸せなのよ，こんな人たちはね。

E1： ええ。 90

CG： 私は，クロードについても同じだと思うの。銀行口座がどうなってるか知らないのよ。全く何にも管理できない…

E1： えー，本当ですか。＜CG：えーっと。＞

CG： まあ本当よ。バカンスに行くとき車に飛び乗って，座って，そして，そーれ準備万端。ええ，はい。何にもしない。車は洗車されて，メンテナンスもされて，その， 95
キャンピングカーとかスーツケースに全部入っていて。＜E1：やることがたくさんですね＞

E1： クロードとサミュエルといっしょに家にいて，しかもセバスチャンがそこにいないし，だからその＜CG：はい。＞

CG： まあ，ええ。全部を管理しないといけませんね。＜E1：ええ。＞ 幸いなことに，今， 100
私は休職中だから。

E1： それはそれは，全部管理できてるから（休職中でよかったですね）。

****

L72　essuieの半母音が，[esɥi] ではなく，[eswi] と発音される。ベルギーのフランス語の特徴としてよく指摘されるものの1つである。

L76-77　ils ont été élevés tous les deux les mêmesは，あまり標準的ではない。FRではils ont été élevés de la même manière, あるいはils ont été faits les mêmesである。

L79　［訳注］rien à faireでrienの /R/ が無声音になっている。

第3章 イヴォ・ラメ（リエージュ州）：大病後の生活について

　イヴォ・ラメは，リエージュ市の近郊にある小さな村である。JDは調査当時76歳の女性で，生まれてこのかたフレマル，イヴォ・ラメに住み，ずっとリエージュ地方で暮らしている。JDも両親も，ともに労働者階級に属し，16歳までの教育しか受けていない。JDは両親と同じように，フランス語とワロン方言のバイリンガルである。JDはEQとずっと友達で，近所に住んでいる。2人の共通の知り合いで，大病を患った女性について話している[1]。

JD : Il n'y a que, elle se lave toute. Sauf son dos elle ne saurait pas hein. Elle ne sait pas se laver comme il faut dans le dos. Alors sa mère vient lui laver son dos, mais tout le reste. Et sa mère lui lave les cheveux alors parce qu'avec euh, une main c'est difficile, surtout elle hein, elle a beaucoup de cheveux, jusque maintenant elle les garde toujours.

EQ : Ah oui.

JD : Enfin c'est <EQ : Il faut vraiment.> pas grave ça. Il faut euh...

EQ : Puis tout le monde ne les perd pas hein.

JD : Non non, non non, s'il faut même mettre une pe/ elle a même dit : « C'est non une perruque non non. » *di-st-èle*, « Je ferai comme tous les jeunes font. » *di-st-èle*, « Je mettrai un foulard sur ma tête. » *di-st-èle*.

EQ : Ben oui.

JD : Ça fait. Et elle est bien soutenue. Elle a beaucoup des, des, des amies, de l'école, de l'Athénée qui viennent, et des garçons, qui viennent la voir.

1　執筆者Philippe Hambye, Anne Catherine Simon, Régine Wilmetの原文を日本語版に際して適宜編集した。

JD： それしかないのよ。彼女は体を全部自分で洗うの。背中以外は，背中は自分じゃ洗   1
　　　えないから。背中はうまく洗えないのよ。だからお母さんが背中を洗いに来るの，
　　　でも残りのとこは…で，お母さんは髪の毛を洗ってあげて，だって片手ではむずか
　　　しいでしょ。とくにね，彼女は髪が多いから。今もフサフサよ。今までずっと長い   5
　　　髪にしてたの。
EQ： なるほど。
JD： まあでも，それは＜EQ：ほんとに必要だわ＞たいしたことじゃないわね。必要な
　　　んだし，えーっと…
EQ： それに，(同じ病気の人が) みんな髪が抜けるわけじゃない。
JD： そう，そう。あれを被らなきゃいけないという状況になって，「いや，カツラはダメ。
　　　いやよ，いや」っていっているの。「若者みたいにスカーフを頭に巻くわ」って。   10
EQ： まあ，そうね。
JD： でしょ，それに，彼女はみんなに支えられてるの。た，たくさんの学校の友達や高
　　　校の女友達が遊びに来て，男の子たちも会いにくるわ。   15
****

L1　　FRでは「～することができる」はpouvoirを用いるが，JDはsavoirを使用する。これはベル
　　　ギー語法の1つといえる。
L1　　「体全体を洗う」は，FRではelle se lave entièrement/tout entièreという。
L1　　語末子音の無声化が見られる。elle se lave [ɛlsəlaf]，c'est pas grave ça [sɛpagʁafsa] (L7)，
　　　tu retrouves [tyʁətʁuf] (L21)。
L2-3　[訳注] sa mère vient lui laver son dos「母が背中を洗いに来る」は，FRではsa mère vient
　　　lui laver le dosとなる。
L3　　語末子音グループの単純化が起きる。mais tout le reste [mɛtulʁɛs]。
L10　　di-st-èleはワロン方言。dju nn-a pus dispôy des anêyes (L35-36) も同じ。
L11　　グループ末から2番目の音節が高くなり，強調の効果がある。Je mettrai un foulard sur ma
　　　têteで，maが高くなり，周辺の音節から切り離される。グループの最終音節têteが低くなるこ
　　　とで，その前の音節の高さがより一層強調される。
L13　　母音の長短で男性形と女性形が対立する。des amies [dezami:]。
L13　　alorsやaussiの意味で用いられるça fait queが短縮され，ça faitという表現になり，発話終
　　　了のマーカーとして使用される。ça fait (L21) も同じ。
L14　　Athénéeはベルギーに固有の語彙で，以前は男子校だった中等教育機関を指す。
L14　　Athénéeの2番目の母音は通常 [e] と発音するが，ここでは [ate:jne] のように長音化し，さ
　　　らに二重母音化している。

Et elle participe à enco/ déjà à des... anniversaires ou des petites fêtes. Elle ne reste pas longtemps parce qu'elle est vite fatiguée hein.

EQ : Oui ben le traitement c'est... c'est...

JD : Le traitement oui c'est ce qu'on lui a dit : « Faut avoir la patience, c'est le traitement. » Dimanche on est allé chez, Henry, il nous avait invités tous, ça fait. Elle a été contente, elle a parlé et... Tu retrouves la (X) de... de l'année dernière quoi.

EQ : Mais elle est soulagée.

JD : Ben, voilà elle l'a dit hein. « Mon Dieu. » dit-elle, elle n'a même plus une douleur, temps en temps hein, c'est marrant parce que, elle est là, elle parle avec toi puis tout d'un coup, ouh. Elle a un lancement. « Tu dirais un nerf », *di-st-èle*, « qui qui se contracte là. ». Ben je dis : « M/ dans des années hein N. (X) dis, tu diras encore : « J'ai mal mes doigts, <EQ : Ah ouais, ouais.> ou j'ai mal au poignet et tout ça. », malgré il y en a beaucoup hein », je dis, « qui sont <EQ : J'ai déjà entendu ça.> amputés. ». Hein tu as déjà entendu hein, qui disaient. C'est comme les dents hein.

EQ : Tu n'en as plus tu as encore mal.

JD : Ja/ mais c'est sérieux, la semaine dernière mais je dis : « Mais nom d'une pipe moi j'ai mal mes dents d'au-dessus *dju nn-a pus dispôy des anêyes*, et celles que j'ai encore en dessous, je n'ai pas mal. ».

　　　　それに彼女はまた…誕生会とか，小さなパーティにも参加してるの。すぐに疲れちゃうからね，そんなに長くはいないけど。
EQ： そう，そう，治療は…
JD： 治療はね…彼女にみんなで言ったのよ。「我慢しないとね，治療なんだから」って。日曜にアンリの家に行ったのよ，彼がみんなを招待してくれて，そうなの。彼女も嬉しそうだったわ。たくさん話して…去年の (X) に戻ったみたいな感じがしたわ。
EQ： 安心してね。
JD： ええ，そうね。彼女がいったのよ。「ああ，神様」。痛みはもうないし，(あっても) 時々よ。不思議なの，そこで話しているときに，急に，ウーって。急に痛がるのよ。「神経が痛いような痛み」って言ってる。で，わたしも言うの。何年たっても (X) はいうの，「指が痛い <EQ：あー，うん，うん。> 手首が痛い」とか言うんじゃない。(切除手術を受けた) 人の中には，切られたのに「痛い」っていう人が多いね。<EQ：その話聞いたことがある。>聞いたことあるのね。そう言っていた人のこと。抜歯のときも同じよね。
EQ： (歯が) もうないのに，やっぱり痛む。
JD： でも，本気よ，先週，私もね，「何年も前に抜けた上の歯が痛むの。なのに，下のまだある歯は，痛くないの」って思ったの。

****

L18　traitementの /ɛ/ はしばしば長音化し，狭音 [eː] になる。sur ma tête [teːt] (L11), anniversaire [anivɛʁseːʁ] (L16), petites fêtes [feːt] (L16), un nerf [neːʁ] (L27) など。

L20　/h/ を発音する。Henry (L20), hein (L24) など多数。

L26　lancement「突然の痛み」はワロン方言。ここでは相手を笑わせるためにワロン方言を使った。lancerにはça lance「ずきずきする」やlancement「突発的な痛み」等の含意があり，JDはそれを強調している。

L28　FRでは「〜が痛い」を「avoir mal à + 部位」というが，JDはJ'ai mal mes doigts (L28)「指が痛い」，j'ai mal mes dents「歯が痛い」(L35) のように，前置詞のàなしで，所有形容詞mes「私の」を使用する。上のL2-3も参照。このような非標準形とFR形j'ai mal au poignet「手首が痛い」(L29) の両方が同じ発話の中に混在している。

L36　et celles que j'ai encore en dessous, je n'ai pas mal「下のまだある歯は痛くない」では，最終音節以外の音節で長音化とメロディーの上昇が起こり，非標準的なメロディー曲線が見られる。これは発話者の含意が強いときによく見られる。Elle a un lancement.「彼女は急に痛がる」(L26) も同様である。

第4章　モレンベーク・サン・ジャン（ブリュッセル）： 子どものお小遣いについて

　モレンベーク・サン・ジャンは，ブリュッセルの中でも人口が8万人と多く，社会的・経済的に不安定な地区の1つである。住民の多くがモロッコからの移民である。AIとHLはモロッコ系ベルギー人の女性で，両親はモロッコ生まれである。録音が行われたときは，2人とも20歳であった。2人とも主な使用言語はフランス語で，家族や知人とAIはアラビア語，HLはベルベル語とアラビア語で話す。AIとHLは親しい友人で，ともに販売員を養成する職業学校の最終学年である。家族を持ちたいという将来の計画，とくに子どものお小遣いについて話している[1]。

AI ： Il faut économiser pour l'enfant tu vois. Il faut que tu puisses lui acheter des trucs, il faut que quand, l'enfant voit euh, voit ses, tu vois, si c'est un garçon et qu'il voit que tous ses copains ont acheté des nouvelles baskets, et qu'elles sont à la mode <HL : Ouais parce que il va dire achète-moi...> et tout ça et tout ça, et que tout le monde les a, et que toi tu peux pas lui payer ça va... je sais pas moi personnellement moi ça en tant que mère, ça va me faire mal. <HL : Ouais.> Que je peux pas lui payer certaines choses, parce que moi je sais ce que c'est. Tu vois. Je sais ce que c'est que s'habiller à la mode, je sais qu'est-ce que ça fait. Je, c'est vrai hein madame hein je sais euh... je sais quelle influence ça peut porter euh... par rapport aux autres. Je sais que si tu t'habilles pas d'une certaine manière, quand on est petit, quand tu as, je me rappelle quand j'avais dix douze ans, que si tu t'habilles pas d'une certaine manière, tu te fais pas accepter dans les groupes.

HL ： Ouais.

1　執筆者Stéphanie Audrit, Philippe Hambye, Anne Catherine Simon, Régine Wilmetの原文を日本語版に際して適宜編集した。

第4章　モレンベーク・サン・ジャン（ブリュッセル）：子どものお小遣いについて

AI： 子どものために節約しなきゃね。子どもに何か買ってあげないと，子どもが，その，　　1
ほら，もし男の子だったら，友達はみんな新しいスニーカーを買って，それが流行
りのものだったら＜HL：そうね，ぼくにも買ってよ，って言うわね…＞で，みん
なが持っていて，買ってやれないと…わからないけど，個人的には母親として，な
んだかつらいわ。＜HL：そうね＞モノを買ってやれない，それがどういうことか　　　5
わかってるからなのよ。ねえ。流行りの服を着ることが，どういうことかわかって
るし，どうなるか知ってるわ，わかるわよね。その，それがどういう影響をもたら
すか，わかってるの…他の人たちに対して。もし着てなかったら，幼い，10，12歳　　10
の小さい頃を思い出すと，着ていなかったら，グループに受け入れてもらえなかっ
たわ。

HL： そうね。　　　　　　　　　　　　　　　　　　　　　　　　　　　　　　　　15

****

L2　trucは話しことばで使われ「何か」を表す。
L4　basketsは「運動靴」のこと。
L4　/a/が後舌母音になり［ɔ］のように発音される。elles sont à la mode (L4), tout le monde les
　　a (L5), dans ce groupe-là tu vois (L18)。
L6　母音の脱落。庶民階層や移民出身の若者に特徴的な変異である。je sais pas moi [ʃpamwa]
　　(L6), je sais qu'est-ce que ça fait [ʒəsekskəsafɛ] (L9-10)。こうした現象は話しことばのフラ
　　ンス語でも広く観察される。
L6-8　AIの平均発話スピードは6.4音節／秒と非常に速い。たとえば，je sais pas moi... choseの
　　部分。早い口調はマグレブ出身の若者の特徴といわれる。
L9　ダイナミックで高いメロディー曲線が実現される。Tu vois. (L9), c'est vrai hein madame
　　(L10), plein de choses (L21)。

123

AI : Il y a toujours une petite chef de groupe qui est là ou un petit chef <HL : Ouais.> : « Ouais moi je suis comme ça je suis comme ça. », alors tout le monde a envie de rentrer dans ce groupe-là tu vois. J'ai pas envie que mon, mon enfant il soit rejeté.

HL : Je veux qu'il soit... 20

AI : Voilà. J'ai envie qu'il soit heureux, j'ai, plein de choses tu vois donc, il faut que tu lui offres ce qu'il demande. Faut pas que tu, tu lui montres que l'argent c'est, c'est facile et tout ça tu vois. Il faut que tu lui fasses comprendre que l'argent <HL : Et il faut surtout pas.> il faut travailler pour l'avoir, <HL : Il faut pas trop l'habituer.> et que tu. Voilà. 25

HL : Pas trop le gâter madame aussi.

AI : Pas trop lui donner de cadeaux. Tu peux lui <HL : Ouais.> donner des cadeaux pour euh... pour euh... Noël ou je sais pas moi, je te dis hein, pour, pour, pour Saint-Nicolas tu vois.

AI : グループにはいつも女の子か男の子のガキ大将がいて＜HL：ええ＞「私はこんな風なのよ，ぼくはこんな風なのさ」って。で，みんな，そのグループに入りたがるのよね。私の子どもは仲間はずれにされたくないわ。
HL : 私も子どもには…
AI : そう。子どもには幸せであって欲しいの，私もたくさんモノを持ってるでしょ，だから，子どもにも欲しがるものをあげなくちゃ。しちゃいけないのは，お金は簡単に手にはいると思わせることよ。子どもにわからせないと，お金＜HL：とくにやっちゃいけないのが…＞を得るためには働かないといけない，＜HL：…慣らせちゃいけないわ。＞それに。ね。
HL : 子どもを甘やかしすぎるのもいけないですね。
AI : プレゼントをあげ過ぎてはだめよ。子どもに＜HL：そうね。＞プレゼントはあげていいけど，その，クリスマスとか，あれ，サン・ニコラにも。

20

25

****

L23, L24　argentの /ʒ/ が母音の前で無声化する。ベルギーでは無声化は語末あるいは無声子音の前であることが多い。

L24　/R/ 音が非常に強い震えを伴う摩擦音で発音される。移民出身の若者に特徴的である。<u>travailler</u> (L24), <u>trop</u> (L25)。

L29　サン・ニコラは12月6日に祝われるお祭りで，子どもたちはプレゼント，飴，ビスケット等をもらう。

第V部 スイス

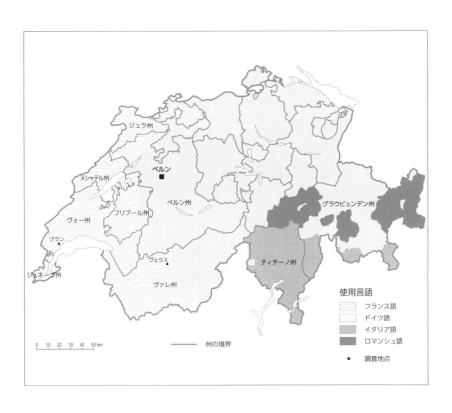

第1章　スイスのフランス語：概略[1]

1. 地理言語学的状況

　スイス連邦は41,284km^{2}に7,593,500人が住み[2]，ドイツ語，フランス語，イタリア語，ロマンシュ語が公用語の地位を有する小さな連邦国家である。

　スイスの政治と行政における言語使用は，属地主義[3]の原則によって規定され，1つまたは複数の地域言語が行政の言語として機能している。この原則に従って，26の州（カントン）ごとに公的な地位を有する言語とその使用形態が決められている。ドイツ語は全人口の63.7%が用いる多数派を形成し，17の州で唯一の公用語であり，他の4州でも公用語の1つになっている。フランス語は人口の20.4%によって話され，ジュネーヴ，ジュラ，ヌシャテル，ヴォーの4州で唯一の公用語である。ベルン，フリブール，ヴァレの3州はフランス語とドイツ語の2言語併用地域である。イタリア語が唯一の公用語となっているのはティチーノ州だけであるが，グラウビュンデン州でも公用語の1つになっている。人口の6.5%がイタリア語を母語とする。ロマンシュ語はグラウビュンデン州の公用語であるが，そこでしか話されておらず，話し手も35,095人で人口の0.5%に過ぎない（Lüdi & Werlen 2005）。

　とはいうものの，伝統的な方言と公用語の機能がそれぞれ分かれているため，言語使用という観点からいえば状況はもっと複雑である。スイスのドイツ語圏は安定したダイグロシア（2変種使い分け）地域[4]として知られている。住民のほとんどがスイスドイツ語[5]を話し，それは多くの変種に分かれているのだが，書きこと

　1　執筆者Helene N. Andreassen, Raphaël Maître, Isabelle Racineの原文を日本語版に際して適宜編集した。原著の執筆に際し貴重なご意見をいただいたStéphane Borel, Hervé Chevalley, Andres Kristol, Guiseppe Manno, Sandra Schwabの諸氏に謝意を表す。
　2　[原注] 2007年1月1日時点。
　3　国の中の領域ごとに従来から使用されてきた言語を尊重すべきであるとする考え方。
　4　「2つの言語のあいだに，明瞭な社会的機能分化がみられ，またそれが（経済政治的あるいは歴史文化的な）優位劣位ないし価値の高低と連動している場合を，特にダイグロシア（diglossia, 二変種使い分けとも）とよぶ」（亀井・河野・千野 1996：1035）
　5　「スイスで話されるドイツ語のことで，高地アレマン語に属している。しかし，スイスのドイツ語地域全体に共通する話しことばではなく，諸方言の総称をスイスドイツ語と呼んでいる。そ

ばでは標準ドイツ語を使用する。スイスドイツ語と標準ドイツ語は書きことばを話しことばにしたり，話しことばを文字にするような場合には競合する。スイスのイタリア語圏にもよく似た状況が見られるが，家庭内で方言を使用する住民は35.5％しかおらず，公の場面でも方言の使用は急速に衰退している。ロマンシュ語圏は5つの下位方言域（スルシルヴァン方言，ストゥシルヴァン方言，スルミラン方言，ピュテール方言，ヴァラダール方言）に分かれ，それぞれの方言域が何世紀にもわたって文字の伝統を発展させてきた。しかし，2001年にグラウビュンデン州ロマンシュ語 rumantsch grischun がスイス連邦によって公的な地位を与えられると，以後，諸方言はこのただ1つの標準的な変種を共有することになった。とはいえ，グラウビュンデン州ロマンシュ語の使用は限定的で，ロマンシュ語の話し手は減少の一途をたどっている。「スイスロマンド[6]」と呼ばれるフランス語圏についていえば，もはや過去の方言（俚言）との2変種併用の痕跡が見られる程度である。18世紀までは，フランス語やそれ以前のラテン語が書きことばの機能を持ち，諸方言や俚言（p.82）は話しことばとしての機能を果たしていた。方言や俚言の使用は，16世紀の宗教改革を経た都市部から衰退し始める。これまでも多くの調査が行われてきたが，今日では，カトリック教徒の多い州の農村部に暮らす推定約1万人だけが方言を母語として用いている。スイスロマンドの大部分は，オイル語やオック語の姉妹言語であるフランコ・プロヴァンス語の地域に位置する[7]。ジュラ州の俚言は北仏語ではなく，正確にはフランシュ・コンテ方言に属し，ブザンソンの影響がおよぶ地域で発展した。ベルン州のフランス語圏であるベルン・ジュラ地方は，方言的にいうと，フランコ・プロヴァンス語からフランシュ・コンテ方言へ移行する地域である。ここでもロマンシュ語圏と同じように，共同体の中でとくに俚言が使用される。俚言だけを話す話し手はもうどこにもいないのだが，俚言はまだ現地語としての機能を保持している。そのような状況でヴァレ州のエヴォレーヌだけは，俚言が家庭内の言語として今でも親から子へと受け継がれているという。

の言語的特徴を述べるには，方言ごとに扱うよりほかない」（橋本 1989：1205-1206）。本書ではスイスドイツ語，アレマン語の2つの用語を用いているが，両者はほぼ同じものを指している。
6 　フランス語が話されているスイス西部のことをスイスロマンドと呼ぶ。
7 　オイル語とオック語についてはⅢ.1.1. p.75を参照。

第1章 スイスのフランス語：概略

　上で述べたように，スイスには属地主義の原則があるため，多言語主義の国であるからといって，個人も多言語使用者というわけではない。ロマンシュ語やドイツ語の話し手，言語境界線付近にいるバイリンガルたち，さらに国内の移民を除くと，自分の地域以外の言語を話すことができるスイス人は比較的少数である。一方，ダイグロシアという観点からいうと，スイスの人口の3分の2を占めるドイツ語，フランス語，イタリア語，ロマンシュ語の方言話者の全員が，必ずそれぞれの公用語を話せるわけであるから，彼らはタイプの異なるバイリンガルであるといえる。ロマンシュ語を話す人のほとんどは，日常生活において母語である方言，地域語，グラウビュンデン州ロマンシュ語，スイスドイツ語方言，そして標準ドイツ語の5つの変種を使用する。特異なケースとして，グラウビュンデン州のロマンシュ語圏とイタリア語圏を分かつ境界線付近には，7言語を使用する住民たちが住んでいる。また，別の言語を話す国から来た移民や，仕事で英語を頻繁に使用する人々の多くも，スイスの多言語使用者の中に加えなければならない。

　Knecht (1979) が指摘したように，隣接するフランス語圏の地域からスイスロマンドを切り離すことはできない。スイスロマンドは，フランス東部や南東部と歴史を部分的に共有し，フランス東部や南東部と同様に，スイスロマンドのフランス語にも，古語や古いガロ・ロマン語に起因する特徴が多く残り，さらにドイツ語法や新語といった特徴もある。このようにスイスロマンドのフランス語には固有のダイナミズムがある。地域語法は一度使用されると，それが担うことになった機能や参照となる変種との関係によって，その起源とはある程度切り離された歴史を持つようになり，多くの場合，地理的な境界線を越えていく。そのためスイスロマンドのフランス語は均質ではない。スイスロマンドの地域語法は，非常に多様な地理的分布を示すことになる。地域語法はスイスロマンドの領域にかなり広がり，国境を越えることもあり，ベルギーやカナダやその他の国でも見られる。そうした地域語法は，スイスロマンドの全域を含むフランス語圏の東部や南東部の大半をカバーすることもあれば，狭い地域のみに散発的に現れたり，1地点だけで見られることもある。スイスロマンドのフランス語は通時的に不安定である。そのフランス語は新語を生み出し，国家の言語であり，固有な語彙をたくさん持っているにもかかわらず，全体としてはFRの方向に向かっている。な

かでも方言は急速に衰退しており，都市部ではフランス語圏全体で見られる若者ことばのような動きも見られる。

2. スイスロマンドにおける話しことばのフランス語の特徴
2.1. いろいろなタイプの変異

FRとの関連でいうと，スイスロマンドでは4種類の変異がある。①古語，②方言，③ドイツ語，④新語である。それぞれは，フランス語の古い規範，北部フランス語方言，スイスドイツ語，スイスロマンドの地方語法，以上の4要素を表している。ただし，以下の例が示すように，4つのタイプを区別することはしばしば困難である。とくに古語の特徴は，過去のフランス語に由来するものだけでなく，保守的で古形を保持する北仏の方言に由来するものもあれば，その2つの要因が重なった結果のこともあり，古語・方言形と呼ぶべきものである。たとえば，『スイスロマンド語辞典』のhuitante「80」がその例である。この古語・方言形が活力を持っているのは，ゲルマン語の傍層[8]の支えがあるおかげだと考えられる。他にも典型的なケースとしては，スイスドイツ語の単語が俚言を介してフランス語に伝播した例や，国境地帯の地域フランス語を介して，フランスの方言がスイスロマンドで使用されるようになった例がある。

2.2. 語彙の変異と意味の変異

地域語は，語彙，意味，音声，音韻，韻律等，あらゆるレベルで見られるが，スイスロマンドの特徴が最も研究されているのは語彙レベルである。ここでは伝統的な方言学の成果である3つの辞書を紹介しておこう。『スイスロマンド俚言語彙集』（以下GPSRと略。www.glossaire-romand.ch.参照）は，見出し語として何千もの地域語を収録し，俚言の語彙項目の中にも，何千という形態・意味レベルの方言形を含む。『ヌシャテル州とスイスロマンドの口話歴史辞典』は，現代の辞書編纂の基準に沿った初めての地域語辞書であるといわれる[9]。最後の『スイ

---

8 「言語接触 (language contact) の在り方の一つで，2つまたはそれ以上の言語が地理的に隣接しながら，相互に影響を及ぼすような場合の，一方に対する他方の言語およびその関係をいう」（亀井・河野・千野 1996：1303）

9 ［原注］『スイスロマンド語辞典 (DSR)』，p.11-12。

スロマンド語辞典』（以下ではDSRと略）は，資料カードに基づいて約1,200の特徴的な単語，句，表現を収録している。

上に述べた地域語のうち，古語の例としては，1日の主な食事の名称déjeuner, dîner, souper[10]がある。FRでは，朝食petit-déjuner, 昼食déjeuner, 夕食dînerという。DSRによると，ベルギーやアメリカ大陸のフランス語圏，さらにアフリカとフランスのいくつかの地域においても同じ古語が見られるという。このうちdéjeunerはスイスロマンドの方言に由来する[11]。FRで「夕食」のことをdînerと呼ぶようになったのは，19世紀初頭のパリで起きた言語変化によるものだが，スイスロマンドにおいても公式な場面で散発的に見られる。「（ドアを）たたく」という意味のheurterも古語である。また数詞septante「70」, huitante「80」, nonante「90」[12]は，古語・方言形に分類できるだろう（DSR）。これらの語は，フランス語では古語として衰退して久しいけれども，スイスロマンドの諸方言では生き続けている（DSRとGPSRの資料を参照）[13]。

元来の地域を超えて広がった方言としては，いわゆる「ジュラの弧」[14]地域の方言に由来するとされるpive「針葉樹の果実」がある。この単語はスイスロマンド全域で観察されるだけでなく，ジュラ州，フランスのドゥー県，隣接するオート・サヴォワ県でも知られている。局地的に広まった単語の例としては，Chevalley (2006) が引用している例のほかに，ヴァレ州の中部で子どもをふざけて呼ぶときの名詞cratsèttを付け加えておこう。この語はスイスロマンドの他の地域では，別の変異形で知られている。同じく方言形の中には，動詞cuire「調理する」を「食用に（水や牛乳などを）沸かす」の意味で用いる，いわゆる意味的な翻訳借用の例もたくさんある（DSR, GPSR[15]）。ドイツ語法としてはpoutzer / poutser

---

10 TUFS言語モジュール（スイスのフランス語）「05. 謝る」のL6のsouperは「夕食」の意味。http://www. coelang.tufs.ac.jp/mt/fr-swiss/dmod/
11 ［原注］詳細はGPSR第5巻，p.224-225。
12 TUFS言語モジュール（スイスのフランス語）「08. 金額についてたずねる」に70, 80, 90の全ての例がある。
13 Avanzi (2017：136-141) にも同様の記述がある。
14 ジュラの弧とは，ヌシャテル州に隣接するジュラ州全域，さらにベルン州とヴォー州の一部にまたがる地域のことをいう。
15 ［原注］詳細は，GPSRのcuireの意味2°1。ドイツ語kochen「煮る，沸かす」の意味を借用している。

[putse] がある。ドイツ語では「掃除する」をputzen，アレマン語で [b̥utsə] といい，DSRはこの単語を，「象徴的かつ意識的なドイツ語であるが，日常的によく用いられる」としている。これに対して，ドイツ語のVater「父親」とアレマン語の変異形に由来するfatre「父親」は，ヴォー州やフリブール州のブロワ，ヌシャテル州の山間部，ベルン・ジュラ地方にしか見られない。これらの単語は俚言を経由して広がった。poutzer / poutserはジュネーヴを除いたスイスロマンドのほぼ全域で使用され，fatreはドイツ語との言語境界線に沿って用いられる。また，fatreとほぼ同じ地域に広がるcatse「ねこ」，その変異形katz [kats]，cratse [kR̥ats]，ratse [R̥ats]，[χats] は，ドイツ語のKatze（近隣のアレマン語では [χats]）に由来する[16]。cuisine habitable「ダイニングとして使用可能な大きなキッチン」は，ドイツ語のWohnküche「リビングキッチン」(Wohn-「居住」+ Küche「キッチン」)からの造語である。最後に，新語の例として，名詞のdévaloir「ビルのダストシュート」(DSR，GPSR)と「タルト」の意味で使用されるgâteauを挙げておこう(DSR，GPSR)。

　副詞にも地域的用法が見られる。たとえば，FRでprécisément「まさに」というところを，droitというのがそうした例で(DSR，GPSR[17])，j'allais droit te le dire「私は君にそれをまさに言おうとしていた」のように使用される[18]。発話の小辞déjàが，「未来の出来事に対する確信」を表すのも同じである[19]。小辞のdéjàはFRのbienとは異なり，話し相手を安心させるために使用される。たとえば，je le ferai déjà「それをやりますから心配しないでください」(GPSR)，あるいはIl va déjà venir「彼は来ますから，ご安心ください」のように使う[20]。その使用範囲は，スイスロマンドとアルザスを含み，ドイツ語のschon「きっと大

16　[原注] ベルン・ジュラ地方とヌシャテル州で行った小さな調査の結果，以前はfatreが「平俗な」，catseは「軽蔑的な」含意が支配的であったが (GPSR資料，Pierrehumbert (1926))，今日では話し手において，そうした含意は弱まるか消失している。

17　[原注] 詳細はGPSRのdroit 1の意味Ⅲ，4°-7°。

18　TUFS言語モジュール（スイスのフランス語）「15.依頼する」のL11, J'allais droit te le proposer.「ちょうどそう提案しようと思ってたところよ」。

19　[原注] 詳細はGPSRのdéjàの意味2°3，歴史に関する段落。

20　TUFS言語モジュール（スイスのフランス語）「15.依頼する」のL16, T'inquiète pas, je vais bien lui expliquer, il veut déjà comprendre !「心配しないで，彼にはちゃんと説明するから，わかってくれるわよ！」。

丈夫」（例：Er kommt schon.「彼はきっと来るから大丈夫」）に類似していることから，ドイツ語法ともいえる。ただし，スイスロマンドの俚言には同じ機能を持つ小辞で，déjàと関連性の深い同形異義語dzaがある[21]。

派生形としては接尾辞-éeを挙げておこう。Voillat (1971) によると，この接尾辞はFRに比べて高い生産性を持っている。分量の大小，激しさ，強さといった観点から行為や過程の結果を表すときに，この接尾辞を使用する。たとえば，「落ちてくる少量の液体」はtombée (FRではpetite quantité qui tombe)，「落下，失敗」はlugée (FRではchute, échec)[22] という。同じ接尾辞を用いた派生形maillée「酔い」のように，語幹自体が俚言から借用された例もある。

2.3. 形態統語的変異

地域語の動詞には，フランコ・プロヴァンス語の基層に由来するものがある。近接未来を表すために，助動詞allerを使って，il va pleuvoir「雨が降るだろう」と言うのではなく，助動詞vouloirを用いてil veut pleuvoirと言う[23]。この語法はフランコ・プロヴァンス語圏以外にも，ベルギー，アルザス，アキテーヌ，シャンパーニュ，ポワトゥ・シャラント地方で見られる（DSR）。

同じように，FRにはない複複合過去形がスイスロマンド全域で用いられ，それはフランコ・プロヴァンス語やプロヴァンス方言の地域においても一部観察される。FRの複複合過去形は，quand Pierre a eu mangé, Marie est partie.「ピエールが食べ終えたとき，マリーは出発した」のように，原則として時を表すquandの従属節の中か，あるいは，Pierre a eu vite mangé「ピエールは急いで食べ終えた」のように，副詞vite等を用いた独立節の中だけに現れる。これに対してスイスロマンドでは，そうした副詞がなくても，複複合過去形が独立節の中で用いられる。たとえば，ジュネーヴのPFC調査地点では，on a eu fait quelques courses, comme ça, entre nous, mais pas, pas de compétition, non という例がある。この発話はFRでは，il est arrivé, par le passé, qu'on fasse quelques courses, comme ça, entre nous, mais pas de compétition「こうやって，昔は

21　［原注］詳細はGPSRのdzaの意味 6°，語の歴史 p.1038。
22　［原注］Knecht (1979) とDSRを参照。
23　脚注20のil veut déjà comprendreも近接未来を表している。

力比べをしたことがあったけれど，あれは競技じゃなかった」になる。スイスロマンドでは，複複合過去で助動詞êtreが使用されるとき，FRのようにa été という形ではなく[24]，代名動詞を複複合時制にするときのように，est eu形になる。フリブール州の女性は，on est eu venu ici quelquefois le week-end mais c'était toujours fermé「以前，週末にここに何度か来たことがあるけど，いつも閉まっていた」と言っている。

　Voillat (1971) によると，スイスロマンドのフランス語は，FRよりも「間接目的の代名詞＋動詞＋副詞」の構文を頻繁に使用する。Voillat (1971) の例，le chien m'est venu contre，やil me copie dessusは，スイスロマンドの話し手にとって，le chien est venu dans ma direction「犬が私の方に向かってきた」，il copie sur moi「彼が私の真似をする」という意味になる。FRのjeter「投げる」の代わりに，動詞と副詞を組み合わせて，mettre loinのようにいう場合も同じである。Knecht (1979) は古フランス語にもこうした言い回しがあったと指摘する。俚言にも同じ用法があり，もっと広く用いられる。後で見るヴェラスの会話には，foutre en basという表現 (V. 3. L10) があるが，周辺の俚言では「(木) を切り倒す」という意味で使用する[25]。この例については古フランス語まで遡って考える必要はなさそうである。また，ドイツ語のwarten auf「～を待つ」を翻訳借用し，動詞attendreが前置詞surとともに，attendre sur ヒト「誰かが準備できるのを待つ」，attendre sur モノ「何かが起こるのを待つ」となる (DSR, GPSR)。フランコ・プロヴァンス語を翻訳借用し，il a ça fait「彼はそれをやった」のように，代名詞çaが動詞の前に置かれることもある (Avanzi 2017：110-111)。慣用表現を翻訳借用した例も少なくない。DSR中のpeindre le diable sur la muraille「あるモノの悪い面を強調する」は，ドイツ語のden Teufel an die Wand malen (原義は「壁に悪魔の絵を描く」) という言い回しの翻訳借用である。

2.4. 音声・音韻変異

　スイスロマンドの訛りは分節レベルと超分節レベルで現れる。Singy (1996) が

24　FRでは動詞partirを複複合過去形にすると，a été parti となる。
25　[原注] たとえば俚言ではfotre ba「木を切り倒す」と言う (Follonier 1989)。

証明したように，スイスロマンドの話し手は，発音の特徴によって話し相手の出身地を判断し，それをいくつかのタイプ（フリブール，ジュネーブ，ジュラ，ヌシャテル，ヴァレ，ヴォー等の訛り）に結びつける。こうした州ごとのスイスロマンド訛りは，実際に観察される事実に対応するというよりも，むしろ社会的な表象のようなものであって，話し手のアイデンティティーと関連づけて説明できる。同じような理由から，話し手は特定地域の中で，さらに細かい帰属の違いを感じとる。たとえば，ヌシャテルの人は自分たちの訛りが，山間部や湖岸部の訛りとは違うと感じている。

音韻体系のリストに地域差が見られることは，スイスロマンドの全域でも，一部の地域でも稀である。しかし，音素の音節内部での分布や結合の仕方は，地域によってFRとは異なり，実現形にも微妙な差異が多数ある。

母音には長短の対立が残り，belle /bɛl/「美しい」はbêle /bɛːl/「ヤギがめえと鳴く」と対立する。しかし，ヴォー州の人々，たとえばグランの話し手にとっては，patte [pat] と pâte [pɑːt] の対立は，母音の音色だけでなく，長さも異なっている。これに対して，ヴォー州以外の話し手，たとえばヴァレ州の話し手では，対立は母音の長短のみに基づいている。語末開音節においても母音の長短による対立が一部地域に見られる。たとえば，fit /fi/「動詞faireの単純過去形」はfie /fiː/「動詞 (se) fierの現在形」と対立する。同じように，chanté「動詞chanterの過去分詞男性形」とchantée「動詞chanterの過去分詞女性形」は /e/ ~ /eː/ の対立，bu「動詞boireの過去分詞男性形」とbue「動詞boireの過去分詞女性形」は /y/ ~ /yː/ の対立，bleu「青い（男性形）」とbleue「青い（女性形）」は /ø/ ~ /øː/ の対立，さらにbout「端」とboue「泥」は /u/ ~ /uː/ の対立であり，それぞれ母音の長短の対立である[26]。しかし，他の地域では，この対立は別のやり方で行われる。たとえば，fieは時に[fiːj]と発音され，filleと同音異義語になり，chantéeは [ʃɑ̃teːj] に，bueは [byːʲ] に，boueも [buːʲ] になる。

語末開音節における /o/ ~ /ɔ/ の対立，peau /po/「皮膚」とpot /pɔ/「壺」の対立は，FRでは中和するが（Ⅱ.1.2.1. 表2 p.35），ジュネーヴ州を除くスイ

26　TUFS言語モジュール（スイスのフランス語）「03.注意をひく」のL4, la maison bleue。同L7のla cheminée carrée「四角い煙突」も長母音 [eː] である。

スロマンド全域では，この対立が維持され，国境の外にまで拡大している。ところが，PFC調査のヴェラスの話し手には，この対立が存在しない。語末開音節における /e/ ~ /ɛ/ の対立は，スイスロマンドでも他のフランス語圏と同じように，1人称単数の直説法未来形pourraiと条件法現在形pourraisを区別するのに利用され，直説法半過去形と不定詞もしくは過去分詞形を区別するのにも用いられる。本書に収録した2名の話し手は，この対立を維持しているが，ヴェラスの話し手では音素の分布が特異であり，pouvoirの条件法形pourrais [puʁɛ] (V. 3. L9) がavoirの半過去形avais [ave] (V. 3. L7) と対立する。語末閉音節では，グランとヴェラスの話し手の両方が，FRと同じように前舌の半狭母音 /e/ を持たない。また，語末音節以外でも変異が見られる。たとえば，ヴェラスの話し手は，語頭開音節でécorce [ekɔʁs]「樹皮」(V. 3. L31) のように，FRと同じく半狭母音 [e] を用いるが，グランの話し手は，échelle [ɛʃɛl]「はしご」(V. 2. L53) のように，半広母音 [ɛ] を使用する。語末音節における /a/ ~ /ɑ/ の対立は，スイスロマンドのほぼ全域で消失し，[a] として実現されるが，グランの話し手は [ɑ] を用いる (V. 2. L7)。

　Métral (1977) はスイスロマンド全域の400人の教師に通信調査を行い，そのデータを基にして，/ɛ̃/ ~ /œ̃/ の対立が保持されていることを証明した。しかし，ジュネーヴでは，この対立が弱まっているという報告がある。PFC調査のジュネーヴとヌシャテルの新たなデータによっても，ジュネーヴの若者でこの対立が中和し，ヌシャテルの若者においても同じように中和する傾向のあることが分かった。とはいえ，ジュネーヴとヌシャテルの調査地点を観察してみると，不定冠詞unがこの中和に抵抗していることがわかる。brin-brunのペアを両方とも [ɛ̃] で発音する話し手が，unについては円唇母音 [œ̃] を用いるのである。さらにヴェラスの収録音声では，鼻母音の実現形に特徴がある (V. 3. L2, L17)。最後に，これも収録音声からわかることだが，FRではtuer「殺す」を半母音 [ɥ] を使って [tɥe] と発音するのに対して，スイスロマンドでは2つの母音を連続させて，[tye] と発音する (南仏でもこの現象が見られる。Ⅲ. 1. 3. 1. 3. p.79を参照)。

　FRで用いられる全ての子音は，スイスロマンドの子音と同じである。ただし，ゲルマン語傍層からの2つの子音 /h/ と /χ/ が，地域によってはかなり安定した形で借用語の中に現れる。両方の子音が存在する地域では，ドイツ語以外の単語

でも，それらの子音を用いることがある．子音 /h/ は hochdeutsh[27] [hoχdɔjtʃ]「標準ドイツ語の」のように，音節頭で [h] として，さらに声門閉鎖音 [ʔ] （[ʔoχdɔjtʃ] = hochdeutsh），リエゾンの消失 (en// hochdeutsh [ãoχdɔjtʃ]「標準ドイツ語で」) として現れることもある．子音 /χ/ はドイツ語 Bach [baχ]「小川」では [χ] として実現される．他方，/R/ が無声化するヌシャテル州，ベルン州，ジュラ州を含む地域では，この /χ/ が /R/ と混同される．その場合，Bach と bar「酒場」は [baR̥] と [ba:R̥] のようになり，母音の長短だけで区別される．声がかすれて無声になるこの /R/ 音は，[R̥] と転写される．先行研究には報告がないようであるが，この子音は国境地域で [R̥] として実現され，やはり同じように /χ/ と混同されるアレマン語の /R/ 音に驚くほどよく似ている．

俚言やアレマン語に見られる破擦音 /ts/, /dz/, /tʃ/, /dʒ/, /kχ/ は，音節頭あるいは音節末の音素グループとしてフランス語に取り込まれている．たとえば，zwieback [tsvibak]「少し甘いビスコット」(DSRでドイツ語法), mèdze [mɛdz]「治療師」(DSRで方言形), totché [tɔtʃe]「サワークリーム入りのパイ」(DSRで方言形), djesse [dʒɛs]「雌鳥の留まり木」(GPSRで方言形), stöck [ʃtœkχ]「(スイスのカードゲーム) ヤスで切り札のキングとクイーンを持っていることを知らせるためにプレーヤーが言う言葉」(DSRでドイツ語法) のような例がある．/ts/ は固有名詞 Zufferey (姓)，Zurich (州・都市名) 等で頻繁に使用される．この /ts/ は z の綴り字で書かれる．従って，Zurich の場合，古い発音 [tsyʁik]，稀になりつつある発音 [dzyʁik]，威信発音 [zyʁik] があり，/ts/ は /dz/, /z/ 音としばしば競合する．子音グループ /kχ/ はアレマン語の借用語でのみ用いられ，/kR/ や /k/ と自由に交替する．しかし，無声化する /R/ のある地域では，/kχ/ は /kR/ と混合され，/k/ と交替するときは stöck [ʃtœk] のようになる[28]．いくつかの地域では，/tj/ が破擦化して [tɕ] になるが，これは俚言の発音に由来する．ヴェラスの話し手に，tient [tɕɛ̃]「動詞 tenir の 3 人称単数現在形」の例が見つかる (V. 3. L34, L38)．同じヴェラスの話し手は，venu「動詞 venir の過去分詞」，あるいは voilà「そう」においては，/v/ を接近音 [ʋ] もしくは [w] と発音しているが，これも方言特徴である (V. 3. L1, L5)．

27 スイスドイツ語の諸方言に対して，標準ドイツ語を指すためにスイスで用いられる用語 (DSR)．
28 ［原注］語末子音の発音については p.132 の cratse を参照．

2.5. 韻律の変異

　スイスロマンドのフランス語は，韻律の面でFRと一線を画している。本書のⅡ.1.6.で述べたように，FRでは韻律グループの最終音節に第1アクセントが置かれる。スイスロマンドのフランス語では，韻律グループの最後から2番目の音節でメロディーの上昇が起き，それによって最後の2つの音節に特徴的なイントネーションが観察される (図1)。この現象はスイスロマンドの全ての変種に共通していると考えられがちであるが，全域を一様にカバーしているわけではない。Métral (1997：146) によれば，「このイントネーションはフリブール州やヴァレ州のフランス語圏ではあまり一般的ではない」という。グランの会話にはこのイントネーションが現れる (V.2.L26)。一方，ヴァレ州のヴェラスの話し手には，このイントネーションは見られない。また，これまでのところ，Miller (2007) によるヴォー州の研究しかないのだが，別の型のイントネーションがあり，韻律グループ末尾の長母音のところで実現し，基本周波数が「低－高－低」という形状になるため，「末尾の釣鐘」と呼ばれる (図2, 3)。

　スイスロマンドのフランス語は，話すスピードがゆっくりしているという見解が流布しているようであるが，1970年代末に行われた2つの研究によって，ヴォー州とパリの話し手の調音スピードの間には，全く違いがないことが分かっている。Miller (2007) とSchwab他 (2008) は，音読について同様の比較を行った。2つの研究結果は，会話で得られた結果と同じであり，発話スピードについても，調音スピードについても，フランスの話し手とヴォー州の話し手の間に違いが見られなかった[29]。また，地域によっては年齢が発話スピードに影響を与えることがSchwab他 (2008) によって分かった。ヴォー州のニヨンの話し手は，年齢が高ければ高いほど，調音スピードが明らかに遅くなるが，パリ近郊のブリュノワの話し手にはそのような傾向は見られない。

---

29 [原注] Miller (2007) はフランス北部の話者と比較し，Schwab他 (2008) はイル・ド・フランス地方のブリュノワの話者と比較している。

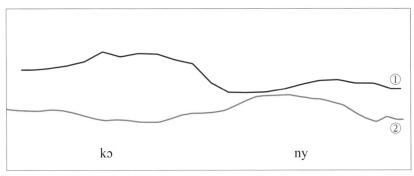

図1. connu「有名な」(グラン)
①はV. 2. L26 si tu es connu，②はL32 Tu es bien connu より。①のメロディー曲線には，最後から2番目の音節co- [kɔ] においてメロディーの上昇がある。一方，②のメロディー曲線には上昇がない。

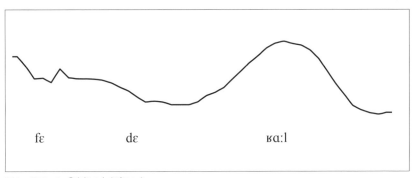

図2. fédérale「連邦の」(グラン)
V. 2. L53 la Berne fédérale より。「末尾の釣鐘」のイントネーション。

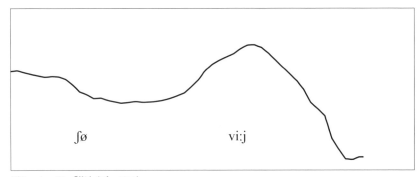

図3. cheville「楔」(ヴェラス)
V. 3. L37 on a tapé cette cheville より。「末尾の釣鐘」のイントネーション。

3. 言語的不安

　本章の第1節で見たように、スイスロマンドで話されるフランス語の変種は、FRと根本的に違っているわけではない。とはいえ、Singy（1996）がヴォー州で行った社会言語学的調査によって、ヴォー州の話し手の多くがある種の言語的不安を抱いており、それは方言に対する矛盾した感情となって現れることがわかった。同じ地域的な特徴であるのに、あるときはマイナスの評価を受け、あるときはプラスに評価されるのである。Singy（1996）はそうした矛盾する状況を次のように解説する。被調査者の75％以上がヴォー州の地域フランス語に対して、ある種の誇りを持っているけれども、その同じ被調査者の74％近くが、教育を通じて地域語が公認されることには全面的に反対する。同調査によれば、被調査者の58％が、フランス語の威信のある変種はフランス国内にあると考え、自分たちの地域以外のところにあると確信している。こうしたマイナス評価の傾向は次のことからもわかる。被調査者の33％は、フランス国籍を持っている話し手の前では、意識的に訛りを隠そうとした経験があるという。しかし、話し相手がベルギー人なら、彼らはそのようなことはしないのである。

4. 結論

　本書では、グランとヴェラスというスイスロマンドの2つの変種の会話を中心に解説しながら、異なるタイプの地域語を例示した。とくに音声・韻律において地域語のいくつかの特徴を説明できたと思う。また、スイスロマンドのフランス語が不均質であることも確認できた。ここに提示した地域的な特徴は、どれ1つとしてスイスロマンド全域に広げて考えることはできない。

　語彙、形態・統語、音韻、音声、音素配列、韻律などの面から収録音声を分析した。グランでのインタビューでは、単語が地域の文化的・制度的な現実と関係のあることがわかった。地域的な語法としては、ヴェラスの話し手が用いる「動詞＋副詞表現」（V. 3. L10）を指摘することができる。音声の特徴は方言基層に由来するものが多いけれども、無声化する [R̥] と語末子音の無声化は、アレマン語の傍層と関連づけることができる。

　グランの会話には、話し手たちの言語に対する意識が現れているが、そうした意識はコミュニケーション場面への適応、地域語の正当性、あるいは言語的不安

等の観点から説明することができよう。

　最後になるが，ここで分析した2つの会話は，説明のための例示であって，スイスロマンドの多様性を代表するものではない。

第2章　グラン（ヴォー州）：スイス文化について

　グランはヴォー州のニヨン市に属し，レマン湖畔の町である。1980年代までは農村地帯であったが，ジュネーブとローザンヌの間に高速道路が建設されると，人口が目覚ましく増加し，現在は1万人以上が住んでいる。調査員EQはフランス語を話すが，ネイティブではない。EQの家族の知り合いの男性JEは，調査当時45歳であった。彼はニヨンに生まれ，1995年までそこに住み，その後グランに移って来た。商業や金融業で働いている。2人はスイスの文化や議会制度について話している。会話は2002年に録音され，インタビュー形式である[1]。

EQ : Oui. Euh... Comme moi je suis étrangère. Est-ce que tu peux me raconter un peu de... de la culture suisse ?

JE : Alors en Suisse, on mange la fondue, la raclette, des röstis, puis du papet vaudois. Bon, la culture suisse il y en a m/... ouais, est-ce qu'on, on peut quand même dire plusieurs puisque nous... la Suisse, il y a la partie française, partie allemande, partie italienne et la partie romanche. Donc on a quand même un peu... chacun une culture différente.

EQ : Mais puis ici en, en Suisse romande ?

JE : En Suisse romande. Bon, c'est vrai qu'on... on est quand même pas mal influencé par la France. Mais autrement c'est vrai qu'on a... ben évidemment on a nos propres artistes. Que ça soit nos chanteurs, nos humoristes. Des peintres, aussi. On a quand même des tas de gens, qui ont été même mondialement connus, puisque... généralement quand ils arrivent à, à, à percer en Suisse romande et puis après s'ils veulent continuer ben, ils vont sur Paris. Et puis souvent ça marche. Parce qu'on a une qui marche fort. Enfin, c'est un, mais qui fait une.

1　執筆者Helene N. Andreassen, Raphaël Maître, Isabelle Racineの原文を日本語版に際して適宜編集した。

第2章　グラン（ヴォー州）：スイス文化について

EQ：　はい。えーっと…私は外国人だから。私に少し…スイスの文化について話してくれ　　　1
　　　ますか？
JE：　まず，スイスではフォンデュ，ラクレット，ロスティ，そしてパペ・ヴォードワを
　　　食べる。まあ，スイス文化は…ね，とはいってもいくつかの…スイスにはフランス　　 5
　　　語圏，ドイツ語圏，イタリア語圏，そしてロマンシュ語圏がある。だから，やっぱ
　　　りちょっと…それぞれ異なる文化を持っている。
EQ：　ここ，スイスロマンド地方は？
JE：　スイスロマンドね。まあ確かに…かなりフランスの影響を受けてるね。でも他にも　　10
　　　確かに…まあ，もちろん我々の（地域の）芸術家もいる。たとえば歌手やユーモア
　　　作家。画家もね。かなりたくさんの人が世界的に有名（になった）…彼らはふつうス
　　　イスロマンドで成功したら，そのあと続けたければ，パリに行く。それでたいてい
　　　は上手くいく。大成功している女性もいる。というか，本当は男性だけど女性を演　　15
　　　じている。

****

L3　raclette「ラクレット」はヴァレ州の伝統料理で，溶かして柔らかくなったチーズをかき落と
　　し，ジャガイモ，ピクルス等と食べる。
L3　röstis「ロスティ」は千切りにしたジャガイモを丸い形にして，外側がカリカリになるまで焼い
　　た料理。
L4　papet vaudois「パペ・ヴォードワ」はヴォー州の伝統料理で，西洋ネギ，タマネギを炒め，ブ
　　イヨン，マッシュポテト，クリームを入れて煮込み，ヴォー州のソーセージを添える。
L7　［訳注］FRの /a/ を後舌の［ɑ］で発音することが多い。chacun (L7), paysages (L35), vaches
　　(L41), chocolat (L41), base (L45)。［ɑ］と［a］が混在することもある。pas mal [pɑmal] (L9-
　　10, L51)。
L7　語末母音が長母音化し，釣鐘型のイントネーションになる。différente (L7), chanteuse (L27),
　　fédérale (L53) など。
L9　［訳注］Suisse を [swis] と発音している。
L16　c'estとその後ろの部分では選択的リエゾンをしない。c'est// un (L16, L19), c'est// eux (L72)。
　　北仏でも，この文脈で，リエゾンの実現率が33.91%という分析結果がある。

	Qui s'appelle Madame Porchet. Qui a fait le plein à Paris. Pendant de nombreux mois. D'ailleurs je sais même pas, je crois qu'elle est revenue (X). Parce que c'est un qui est déguisé en une, voilà.
EQ :	Ok.
JE :	Mais autrement la culture nous, euh... Ouais c'/ Que dire sur la culture ?
EQ :	Oui. Hum. Mais euh... Si tu, si tu allais dire à... je veux dire à un étranger, pourquoi il fallait venir en Suisse. Qu'est-ce que tu dirais ?
JE :	Alors, en Suisse s'il aime la discrétion puis que d'être tranquille. Ben, c'est bien, les gens vont pas venir trop le... venir sonner chez lui ou l'arrêter dans la rue tu vois si tu es connu, par exemple. Tu es un grand... chanteuse, une grande chanteuse, qui vient vivre en Suisse. Il y a pas beaucoup de gens qui vont... qui vont venir soit sonner à ta porte ou même si tu te promènes dans la rue qui vont venir t'arrêter, donc il y a bon, il y a une discrétion. Les gens se... Et puis, bon, autrement quand tu connais un peu. Quand tu fais connaissance un peu avec les Suisses romands, après euh... Tu es bien connu, ben... Tu es accepté, comme on dit. Et puis la S/ ben la Suisse romande euh... les gens sont quand même euh... sympathiques. Et puis il y a une jolie vue, enfin une jolie... il y a de jolis paysages. Et tu as tout sur place. Je veux dire l'hiver tu peux faire du ski sans rouler longtemps. Tu fais une demi-heure de voiture, tu peux skier. Tu as le lac si tu veux te baigner. Donc les montagnes, le lac. Ça crée un joli paysage. C'est comme la Norvège mais en plus petit.
EQ :	Oui. Hum...
JE :	Puis on a nos vaches, notre chocolat, nos montres. Et nos banques.
EQ :	Oui. Une chose que... je me suis demandée. Comment est-ce que, ça fonctionne la, la, le système politique en Suisse.

	マダム・ポルシェね。パリでは (劇場が) 満席だよ。何カ月も。よく分からないけ	
	ど，彼女は戻ってきたと思うよ (X)。彼女っていうか，女装している男性だけどね。	
EQ :	なるほど。	20
JE :	でもね，その他にも文化は，えーっと…うん，文化について何を話そうか？	
EQ :	ええ。ええ。そうですね，うーん…もし…あの…たとえば，なぜスイスを訪問すべ	
	きか，外国人に説明するとき，どうやってアピールしますか？	
JE :	そうね，スイスは，静かに穏やかに生活することが好きな人だったら，まあ，いい	
	とこだよ。人はあまり来ないし…訪ねて来ないし，道で呼び止めないし，有名人で	25
	も。有名な…歌手で，スイスに住んでいる有名な歌手でもね。家に来ようとしたり，	
	呼び鈴を鳴らしに来たり，道を歩いていても呼び止める人は多くないし，つまり人	
	が控えめなんだ…それから，その，ほかにもスイスロマンドをちょっと知ると。ス	30
	イスロマンドの人たちとちょっと知り合いになると，それでその…顔見知りになる	
	と，まあ…つまり受け入れられる。その，えーっと，スイスロマンドの人は，えー	
	っと…実際にみんな，えーっと…感じがいいよ。それに見晴らしもいい，見晴らし	
	というか，景色ね…風景が美しい。それに何でもできる。たとえば冬には車で遠出	35
	しないでもスキーができるし。車で30分行けばスキーができる。泳ぎたいなら湖	
	がある。山と湖ね。それらが美しい風景を作ってるんだよ。ノルウェーみたいだ，	
	ずっと小さいけどね。	
EQ :	ええ，そう…。	40
JE :	それから乳牛，チョコレート，腕時計がある。銀行も。	
EQ :	ええ。で，1人で考えてたんですけれど，スイスの政治制度はどうなってますか。	

****

L25　tropは語末開音節で唯一広い母音 [ɔ] で発音され，いくぶん中舌化している。他方，fonda-mentaux (L75) は狭い [o] である。

L26　si tu es connuでは，リズムグループの末尾から2番目の音節で上昇し，特徴的なイントネーションになる。V.1.2.5. 図1 (p.139) を参照。

L34　puisの後では選択的リエゾンを行わない。puis// il y (L34), Puis// on a (L41)。

L41　Puis on a nos vaches, notre chocolat, nos montres. Et nos banquesに3回出現するnosの母音 /o/ は，口の閉じ具合，長さ，軽い二重母音化等，この地域の代表的な特徴を表す。

JE : Alors, au niveau... Ben, il y a donc, au niveau, j'allais dire fédéral, oui enfin. En Suisse on a, si on commence par la base, bon évidemment on a des communes. Tout ce qui est communes, villages, ils ont. On a aussi un système, donc euh... J/ oui elles peuvent décider jusqu'à un certain point de leur autonomie, enfin... Que ça soit en matière d'argent, etcetera. Après il y a le système canton. Donc chaque canton a aussi une part, euh... qu'elle peut décider elle-même. Que ce soit sur les routes, sur la, les... les asiles de vieux, les caisses maladie, enfin. Il y a pas mal de choses où elles sont, le canton est... est souverain, ce qu'on appelle. Et ensuite il y a la Berne fédérale. Où là donc, c'est dirigé à l'échelle suisse, et là à Berne, on a deux chambres. On a ce qui s'appelle le Conseil des États et le Conseil national. Et ces deux chambres élisent ce qu'on appelle le Conseil fédéral qui est représenté par euh, sept euh... appelons ça ministres, on appelle ça conseillers fédéraux, mais. Ils sont sept. Chacun a donc un... un... un ministère, enfin euh... Que ça soit la donc, l'armée, la police euh... l'intérieur ou... justement le... Ben après qu'est-ce qu'il y a encore ? Ben, l'extérieur. Alors ces deux chambres, les deux chambres en Suisse elles fonctionnent. Le Conseil des États, c'est... deux représentants par canton. Et le Conseil f/ et le Conseil national, eux, ils sont, ils sont deux cents membres. Et là, bon, c'est représenté par euh... par parti. Alors pourquoi deux chambres ? Parce que le Conseil des États. Si t/ les deux chambres doivent être d'accord pour qu'un projet passe. Comme ça, comme le, les petits cantons au Conseil national sont peut-être peu représentés, puisque ils ont des, ils ont, ils sont peu puis que d/ au niveau des partis ben il y a peut-être qu'un représentant. Pour représenter le cons/ le, le, ces, ces cantons, ces petits cantons, on a créé le Conseil des États. Et comme ça les deux doivent être d'accord pour qu'un projet aboutisse.

第2章　グラン（ヴォー州）：スイス文化について

JE：　そう，そのレベルでは…あれがあるね…連邦のレベルというか…まあそうね。スイスの政治制度はコミューン（最小の地方自治体）から始まる。コミューンという自治 45
体とか，ヴィラージュという自治体とかがスイスにもある。あの制度もあるよ，あれ…で，今いった自治体は，ある程度まで物事を決める力を持っているというか，たとえば予算なんかについてね。その次のレベルにカントン（州）がある。州は政権の一部を担っているというか…自ら決定できることがいくつかある。たとえば，道 50
路とか，老人ホームとか，健康保険とかについてね。たくさんあるよ，州が…いわゆる統治権を持ってる。それからベルンの連邦レベルがある。それはつまりスイスという国レベルの統治で，ベルンには，議会が２つある。全州議会と国民議会だ。これら２つの議会が連邦参事会を選出するんだ。彼らは代表なんだ，うーん，７人 55
のその，「大臣」というか，スイスでは「連邦参事」という言い方をするんだけど，彼らは７人いる。それで，それぞれが…省を管轄して，つまりうーん…軍隊，警察…じゃなくて内務ね，あるいは…ほら…，それから何だろ？ああ，外務。つまり，この２つの議会，スイスの２つの議会が機能しているんだよ。全州議会は…各州から 60
２人の代表が出る。それから議会，国民議会は，200人のメンバーで構成される。そこでは，まあ，彼らは政党の代表なんだけど…。じゃあどうして２つの議会なのかっていうと。それは全州議会は…もしも…ある法案が通るには両方の議会が賛成 65
しなければならない。それで…国民議会だと小さな州にはほとんど代表がいない，彼らは人数が少ないからね，それで政党レベルでは１人しか代表がいないかもしれない。こうした州，これらの小さな州を代表するために，全州議会を設置してるんだ。こんな風に法案を通すために，２つの議会が賛成しなければいけない。 70

****

L44　男性形 fédéral [fɛdeʁal] (L44) と女性形 fédérale [fɛdeʁɑːl] (L53) を区別する。
L46　接尾辞 -age でも長母音が見られる。paysage(s) (L35, L38), villages (L46)。
L48　長母音が多数見られる。fondue [fɔ̃ːdy] (L3), raclette [ʁɑːklɛt] (L3), autonomie [otɔnɔmiːj] (L48), canton [kɑ̃ːtɔ̃ː] (L49), fédérale [fɛdeʁɑːl] (L53), chambres [ʃɑ̃ːbr] (L55), d'accord [dɑkɔːr] (L65)。
L53　語頭母音が弛緩し，半広母音の [ɛ] になる。échelle [ɛʃɛl] (L53), électeurs [ɛlɛktœːʁ] (L83), États [ɛta] (L55, L65)。

Alors le Conseil fédéral ils, où ils sont sept, c'est eux qui présentent les projets, et ensuite ces deux chambres délibèrent, se mettent d'accord et le projet est accepté. Et en Suisse, en... en Suisse, ouais, on a encore deux principes fondamentaux, c'est-à-dire on a... le peuple... peut être contre des projets, c'est-à-dire ils, il a le droit d'initiative et le droit de référendum. Alors, l'initiative euh, on doit récolter cent mille signatures. Ensuite ça passe en votation, ça veut dire que toute la Suisse doit voter. Et pour qu'elle passe, une initiative, il faut la double, majorité des cantons et du peuple. Ensuite, le droit de référendum bon, qui est surtout euh, opposé à des lois. Là, c'est que cinquante mille signatures et là qu'une majorité suffit, enfin la majorité absolue, au niveau des, des électeurs. Et puis, puis voilà.

第2章 グラン（ヴォー州）：スイス文化について

で，連邦参事会は7人の大臣で構成され，法案を提出するのは彼らで，この2つの議会が審議して，合意して，それで法案が通るんだ。スイスではね…スイスでは，さらに2つの重要な原則がある。つまり…国民が…法案に反対することができる，要するに発議権と国民投票権がある。で，発議権は，えーっと，10万人の署名を集めなければいけない。その後で投票にかける，発議権が通るためには，スイス中で投票しなければならないんだよ，全州と国民の過半数が必要なんだ。国民投票は，その，とくに法案に反対するためのものなんだ。5万人の署名と過半数を満たす，有権者の絶対過半数があればいい，で，まあそんなだね。

第3章 ヴェラス（ヴァレ州）：木工細工について

　ヴェラスは，この地方の中心地スィエール（人口15,000人）の北東2kmにある人口1,600人の村である。ヴァレ州のフランス語圏とドイツ語圏を分ける言語境界からは2kmのところにある。MSは1952年に低地ヴァレ地方で生まれ，アンケート当時は50歳であった。13歳までそこで暮らし，その後ヴァレ州の中央部で過ごし，25歳からヴェラスに住んでいる。配管工の教育を受け，バス・トイレの施工をして30年間働いたのち，現在は庭師として働いている。木工細工師であった父親や，自作のテーブルについて話している。録音は2002年にヴェラスのMSの自宅で行われた[1]。

MS : Et ensuite, lui s'est consacré à la menuiserie. Il est venu euh... menuisier. Un très bon menuisier.

EQ : Ben c'est lui qui parce qu'il paraît que vous avez tout fait même, hein ?

MS : Oui voilà. J/ peut-être que, même la table ici c'est moi qui l'ai faite. <EQ : Ah ouais ?> Voilà ouais. J'ai peut-être un petit peu, tiré de... <EQ : Ouais.> Ouais. De ce qu'il a f/, voilà. Alors cette table je l'ai fait, tout euh... même. Ça c'est un cerisier, que... un copain il avait dans un jardin. Et puis i/ le tronc était t/ vraiment très très beau, et puis comme j'étais avec Marco. Alors il lui a dit : « Tu pourrais pas me donner un coup de main, je dois... d/ foutre en bas ce cerisier. P/ i/ il est trop volumineux, il est au milieu du jardin, ça va pas. ». On a dit : « Volontiers, volontiers. ». Alors. On a dit : « Euh bon pour le travail on garderait bien le tronc. ». Il a dit : « Oh pas de problème. Tu as qu'à prendre le tronc, les branches tout ce que tu veux quoi. ». On a gardé le tronc. On a donné ça à une entreprise pour étuver. C'est-à-dire ils l'ont... ils l'ont fait en planches, découpé en planches, ils l'ont étuvé.

1　執筆者Helene N. Andreassen, Raphaël Maître, Isabelle Racineの原文を日本語版に際して適宜編集した。

第3章　ヴェラス（ヴァレ州）：木工細工について

MS： それから，彼は木工細工をやってたよ。彼は…木工細工師になってね。とても腕の　　1
　　　いい細工師だったよ。
EQ： その，彼が…で，これはあなたが全部作ったみたいですね…？
MS： そうさ。ここにあるテーブルもぼくが作ったんだ。＜EQ：ああ，そうなんですか？＞　5
　　　そうだよ。おそらくちょっと…＜EQ：ええ＞父にちょっと影響を受けたかもしれ
　　　ない，そう。このテーブルはぼくが作ったんだ…全部ね。桜の木で，友達の庭にあ
　　　ったものなんだ。幹がとってもきれいで，マルコと一緒にいたんだ。マルコが，「手
　　　を貸してくれないか，この桜の木を切り倒さないと…大き過ぎるから。庭の真ん中　10
　　　にあって，よくないんだ。」って言ったんだ。ぼくは，「いいよ，いいとも。」で，こ
　　　う続けた。「やるから，木の幹をもらいたいんだけど…」すると，「いいよ。幹も枝
　　　も，全部欲しいだけ持っていけばいい。」それで幹をとっておいたんだ。それをあ
　　　る会社に渡して乾燥してもらったんだ。つまり，木材にするのにね…切って木材に　15
　　　して，乾燥してもらったんだ。

****

L1　devenir「～になる」の意味でvenirを使用する。ヴァレ州，ヴォー州，フリブール州，ヌシャ
　　テル州，北仏，南仏，ケベック州でもこの用法が見られる。
L1　女性名詞で長母音を使用する。menuiserie [mønɥizʁiː]。
L1　音素 /v/ はふつう唇歯接近音 [ʋ] で実現される。例 venu (L1), vraiment (L8), veux (L14)。
　　後舌母音の前ではvolontiers (L11)のように [ʋʷ] になるか，voilà (L4, L5, L29, L38), vois (L19,
　　L20, L21, L22, L31) のように [w] になる。これはヴァレ州の俚言に特徴的な /v/ の音である。
　　丁寧に発音されたり，大げさに発音するときは [v] が現れる。volumineux (L10-11)。
L2　/ɔ̃/ は，[ɔ̃] と [ɔ̃ˁ] の間で揺れる。bon (L2), tronc (L8)。ヴァレ州の俚言に見られる特徴。
L7　「自分で」はFRでsoi-mêmeと言うが，MSはmêmeとだけ言う。これも俚言的な使用といえる。
L7　音素 /a/ はいろいろな実現形を持つ。Ça [sa] (L7), par la suite [pɑʁ] (L17), tu vois [wɔ]
　　(L19), table [taːbl] (L4, L6, L18)。
L10　foutre en bas「切り倒す」は俚言的な構文であるが，スイスに限られた用法ではない。
L11　/tj/ が [tɕ] と破擦化される。tient (L34, L38), Volontiers (L11)。
L12-13　on garderait bien le tronc で，最後の2音節 bien le tronc [bjɛ̃ltʁɔ̃] は，ヴァレ州に典型
　　的なイントネーションを持っていて，語頭の上昇が顕著である。このイントネーションには対話
　　者への同意を求める機能がある。
L16　transformer en「～に変える」の意味で faire en を使うのは方言である。

Et puis, par la suite comme j'avais un copain qui était menuisier, il m'a dit : « Ecoute, je te dis les astuces, pour faire une table pour pas que tu te trompes. ». Alors euh, tu vois qui... Tu vois que c'est fait en plusieurs euh... Si on regarde bien, tu vois des lignes ici <EQ : Oui, c'est vrai, ouais.>. Tu vois une ligne, une ligne, alors... La p/ la planche qui était large comme ça, on l'a sciée. En, en... tu vois, ça fait environ ces morceaux-là. Et puis on les a tournés. C'est pour pas que ça gondole. Et ça c'est rainé-crêté. C'est de nouveau collé. Et puis ç/ et puis ça refait de nouveau. C'est comme si c'était une grande planche, mais c'est... C'est tout euh... Si tu aimes mieux, une planche, elle est, on a pris un morceau comme ça. L'autre on l'a tourné. L'autre on l'a tourné. C'est pour pas que le bois travaille. C'est pour pas que ça fasse des gondoles. Faut que ça reste bien plat. <EQ : Bien plat ouais.> Voilà puis la planche qui est dessous, ben c'est carrément euh... <EQ : Une planche.> une planche. Une planche, tu vois, on voit l'écorce ici autour. Et puis ça on a fait la même chose ici alors c'est de nouveau... coupé collé, puis après découpé. Et puis... pour tenir l'ensemble, parce que ça tient seulement par cette cheville ici. Alors c'est un bois qui passe d'ici jusque là-bas au bout. On a... ic/ ils a, avec une euh... avec une mèche on a fait un trou ici à au milieu, de la planche. Et on a tapé cette cheville. <EQ : Ouais.> Cette cheville, elle pousse, contre le bois ici et la même chose de l'autre côté, comme ça, ça tient serré le... voilà.

すると大工の友達が,「テーブルを作るコツを教えてやるよ,失敗しないようにね。」
ほらね,複数の部分からできてるって分かるよね,いろんな…よく見るとここに線 20
があるだろう＜EQ：うん,ほんとだ,ある。＞ほらここに1つ,ここにも,で…板
がこんなに大きいから,のこぎりで切ったんだ。ほら,だいたいこんな大きさにす
るんだ。それをひっくり返して。ゆがまないようにね。で,これが,さねはぎ（板
の接合方法のこと）だよ。もう1度貼りつけて,それで,こうするとぴったりくっつ
く。元に戻るんだ。まるで1枚の大きな板のようにね,でも…これは全部…何って 25
いうか…違う風に説明すると,1枚の板は…えーっと,こんな風に一部取って,とな
りの一部をひっくり返して,でまたとなりの一部をひっくり返して…木材が変形し
ないようにね。ゆがまないように。ちゃんと平らにしないと。＜EQ：ちゃんと平ら
に。＞ほら,下の方の板は完全にえーっと…＜EQ：一枚板ですね。＞一枚板。一 30
枚板だよ,この周りに樹皮が見えるだろ。で,こっちも同じようにやった,もう一
度…切ってくっつけて,切断して。それから…全部くっつけておくために,この楔
だけでくっついているからね。これは木でできていて,ここから先端まで通ってる 35
…錐で板の真ん中に穴をあけたんだ。そしてこの楔を打ち込んだ。＜EQ：はい。＞
この楔は木を強く押していて,向かい側も同じ,こうね,しっかり固定している。

****

L17 /ɛ̃/ が二重母音化している。cop<u>ain</u> [ɐɛ̃] (L17), jard<u>in</u> [ɔɜ̃] (L8)。

L33 釣鐘型のイントネーションが l'ensemble (L33) と cheville (L37) に見られる。V.1.2.5. 図
     3 (p.139) を参照。

L36-37 ［訳注］on a tapé cette cheville は,FR ではふつう on a enforcé cette cheville という。

第VI部 | アフリカと海外県・海外領域圏（DROM）

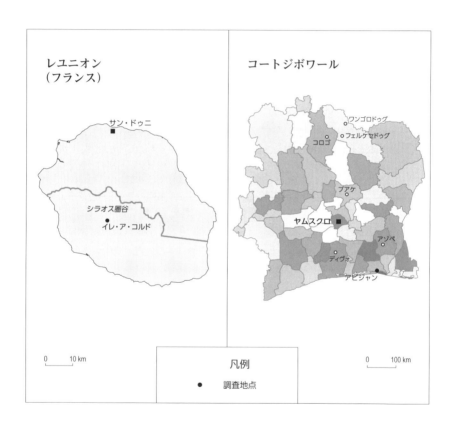

第1章　アフリカと海外県・海外領域圏のフランス語：概略[1]

1. はじめに

　アフリカやインド洋のフランス海外圏に住んでいるフランス語系住民の正確な数を知ることは難しい。フランコフォニー国際機関（OIF）（p.xii の地図）の2007年の報告によると，世界のフランス語系住民の50%はアフリカに住み，そのうちの10%がマグレブ諸国[2]に住んでおり，ヨーロッパに住んでいるのは，もはや全体の42%に過ぎない。このように21世紀に入り，世界のフランス語系住民の人口比は，ヨーロッパよりもそれ以外の地域の方が高くなったわけであるが，この逆転現象は今後さらに強まるであろう。

　ここで扱う諸地域において，フランス語は同じ地位と機能を持っているわけではない。海外県・海外領域圏[3]においては，フランス本国と同じようにフランス語はただ1つの公用語である。また，フランス語はサハラ以南にある多くのアフリカの国々においても公用語である。これに対してマグレブ諸国では，比較的最近のことであるが，フランス語が公用語ではなくなった。

　それぞれの国によってフランス語の地位は異なり，その機能は同じ国の中でも違っている。フランス語がマグレブ諸国のように公用語と競合していたり，セネガル，マリ，中央アフリカのように国語と競合している場合，フランス語の使用は文学，学校，行政，メディアなどの公の分野に限られる。ブルキナファソの首都ワガドゥグのように，全ての話し手に共通する現地語が何もない都市部では，フランス語が媒介言語として用いられる。コートジボワール，ガボン，カメルーンでは，フランス語が近所や家庭での会話や都市での日常生活の中で用いられる。これら全ての国では，多くの人が2言語を併用するものの，フランス語しか話せない相当数のフランス語母語話者もいる。このような状況は教養のある上流階層だけに限ったことではない。コートジボワールの都市に住む若者の大半，とくにサービス業に従事する若者たちにもこのことが当てはまる。

1　執筆者 Béatrice Akissi Boutin の原文を日本語版に際して適宜編集した。
2　モロッコ，アルジェリア，リビア，チュニジアなどの北西アフリカ諸国の総称。
3　2018年現在，DROM は12ある（http://www.outre-mer.gouv.fr/les-territoires）。

言語変異は言語の基本的な特徴であり，それには規範の問題が当然つきまとう。話しことばのフランス語には大きな言語変異が見られるのだが，フランス語は同時に，最も規範的で体系化された言語でもある。本章の目的は，歴史学，社会言語学，言語政策の諸観点から，互いに共通点のほとんどないアフリカや他の地域におけるフランス語のダイナミズムを記述することである。アフリカとDROMの国や地域に共通していえることは，フランス語は植民地時代の遺産を表すものであり，植民地時代の特徴を色濃く残す人々によって話されているということである。アフリカとDROMにおけるフランス語の状況を説明する前に，フランス語が植民地でどのように定着したのかについて考えることにしよう。

2. 植民地におけるフランス語定着の歴史

　フランス語がサハラ以南のアフリカに定着したのは，ここ100年ほどのことである。マグレブ諸国よりも少しだけ古い。他方DROMでは，フランス語は数世紀前に導入された。ただし，奴隷を大規模に強制移住させ，長期間にわたる入植が行われたギアナ，カリブ海，インド洋の地域では，農業や鉱山の経営だけを目的として入植が行われたため，ヨーロッパ出身者が少なかった。これはフランス語が家族の中で維持継承されたアフリカの地域とは事情が異なっている。マグレブにはまた別の状況がある。マグレブ諸国では，19世紀末にフランスの保護領になる以前から少数民族が定住しており，20世紀後半まではフランス人も多く住んでいた。フランス語の定着時期を考えるには，フランス語を母語とする話者が植民地に住んでいるかだけでなく，そこに定着したフランス語の変種や規範の圧力が違っていたことも考慮すべきである。実際，アメリカやインド洋が植民地化されたときには，17，18世紀のフランス西部の地域フランス語が話されていたのに対し，アフリカが植民地化されたときには，海外に移住した経営者や行政官の話す19，20世紀の比較的均質なフランス語が長期間にわたって使用された。

　カリブ海とインド洋の植民地では，地域フランス語の活力がクレオル言語[4]を生み出す条件となった。クレオル言語の誕生は特異であり，不可解な部分がある。

---

4 「異なる言語を話す人々が意志疎通のために臨時にあみだした簡易な音声言語コードが慣習的体系として確立したものをピジンという」（亀井・河野・千野 1996：1104）。「ピジン言語が母語化したものを，クレオール言語ないしクレオル言語という」（亀井・河野・千野 1996：313）。

最も有力な仮説では2つの段階が想定される。第1段階では，17世紀に帰国する予定もないままに入植した，零細経営者たちの話す地域フランス語が規範の圧力から遠く離れ，変化していく。第2段階は，様々な第1言語を持つアフリカの奴隷たちが到着したときから始まる。彼らは，独自の学習ストラテジーを用いて，植民地の言語を身につけていった。この第2段階が，クレオル言語という自律的な言語体系を出現させることになった。

　アフリカに植民地が形成される際には，2つのフランス語変種が広まった。第1の変種は，フォーマルで洗練されたフランス語であり，それを身につけた者はエリート街道を歩む望みを持つことができた。第2の変種は，初歩的なフランス語であり，便利な媒介言語として，都市でも農村でもあらゆる階層に普及した。初期の時代から受け継がれるこうしたアフリカの民衆フランス語は，カリブ海やインド洋のクレオル諸言語とは状況が全く異なっている。アフリカの人々は，上述の2つの変種を非公式に学んだり，学校制度の中で学んだりと，様々な学習対象として学んだ。アフリカの国々では，どのアフリカ系言語も媒介言語の役割を果たすことができなかったため，アフリカ人同士のコミュニケーションのためにフランス語が媒介言語として用いられた。教養ある人々によって話されるFRとは別に，非公式な学習を通して，いろいろな文化的・言語的要因に順応しながら，アフリカの民衆フランス語が発展を続けたのである。アフリカでは，フランス語と接触していたアラビア語，ベルベル語，アフリカの諸言語のような現地語が，植民地行政によってずっと無視されてきた。というのも，19世紀から20世紀初頭にかけて，フランス語こそがフランス文化を媒介し，文明と合理化のための道具であるとする言語イデオロギーがフランス本国にあったからである。こうしたフランス語のイメージが流布していたことを示す例がある。16, 17世紀のギアナや島々で話されていたフランス語には，まだそうした言語イデオロギーがなかった。にもかかわらず，ダイグロシアの状況では，フランス語が既に高位変種の機能を果たし，他の言語は低位変種になっていたのである。ギアナではマグレブ，セネガル，マリ，トーゴ，中央アフリカ等と同じように，フランス語は長い間，文学，学校，行政，メディアなどのフォーマルな場で使用された。他方，クレオル諸言語，アラビア語，ベルベル語，アフリカの諸言語といった言語は，日常のやり取り，商売，家庭生活，親しい会話，冗談等で用いられた。

3. アフリカとDROMにおけるフランス語の現状

　それぞれの国は，20世紀後半に独立を達成するまでの間に，公用語の選択を行ったわけであるが，マグレブ，サハラ以南のアフリカ，インド洋の国々で事情は異なっていた。フランスの主権下に置かれていた旧植民地，とくにDROMにおいては，フランス語がただ1つの公用語であり続けた。アフリカでは先住民によって独立が勝ち取られ，新たに独立した国々の大半において公用語として選ばれたのはフランス語であった。マグレブ諸国とマダガスカルだけは，フランス語に公用語の地位を与えなかった。いずれの場合も，独立後に政治的，経済的，社会的な理由からフランス語が並外れた拡大を見せた。フランス語がこのように急速に拡大したのは，フランス領とサハラ以南のアフリカ諸国では，政策的にフランス語が強要され，フランス語による教育が行われたからである。しかし，フランス語のイメージにもその原因を求めることができる。フランス語は社会での地位向上を推し進め，科学知識や技術を得るための言語であり，フランス語は英語とは違う世界への可能性を表す扉であった。アフリカとDROMとでは状況が同じではないが，フランス語の現地語化は，ここ50年ほどの間に始まった。少し前から，とくに都市部で，フランス語が近所や家庭といった日常生活の中で用いられるようになり，多くの話し手にとって第1言語になり，話者人口はどんどん増えている。彼らの多くが2言語併用者であるが，DROMやサハラ以南のアフリカのいくつかの町では，フランス語しか話せない者もいる。しかし，フランス語が現地語化することによって，現地独自のフランス語が形成され，フランス語を通して他のフランス語圏との相互理解を実現するという理想はかえって難しくなった。フランス語が外国語として用いられ，学校やフォーマルな場だけで用いられている限り，フランス語はFRに近い状態であり続ける。しかし，フランス語が日常生活に入り込み，現地語化が起きると，現地のフランス語が独自の発展を遂げて，FRから遠ざかっていく。ここ30年の間にフランス語は，栄光の座から転がり落ち，より日常的な状況に順応した変種へと多様化し，他の言語から単語を借用したり，同じやりとりの中でコード・スイッチング[5]するようになった。隠語が広く用いられ，コートジボワールのヌシ[6]やカメルーンのカムフラング

---

5 「会話の最中に言語（または変種）が切り替わること」（山下 2015：89）
6 ヌシnouchiは，1980年代初頭にアビジャンの非行少年や子どもたちが隠語として使い始めた

レ[7]のように，若者たちの話しことばとなり，とくにラップでよく用いられる。ダイグロシアは少しずつ消え去り，狭い地域の言語規範が出現することで，フランス語のイメージがアイデンティティーの象徴となる。マグレブ，サハラ以南のアフリカ，DROMでは，コード・スイッチングに頼りつつも，FRとはかなり異なるフランス語の変種が増えており，それらに与えられる価値も様々である。

　今日では，フランス語の変異は，英語に匹敵するほどの広がりを示している。このことは豊かで多様な歴史の賜物である。それゆえ，言語教育者や研究者の間では，FRと現地のフランス語とその隣接言語をどのように位置づけるべきか，そこから必然的に生じる言語の上下関係について議論がなされている。理想をいえば，FRは学校や国際放送を通じて触れることのできる言語なのであろうが，実際には，複数の変種がFRの中に入り込んでおり，FRと現地のフランス語を区別するのは困難になっている。従って，どんなフランス語の会話であっても，その中から現地の変種を排除しようとすると，程度の差はあるにせよ，言いたいことがうまく言えないという不安がつきまとう。真の意味で，複数のフランス語変種を身につけることは，とても難しいことなのである。

4. 収録音声

　日本語版に収録することができたのは，アビジャン（コートジボワール）とレユニオン（インド洋）の例だけであり，様々な地域で話されているフランス語の主な特徴を説明することにはならない。コートジボワールとレユニオンの会話には，共通の言語特徴が見られるが，その特徴の大部分はコートジボワールとレユニオンに固有のものではなく，むしろ，話しことばのフランス語に共通する特徴である。たとえば，発話の小辞を使用したり，提示詞や挿入節を伴った構文を用いる。一方，休止，ためらい，繰り返しに交話機能を持たせたり，連辞ではなく，単語にアクセントを置くといった特徴は，おそらく，アフリカとDROMの地域に固有の特徴といえるであろう。レユニオンの会話では，フランス語とクレオル言語とのコード・スイッチングが起きている。

　　民衆フランス語と現地語の混合語である（Diao-Klaeger 2015：519-520）。
　7　カムフラングレCamfranglaisについては，1970年代のカメルーンですでに報告がある。英語あるいはピジン英語と現地語から語彙を借用して用いる話し方である（Diao-Klaeger 2015：520-521）。

第Ⅵ部　アフリカと海外県・海外領域圏（DROM）

第2章　アビジャン（コートジボワール）：1960年代の波乱に富んだ学校生活について

　アビジャンは，コートジボワール南西部のギニア湾内に位置し，400万人を超える同国最大の都市である。フランス語は，コートジボワールの唯一の公用語であり，社会の媒介言語である。フランス語話者の多くは，約60ある現地語との2言語併用，あるいは，多言語併用の話者である。SNは，収録当時48歳の女性で，フランス語教師であった。第1言語はバウレ語[1]であり，コートジボワールの国民の多くがそうであるように，SNにとってフランス語は第2言語である。EQは，当時，言語学を専攻する博士課程の学生であった。彼はSNの知り合いではないため，改まった言葉づかいをしている。録音は，2004年に，SNの勤務地であるアビジャンの庶民的な地区にある職業訓練校で行われた[2]。

EQ： Euh, jusqu'à ce jour, vos domiciles successifs ? C'est-à-dire <SN : Hum.> depuis que vous êtes née jusqu'à maintenant quels sont <SN : Oui.> les lieux, les quartiers, les communes que vous avez habités jusqu'à aujourd'hui ? En donnant à chaque fois le nombre d'années, c'est-à-dire, euh <SN : Le nombre d'années, hein ?>...

SN： Depuis mon enfance ? <EQ : Oui.> Je, je s/ je maîtrise pas trop, hein.

EQ： Mais allez-y, euh, <SN : Un peu, un peu.> si vous en avez souvenance.

SN： Bon, euh... Comme je l'ai dit, quand j'étais petite, j'étais au village jusqu'à l'âge de trois quatre ans. Et là, euh... j'ai ma grand-mère, la tante à ma maman qui est venue me récupérer pour m'amener à Divo. Là, <EQ : À Divo.> et en quatre ans, trois ans, quatre ans, je peux pas maîtriser, donc, j'ai fait un moment à Divo, et l'oncle est venu me chercher pour m'amener, à, Bouaké. À Bouaké, <EQ : Et à Bouaké, ça c'était ?>. Là c'était dans les années, soixante euh... cinq par là,

---

1 「ニジェール・コンゴ語族に属し，コートジボワール中央部，バンダマ川とンズィ川の間のサバンナ地帯を中心とするコートジボワールの重要言語である」（清水 1992：86）
2 執筆者 Béatrice Akissi Boutin が執筆した原文を日本語版に際して適宜編集した。

第2章　アビジャン（コートジボワール）：1960年代の波乱に富んだ学校生活について

EQ ：　えーっと，今までにあなたが住んだところは？つまり，＜SN：ええ。＞あなたは生　　1
　　　まれてから今までどんな＜SN：ええ。＞場所，地区，町に住んでおられましたか？
　　　それぞれ年数も教えてください，つまり，その＜SN：年数，ですね？＞…　　　　　　5
SN ：　子どものときから？＜EQ：はい。＞私，私，あまりわからないかも。
EQ ：　まあ，でもお願いします，ええ，＜SN：すこしね，すこしだけ。＞覚えていればと
　　　いうことで。
SN ：　じゃ，えーっと…さっき説明したように，子どもの頃，3歳か4歳までは，村にい
　　　ました。それから，その…祖母，つまり母の叔母が，私をディヴォへ連れてきまし　　10
　　　た。そこで，＜EQ：ディヴォへですね。＞で，4年かな，3年かな，よく覚えてな
　　　いですが，しばらくディヴォにいました。それから，叔父が私をブアケに連れてき
　　　ました。ブアケで，＜EQ：で，ブアケは…いつ頃です…＞1965年ごろのことで，
　　　えーっと…1964年か65年あたりです。
****

　　コートジボワールの地名についてはp.154の地図を参照。
　L9　　grand'mère [grãmɛ(ə)] では，/R/音はなく，シュワーのように聞こえる。chercher [ʃɛ(ə)ʃe]
　　　　(L13), leur cité [lœ(ə)site] (L23) も同じ。
　L12, L17　　maîtriserは，FRのdominer「全体を把握する」の意味で用いられている。je peux pas
　　　　maîtriserは，「全体がわからない」の意味。
　L12, L20　　doncは「それゆえ」という因果関係ではなく，発話を連結するのに使われている。
　L12　　シュワーが [e] と発音される例が多くある。venu (L12), petite (L27), amenée (L29) 等。
　L12　　l'oncleはmon oncleの意味。

soixante-quatre soixante-cinq. On est resté à Bouaké Air France, où on m'a scolarisée, et j'ai commencé le CP1. Là étant vraiment toute villageoise, je n'ai pas pu maîtriser... le coin. Et, il a été affecté au Nord.

EQ : Donc à Bouaké, vous avez fait combien d'années ?

SN : Un an. <EQ : Un an.> Voilà. Euh, le CP1, et puis j'allais au CP2, et là, on est parti sur le Nord, à Ferkéssédougou. Donc de Ferké, on est resté un moment. Euh, le quartier qu'on habitait, c'était un quartier de fonctionnaires, euh... de Travaux Publics. Et les fonctionnaires de Travaux Publics, euh, avaient, euh... <EQ : Leur cité.> comme leur cité. Voilà. Aux alentours même de leurs services. Donc on était logé dans le, ce cadre-là. Et là, j'ai fait euh... peut-être euh cinq à six ans là. Avec lui. Et puis euh... quand j'allais au CM2, enfin, la, ma deuxième année au CM2, où je reprenais mon Certificat d'Études, pour une petite punition, on m'a envoyée un peu plus au Nord encore.

SN : Et on m'a amenée, maintenant, à Nabingué. Euh... Nabingué, ça c'est vers Khorogo, hein. Et, j'ai fait mon CM2 là-bas, et j'ai obtenu mon Certificat d'Études. À Ouangolodougou, on a passé l'entrée en Sixième et les épreuves physiques. Et quand j'ai eu mon entrée en Sixième, je suis revenue à Ferké, où j'ai commencé le... la Sixième. Là, c'était en soixante-douze là, et, donc euh... j'ai commencé la Sixième là. Et puis, après la Sixième, on a été affecté encore à Adzopé.

SN : Et... à Adzopé, on était aussi dans le quartier des fonctionnaires, puisque étant toujours aux T.P. il était, euh... le che/, on appelait en son temps, Chef Secteur, des T.P. C'est lui qui s'occupait des... ouvriers qui nettoyaient les abords des routes, en son temps. Là, c'était nettoyer tout. Et là, on est resté de s/soixante... douze, soixante-douze soixante-treize à, euh... soixante-quinze à, euh... Adzopé. Jusqu'à ce que j'aille en Troisième. Et là encore, euh... on a eu une affectation. Et là, comme j'allais en classe d'examen, je suis restée à Adzopé, avec maintenant un tuteur.

第2章　アビジャン（コートジボワール）：1960年代の波乱に富んだ学校生活について

　　　　 ブアケのエール・フランス地区にいました。そこで学校に入って，小学校1年から　15
　　　　 始めました。でも，ずっと小さな村で育ってきたから，地区全体を把握することが
　　　　 できませんでした。そして，叔父は北部に配属になりました。
EQ：　ということは，ブアケにあなたは何年おられたのですか？
SN：　1年。＜EQ：1年。＞そう。その，小学校1年，それから小学校2年になりました，
　　　　 で，私たちは北部のフェルケセドゥグに来ました。で，フェルケに，しばらくいま　20
　　　　 した。えーっと，住んでいた地区は，公務員地区で，その…土木事業のです。土木
　　　　 事業の公務員が，えーっと，えー…　＜EQ：彼らの団地。＞そう，彼らのための団
　　　　 地みたいでした。そう。彼らの職場の周辺に。で，私たちはそこに住んでいて，こ
　　　　 んな状況でした。そこには，えーっと…たぶん5，6年はいました。叔父とね。それ　25
　　　　 から，えーっと…小学校6年生の頃，そのときは，6年を留年して教育修了試験を
　　　　 もう一度受けるために勉強していたときでしたが，ちょっとしたことで，罰を受け
　　　　 て，また，ちょっと北のほうへ送られました。
SN：　で，私はナビンゲに連れて行かれました。えーっと…ナビンゲ，その，コロゴのほ
　　　　 うです。そこで小学校6年を終えて，教育修了証書を手に入れました。ワンゴロド　30
　　　　 ゥグで，中学校1年に入るための試験と体力テストを受けました。で，中学校1年
　　　　 の試験に合格して，フェルケに戻ってきました。そこで中学校…中学校1年を始め
　　　　 ました。1972年のことです，で，えーっと，中学校1年が始まりました。中学校1
　　　　 年を終えてから，アゾペにまた転勤になりました。　35
SN：　それで…アゾペでも公務員地区にいました，いつも土木事業の地区で，叔父が仕事
　　　　 していて，えーっと…そのときは土木事業の「課長」でした，当時は，そんな言い
　　　　 方をしてました。道路周辺を掃除する労働者たちを担当していました。全部掃除す
　　　　 るという作業でしたね。それで，そこにいました，1972…，1972年か73年から，　40
　　　　 えーっと…1975年まで，その…アゾペで。中学校4年になるまであそこにいまし
　　　　 た。そこでまた，その…また（叔父の）配置転換がありました。で，そのときは進
　　　　 学クラスに通っていたので，私はアゾペに残りました，そのときからは，後見人と
　　　　 一緒にいました。

****

　　L15, L16, L20　　resté, Air France, scolarisée, Ferkéssédougou, Ferké等の /R/ 音は舌尖震え
　　　　音 [r] である。
　　L16　　CP1はcours préparatoiresで，6年制小学校の1年。コートジボワールの教育制度はフラン
　　　　スの制度に似ている。
　　L16, L17　　vraimentとmaîtriserでは，/R/ は舌尖あるいは歯茎震え音。
　　L17, L28　　Nordは [nɔ:] と発音され，/R/ は前の母音を長音化する。

Où j'ai passé l'entrée en six/ euh, comment dirais-je le BEPC, encore 45
difficilement. Parce que, euh... la, la vie qui m'était réservée maintenant n'était plus la même. Parce que étant chez un tuteur, un chauffeur, et ses femmes étaient des commerçantes, donc... on peut dire c'est moi-même qui faisais tout le travail de la maison. Le ménage, aller chercher de l'eau au puits matin très tôt à cinq heures du matin, et balayer 50
pendant que les femmes sont parties (XX) et autre, Monsieur aussi est parti. Il était transporteur en son temps. Et... donc je faisais tout le boulot, donc je n'ai même pas pu obtenir euh... mon BEPC. Et, donc, euh, quand l'oncle a compris, l'année s/ qui a suivi, eux, ils étaient affectés à Divo. Et puis je suis restée à Adzopé, donc je les ai rejoints à 55
Divo. Soixante-seize, soixante-dix-sept. Et, c'est là maintenant que j'ai eu, euh... mon BEPC. Et là encore, on était dans le quartier résidentiel. On était voisin du Secrétaire Général de Préfecture. Donc, on était vraiment dans une grosse euh maison. Et là, euh, j'ai eu quand même un peu de chance, et là, j'ai pu avoir mon examen. Et... j'ai eu mon BEPC. 60
Lorsque j'allais en Seconde, euh, mon oncle aussi, ayant franchi les étapes euh, de concours professionnel, était en son temps inspecteur de Pernet. Voilà. Et... Donc, il avait décidé que j'allais faire le journalisme et il voulait m'envoyer à l'extérieur et tout, pour que j'aille continuer les études. 65

で，私は合格したんです，えーっと，えー，1年生の…じゃなくて，なんでしたっ 45
け，中学校終了試験に，合格するのは大変でした。なぜって，その…そのときの私
の生活は，前の生活と状況が全く違っていました。後見人の家にいて，その人は
運転手でしたが，彼の妻たちは商売人だったので，私が家事を全部やっていたん
です。早朝，朝の5時に，井戸へ水汲みに行って，妻たちが家にいない間に掃き掃 50
除をする (XX) とか。主人も家には (あまり) いませんでした。彼はそのときは運
送屋でした。だから私は家事すべてをやっていました。で，(1回目の) 中学校修了
試験に合格することができませんでした。で，えーっと，叔父が状況を理解してく
れて，翌年，彼らはディヴォに配属されました。私はアゾペにいたのですが，叔父
らと一緒に住むためにディヴォに行きました。1976年か77年あたりです。その… 55
そこで中学校修了試験に合格しました。そのときもまた (公務員の) 居住地区にい
ました。県庁の事務局長の隣でした。なので，ほんとに大きな家にいました。その
ときちょっと運よく，一応，試験に合格できて，中学校修了証明書を手に入れまし 60
た。で，高校1年生になって，そのときは，叔父も仕事の検定試験に合格していま
したから，昇進して，ペルネの監督官になりました。そう。で，叔父は私にジャー
ナリズムを勉強してほしくて，私を外国のどこかへ送り出そうとしました，私が勉
強を続けられるようにです。 65

****

L47　chez un tuteur は，FR ではリエゾンする確率が高いが，ここではリエゾンしない。
L60　軟口蓋閉鎖音 /k/ と /g/ は，脱落するか声門閉鎖音になる傾向がある。examen (L60) が [ɛzamɛ̃]，あるいは [ɛʔzamɛ̃] に，fonctionnaires (L36) が [fɔ̃ʔsjɔnɛː] に，Chef Secteur (L38) は [ʃɛfsɛʔtœː] になる。
L63　faire le journalisme は，FR では faire du journalisme という。

第3章　イレ・ア・コルド（レユニオン島）：電話と道路の登場について

　レユニオン島は，マダガスカルから東へ700kmのインド洋上にある旧フランス植民地で，1946年からはフランスの海外県である。人口約70万人のレユニオン島では，フランス語が唯一の公用語である。レユニオン島には，FRとレユニオンの地域フランス語（FRR）という2種類のフランス語の規範があり，ダイグロシアの状況が見られる。

　FRは収録当時83歳であった。彼女は，レユニオン島中央のシラオス圏谷にある，人口431人のイレ・ア・コルド村で生まれ育った。EQはノルウェー人女性で，FRはEQの女友達の大叔母にあたる。FRは，クレオル言語を第1言語とし，学校や読書を通じてフランス語を学んだ。会話には，さらに女性NRも参加している。ここでは村の歴史と発展について話している。1969年に水道，1979年に電気，1987年に電話が敷設された。インタビューであるため，比較的改まった文体を用いている。録音は2005年4月にFR宅で行われた[1]。

FR： Ensuite, en soixante-dix-neuf, on n'avait pas de lumière. On a eu la lumière pour Noël soixante-dix-neuf. C'était notre cadeau. Et en quatre-vingt-sept, il y avait pas de déph/ téléphone. Il y avait qu'un seul téléphone hertzien. Parfois, on n'avait pas ces communications, on n'avait rien. Il fallait sortir d'ici pour aller devant l'épicerie, loin là-b/ là-bas au lieu d'ici donc ça a été loin, hein. Parfois, *mi arivé, mi gagné pa*, eh bien. Un jour j'ai pris comme un... sorte de, de colère. J'ai fait une demande. On m'a dit : « Non, il y a pas, il y a pas de... ». On m'a cité un tas de trucs, il n'y en avait pas. Mais entretemps j'ai fait des demandes pour une vingtaine de... personnes. Parce que pour être approuvé, il fallait avoir au moins vingt, vingt demandes.

1　執筆者Guri BordalとGudrun Ledegenの原文を日本語版に際して適宜編集した。

第3章　イレ・ア・コルド（レユニオン島）：電話と道路の登場について

FR： で，1979年には電気がありませんでした。1979年のクリスマスに電気が来たんで　　1
　　　　す。私たちにとっては贈り物のようなものでした。1987年までは電話もありません
　　　　でした。ヘルツ式の電話が1台あっただけです。ときどき通じませんでした，何に
　　　　もありませんでした。ここではなく，あっちの遠くの食料品店までここから行かな
　　　　ければなりませんでした。だから，遠かったですね。時にはそこに行っても，無駄　　5
　　　　足だったこともありました (mi arrivé, mi gagné pa)。そう。ある日，私は何とい
　　　　うか怒りを感じました。(電話を設置してもらうための) 嘆願書を作りました。「ダメ
　　　　です，あれがないですから」と言われました。さんざん言い訳をいわれて，だめで
　　　　した。でも，その間に，20人の…20人ほどの嘆願書を集めました。承認されるに　10
　　　　は，少なくとも20, 20人の嘆願書が必要だったんです。

****

L1　FRRでは [ɑ̃] が [ɔ̃] になる。Ensuite [ɔ̃sɥit], en [ɔ̃]。
L6　クレオル言語にコード・スイッチングしている。FRで j'arrivais, je n'y arrivais pas.
L7　FRRでは /R/ が脱落し，その代わりに前の母音が長音化する。colère [kɔlɛːə], venir [vəniːə]
　　 (L13), part [pɑː] (L28) 等。
L8　FRRでは順行同化が起き，先行する音が後続音を同化して，[nd] > [nː], [mb] > [mː] になる。
　　 demande [dəmɑ̃ːː] (L8, L10, L25), jambe [ʒɑ̃ːː] (L48), chambre [ʃɑ̃ːː] (L75) 等も同じ。

Et comme le dimanche, Monsieur le maire, qui... m/me fait qui me fait dire de venir, il y a... à dix heures une réunion d'adjoints. *Ma di* pas de meilleure occasion de porter ma réponse. Je lui porte la réponse, et lui il dit, et lui, qua/, quand il était, il avait beaucoup de soucis là. Il mettait ses pieds sur le euh... bureau. J'arrive, je dis : « Bonjour, Monsieur le maire. ». « Bonjour, Mademoiselle (XX). ». Il parlait comme ça, il me parlait comme ça. Mais c'était un bon vivant, hein. « *Ti koné kom/, pourkwé ma apèl atoué ?* ». Mais *mi di* : « Il faut que vous me dites. ». Comme ça. « Parce que là, je vais... à là, là je vais, à... au sénat là. Mercredi prochain, et il faut, on a besoin d'argent. Et il faut que tous les adjoints me donnent leur aval. » *Mi di* : « Ben si c'est rien que ça même. Si c'est rien que ça même, Monsieur le maire, ben, vous pouvez y aller, hein. ». *Mi di* : « Moi aussi, j'ai quelque chose à vous dire. ». « Alors, *ko sé, koi i lé, koi i lé ?* ». *Di* : « Voilà, j'ai fait une demande. », et *di* : « J'ai eu la réponse, voilà. » Il appelle son secrétaire. Et il dit : « Bon allez, fais une copie ce/ de cette lettre-là pour moi, je porte ça, là-bas, au... au sénat et on verra. ». Il part mercredi, le vendred/, il arrive vendredi. Le lundi après, tout de suite on a commencé à fouiller les, les, les trous pour les poteaux. Alors, il fall/, il a fallu faire un petit truc. Mais lui il n'a pas vu malheureusement, le téléphone arriver à... à la, à Ilet à Cordes, parce qu'il est mort, avant.

NR : Comment il est mort, lui ?

FR : Ben, il avait, il est mort à l'hôpital, il avait... Comment s'appelle, il avait, il avait, le diabète. Mais il ne se privait pas, il mangeait n'importe quoi.

第3章 イレ・ア・コルド（レユニオン島）：電話と道路の登場について

で，日曜日に，村長さんから…来るように言われました，村長さんからです。10時に助役の会議があると。嘆願書のことを伝える絶好の機会だと，自分に言い聞かせました (Ma di)。それを村長のところまで持って行って，で，彼はこう言いました…あの，村長はたくさん懸案を抱えているときは，いつも机の上に足を乗せていました。部屋に入ってから，「こんにちは，村長さん。」と言いました。村長さんは，「こんにちは，お嬢さん」。彼はこんなふうに話していたんです，私に対しても，同じように話してくれました。そう，気さくな人でした。「おわかりですか，なぜ呼ばれたのか (Ti koné kom/, pourkwé ma apèl atoué ?)」。で，私は，「言ってください」って言ったんです (mi di)。こんなふうに（言いました）。「元老院に，元老院に行くからですよ。次の水曜日にね。お金が必要なんです。で，助役は全員，私に手形の保証を渡さなければなりません」と言いました。私はこう答えました (Mi di)。「でも，それだけでしたら，問題ないですよ，村長さん，元老院には絶対に行けますよ。」そして，私はこう言いました (Mi di)，「私もあなたに言いたいことがあります」「さて，何ですか？　それは何です (ko sé, koi i lé, koi i lé)」。私は彼に (Di)「これを嘆願します。」すると「こんな返事をもらいましたよ，ほら」と返事がありました (di)。彼は秘書を呼んで言いました。「そこの，その書類のコピーをとってください，それをあそこへ，元老院へ持って行きましょう。でも，どうなるでしょうかね」。彼は水曜日に出発して，金曜日に（元老院に）着きました。すると，次の月曜に，電柱のための穴を掘る工事がすぐに始まりました。ただ，ちょっとしたことをする必要があったんですが。結局，残念なことに，村長さんはイレ・ア・コルドに電話が敷設されるのを見ることができませんでした，その前に亡くなったんです。

15

20

25

30

NR：　村長さん，どうして亡くなったのですか？
FR：　えーっと，彼は病院で亡くなりました，村長さんは…，何というか，その，糖尿病だったんです。なのに節制はしませんでした，何だって食べていました。

35

****

L13　クレオル言語へのコード・スイッチング。FRでJ'ai dit/je me suis dit.
L18-19　クレオル言語へのコード・スイッチング。FRでTu sais comm/pourquoi je t'ai appelé ?
L19　クレオル言語へのコード・スイッチング。FRでje lui dis.
L19　il faut queの後で動詞が接続法disiezにならない。これはFRRの特徴である。
L22　donnent leur avalは上品な文体に属する。
L22　Ben si c'est rien que ça même.では，FRRのmêmeは強意を表す。
L25　クレオル言語へのコード・スイッチング。FRでc'est quoi, qu'est-ce que c'est, qu'est-ce que c'est ?
L31　il n'a pas vuのように否定辞のneが8回落ちていない。脱落した例は9つある。これは改まった会話であることの証拠である。

EQ : D'autres changements ?

FR : Oui, depuis la route, il y a beaucoup de changements. D'abord, il y a toutes les voitures, qui sillonnent. Après, qu'est-ce qu'il y a encore ? Il y a l'hé /, l'hélicoptère aussi. Ben, bien avant, avant la route, il y avait l'hélicoptère, il faut remarquer parce que, quand j'ai eu mon... ma fracture du tibia l'hélicoptère est venu me prendre dans le fond de la rivière.

NR : Un tour d'hélicoptère, alors ? <FR : Hein ?>. Un petit tour en hélicoptère ?

FR : Ben non, *mi*, je n'aurais pas fait, pour, à cette façon-là, pour sortir d /. À sept heures, hein. À sept heures le soir, hein. Depuis quatre heures, j'avais la jambe, fractirée cas /, ca /, fracturée. Je la maintenais entre les mains. Et... quand euh... mon frère est arrivé, Ignace. Il arrivait. *Mi di* : « *Ignace cherch amoin de.* ». Il m'avait une serviette bon, ben, moin la roulé la jambe dans la serviette. *Ma seré. Mi di* : « *Bon, alé cherch amoin deu peti bwa d matchoka dans mon.* ». « *Kèl bwa d matchoka ?* ». *Mi di* : « *Pran un matchoka, aport.* ». Et là j'ai fait ave /, une attelle avec ça. Une attelle provisoire. Et le docteur qui était dans l'hélicoptère, était un Allemand. Il me dit : « Qu'est-ce que vous avez ? ». « J'ai, j'ai une fracture du tibia. » « Alors est-ce qu'on peut voir ? ». *Mi di* : « Si vous voulez. ». Mais *mi di* : « Faites attention, hein. Est-ce que c'est une fracture ouverte ou fermée ? ». Il dit : « Vou / une fracture ouverte, c'est là où les os transpercent les chairs, et il y a du sang. ». Et il dit, là : « Et je n'aurais pas fait ce que j'ai fait. Mais là, il y a pas de euh sang, c'est une fracture fermée. ». « Qu'est-ce que vous entendez fracture fermée ? ». Il dit : « Ben, les os n'ont pas transpercé la chair. ». Et il me tournait en ridicule, hein. *I di amoin* : « Bon, et qui a fait le, l'attelle ? ». *Mi di* : « C'est moi. ». « Ben, qu'est-ce vous fe /, pourquoi vous avez fait cette attelle comme ça ? ». Je dis : « J'ai fait avec euh... ce que j'avais de, de mieux sur les, sur les lieux. ».

EQ： 他に変わったことは？
FR： その，道路ができてからは，とても変わりましたね。まず，車があちこちを走るようになりました。それで，まだ何かあるかな？へ，ヘリコプターも。その，かなり前，道路ができる前も，ヘリコプターはありましたので，これはいっておいたほうがいいですね，つまり，私が向こう脛を骨折したときも，ヘリコプターが川の奥の方まで助けに来てくれたんです。 40

NR： じゃあ，ヘリコプターに乗ったんですか？＜FR：そう？＞ ヘリコプターでちょっと1周？ 45

FR： いや，いや，私はそんなつもりはなかったんです，そんなふうに出ていくなんて。7時に。夜の7時にね，で，4時に足を骨折して，折れて，骨折していました。両手で足を押さえていました。で，その，兄のイニャスが来たときは彼が到着すると彼に言いました。「イニャス，2本探して (Mi di: Ignace cherch amoin de)」。彼はタオルをくれて，そう，ええ，私は足にタオルを巻きました。強く締めました (Ma seré.)。で，彼に言いました (Mi di)，「ちょっとアロエの棒を2本探してきて，私の中の (Bon, alé cherch amoin deu peti bwa d matchoka dans mon.)」。「どんなアロエの棒なの (Kèl bwa d matchoka ?)」。「アロエの棒を探して，持ってきて (Pran un matchoka, aport.)」と私は言ったんです。で，その，それを添え木にしました。臨時の添え木です。ヘリコプターの中にいた医者は，ドイツ人でした。彼はいいました。「どうしました」。「向こう脛を骨折したんです」。「では見せてください」。「ええ，はい」。でも，医者に言いました (mi di)。「気をつけてくださいよ。これは開放骨折ですか，非開放骨折ですか」。医者は，「その，開放骨折だとしたら，骨が皮膚を貫いて血が出ていますよ」。さらに医者は，「それに開放骨折だったら，違う処置が必要です。今は，その，出血はありません，非開放骨折です」。「非開放骨折だとなんでわかるのですか」。医者は，「つまり骨が皮膚を破って出てきていません」といって，ちょっとからかって，私に言いました (I di amoin)，「誰が添え木をしたんですか」。私は，「自分です」。「でも，あなたはどうして，なんでこんな風に添え木をしたんですか」。「それは…その場でできるかぎりのことをしたつもりです」。 50 55 60 65

****
L41 FFRではil faut [le] remarquerのように目的語leが欠落する。
L49-50 クレオル言語へのコード・スイッチング。FRでJe lui dis : « Ignace cherche-moi deux. »
L51-53 クレオル言語へのコード・スイッチング。FRでJ'ai serré. Je lui dis : « Bon, va me chercher deux petits bois de mâts d'aloès dans mon. ». « Quel bois de mâts d'aloès ? » Je lui dis : « Prends un mât d'aloès, apporte. »
L52 chokaはアロエaloèsのこと。
L63 クレオル言語へのコード・スイッチング。FRでIl me dit.

« Bon on ne va pas déranger, on ira tout de suite. ». Et puis ben, euh... à chaque instant, il parlait avec moi dans l'hélicoptère. Il avait peur que j'aurais perdu connaissance, mais et j'ai gardé ma connaissance jusqu'au bout, jusqu'au bout, jusqu'au bout. Je ne sais pas comment j'ai fait. Puisque... Arrivée, quand on était en train de... de m'opérer, ce que je sais, je suis arrivée dans la salle d'opération à... neuf heures et demie et le lendemain, à midi, je n'étais pas réveillée. Ben, *moin la tro kontinu*. Trop, trop, trop. Alors, le lendemain, il y avait autour de mon lit. J'étais au milieu dans la, dans une chambre toute seule, autour de mon lit, des infirmières, des internes, des chirurgiens. Alors, on essayait de me réveiller, mais moi, non. À la fin, j'ai perçu qu'on m'a donné une piqûre. J'ai ouvert les yeux. On m'a dit : « C'est pas trop tôt. ». J'entendais mais je ne parlais pas. « C'est pas trop tôt. ».

第3章　イレ・ア・コルド（レユニオン島）：電話と道路の登場について

「まあ，冗談はこれくらいで，すぐに行きましょう」。それから，そう，その，ヘリコプターの中で，医者はずっと私に話しかけていました。私が意識を失うのを心配していたんです，でも，私は意識がしっかりしていました，最後の，最後までね。どうやって意識を保つことができたのか不思議ですが。というのも…（病院に）到着して，手術を…受けるときのことは覚えているんですが，手術室に9時半に入って…，翌日の昼にはまだ目が覚めていませんでした。そう，我慢しすぎたんです (moin la tro kontinu)。とっても，すごく。で，翌日，ベッドの周りに（人がいて），私は中央にいました，1人部屋の中で，ベッドの周りには，看護婦さんやインターンや外科医たちがいました。私の目を覚まそうとしたんですが，できませんでした。最後に注射を打たれたのを感じました。そうして目を開けたんです。誰かがこう言いました，「もう目が覚めてもいい時間ですよ」。声は聞こえていたのですが，話すことができませんでした。「もう目が覚めてもいい時間ですよ」って。 70

75

****

　L69　FRRでは条件法形 j'aurais perdu が接続法形 j'aie perdu の代わりをする。
　L73-74　クレオル言語へのコード・スイッチング。FRで j'avais trop continué.
　L77　j'ai perçu「〜と感じた」は，FRでは j'ai réalisé という。

第VII部　北アメリカ

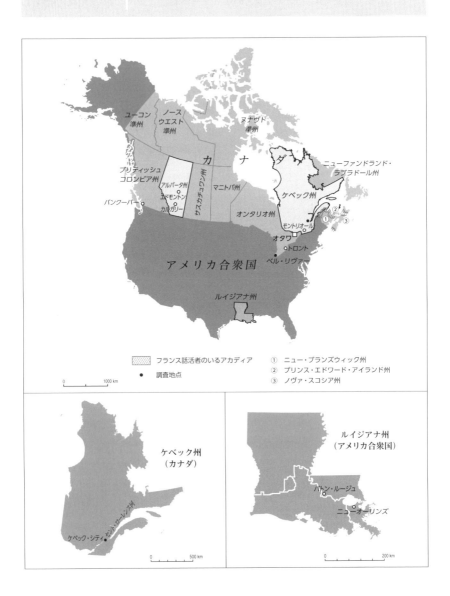

第1章　北アメリカのフランス語：概略[1]

1. 地理言語学的状況
1.1. 歴史的概観

　16世紀前半にジャック・カルティエが新大陸を探検した後，1605年にポール・ロワイヤル[2]に建設されたアカディア植民地にフランス語が伝わった。1608年には現在のケベック・シティにヌーヴェル・フランス植民地が建設され，それが拡大するにつれて，フランス語はセント・ローレンス河に沿って，1634年にトロワ・リヴィエール，1642年にはモントリオールへと広がっていった。当初，入植したフランス人たちは毛皮交易を行っていたが，後に森林や農地の開発にも乗り出し，先住民とも良好な関係を築いたことで，アメリカ大陸のフランス語に特有の先住民の語彙が若干ではあるが借用された。1世紀以上にわたり，ヌーヴェル・フランス植民地の経済は発展し，人口も増加した。1759年にフランスが大英帝国との闘いに敗北すると，ヌーヴェル・フランス植民地は消滅し，イギリス領となった。また，1713年に結ばれたユトレヒト条約によって，アカディア植民地も大英帝国に譲渡され，1755年には強制移住によって，アカディアの人々が土地を追われることになった。

　初期の植民地は，フランスの多くの地方から移民を受け入れていた。とはいえ，初期に入植した人たちの大多数は，フランス西部と北部の海岸地域の出身者と推測され，そこにパリやイル・ド・フランス地方から来た人たちが加わったと考えられる。17世紀のフランスは，今日に比べると言語の均質性が明らかに低く，アメリカ大陸に到着したとき，入植者たちはいろいろな方言や俚言を話していた。そのような状況にもかかわらず，当時のパリの規範に近く，誰もが「洗練された」と称え，驚くほど均質なカナダのフランス語の特徴をもつ変種が急速に発達したのだった。このことはまさに驚きであり，謎に満ちている。

　大英帝国が1759年に征服を達成すると，新大陸に住むフランス語系住民（フランコフォン）は，フランスから経済的にも言語的にも切り離されることになった。

1　執筆者Julien Eychenne, Douglas C. Walkerの原文を日本語版に際して適宜編集した。
2　現在のノヴァ・スコシア州アナポリス郡のファンディ湾に面した地域。

その後,英語系住民(アングロフォン)による支配は19世紀まで続き,フランス語系住民はニュー・イングランドや現在のオンタリオ州北部と西部に移動し,さらにそこから,カナダとアメリカの北部と西部に移住し,いわゆるフランス語系のディアスポラ[3]となった。ディアスポラという用語はいろいろな要因や時期を考慮しなければならないため,この場合には必ずしも適切な用語ではないかもしれない。とはいえ,アカディアの住民が強制移住させられたことで,18世紀末頃にケイジャン(英語でCajuns)という名のフランス語系住民がルイジアナ州に定住することになった。18世紀末から19世紀初頭にかけて,少しずつではあるが,アカディアの住民たちが元のアカディア,とくに今日のニュー・ブランズウィック州に戻り始めた。この帰還者たちこそが,今日のアカディア社会の持っている活力の源になった。19世紀後半になると,カナダのフランス語系住民の多くは,より良い職を求めてケベック州を離れ,ニュー・イングランドの工業都市に住み着いた。さらに同じ理由から,オンタリオ州や,少し遅れて,カナダ西部やアメリカ合衆国にまで移住した住民もいた。

ヌーヴェル・フランス植民地が建設されると,フランス人入植者たちは毛皮を求めて,大陸の北部と西部へと長い探検に出た。彼らはこうして先住民と接触し,先住民たちと緊密に協働することになった。フランス語はこの探検によって北西部と南部に広がり,五大湖を越えて,大平原やロッキー山脈,さらには太平洋にまで伝播した。この探検の記憶は,カナダの大平原とアメリカの中西部の地名に残っている。デトロイトはフランス語のdétroit「海峡」,テール・オートはterre haute「高地」,グランド・プレリはgrande prairie「大平原」であり,広大な領域にこうした地名が点在する。探検家たちの多くは,その場所にとどまり先住民の女性と結婚した。この混血によって2つの興味深い言語がもたらされた。1つは,ミチフ・フランス語と呼ばれる民衆的なカナダのフランス語の変種であり,先住民の言語から要素を借用して用いる。そしてもう1つが混成語のミチフで,簡単にいうと,名詞句はフランス語で構成されるが,動詞句はクリー語[4]の語形で構

---

[3] ディアスポラは,元来,パレスチナ以外の地に住むユダヤ人,またその社会を指す用語であった。転じて,原住地を離れた移住者の意味で用いられる(『大辞林』第三版)。

[4] 「北米インディアン諸語,アルゴンキン語族に属する言語。カナダのアルバータ州以東の諸州と,アメリカ合衆国モンタナ州で,3万人から4万人の人々によって話されている」(大島1988:1511)

成される。先住民とフランス語系住民が混血したメティと呼ばれる人々の共同体は，最初はマニトバ州やノース・ダコタ州に形成され，その多くは西部で狩猟採取の生活をしていた。バイソンの群れが次第に絶滅していくと，メティたちは定住生活するようになり，農場や村を建設しながら，さらに西へ西へと移動し，現在のサスカチュワン州やアルバータ州の地域でも暮らすようになった。このように西部は当初からフランス語の活動が行われている場所だったのである。

メティだけが西部におけるフランス語系住民であったわけではない。19世紀末になると，フランス語系ベルギー人の宣教団がマニトバ州のサン・ボニファス地域に居を定めた。一方，フランス語以外の言語を話すヨーロッパからの移民が多く入植するようになると，カトリック教会はカトリックのフランス語系住民が移民の勢いに圧倒される危険を感じとって，カナダ東部，ニュー・イングランド，フランス等から新たな入植者を募集しようと組織的な努力を続けた。そうした努力がメティの移住ともあいまって，フランスの宣教団を中心にして，大平原の各地でフランス語系住民の集団を次々と形成することになった。こうした状況をふまえるならば，フランス語がアルバータ州で話された最初のヨーロッパの言語であったことや，その州都であるエドモントン（当初のフランス語名はフォール・デ・プレリ Fort des Prairies「草原の砦」）において，19世紀末までフランス語系住民が大多数であったことは，驚くにはあたらない。

西部におけるフランス語系コミュニティーの起源はメティがやってきたときに始まる。続いて，ケベック州からのフランス語系住民の流入が今日まで続いている。彼らは時には，オンタリオ州やニュー・イングランド経由で入ってきた。そして最後に，多数のヨーロッパ移民が19世紀末から大戦までの間にやってきた。このことから，同地域に住むフランス語系住民の大部分は，出自にケベック州と関係のある可能性があり，言語的にも明らかな影響が見られる。たとえば，彼らの話すフランス語は，くだけたケベックの話しことばのフランス語によく似ており，とくに多様性と揺れの現象が特徴的である。

1.2. 現在の状況

北アメリカにおけるフランス語の現状をよく理解するには，次の4つの領域を考慮しなければならない。

① ケベック：フランス語系住民が多数派を占め，フランス語が未来にわたり，安定していると考えられるただ1つの地域である。
② アカディア：とくにニュー・ブランズウィック州では，フランス語が再導入されたことで，同州と他の小さな大西洋沿岸州において独自の変種が生み出された。
③ ルイジアナ：ルイジアナは極めて複雑で変化に富んだ状況を示す。強制移住させられたアカディア出身者の子孫であるケイジャンたちが，クレオル言語の話し手をも含む様々な出自のフランス語系住民たち[5]と結びついて，独自の文化とアイデンティティーを維持している。
④ 大ディアスポラ：フランス語は彼らによって大陸を横断して広がった。彼らは移住先で少数派ではあったが，しばしば高度なバイリンガルであったことで，興味深い社会言語学的状況を生み出している。

ケベック州では，フランス語系住民が約600万人にのぼり，安定多数を占めている[6]。1960年代の「静かな革命」[7]に続くフランス語とフランス文化の復権運動[8]の恩恵を受けることで，フランス語系住民はフランス語の生き残りを図り，フランス語の繁栄を保証し，フランス語が多様性と活力を持っていることを証明したのだった。アカディアのニュー・ブランズウィック州では，人口の3分の1（約23万人）がフランス語系住民であり，フランス語が英語とともに同州の公用語の地位を享受している。アカディアの他の沿岸州，ノヴァ・スコシア州，プリンス・エドワード・アイランド州においても，フランス語の痕跡を見ることができるが，彼らはいずれも強制移住の後にフランス語が復権したときに戻ってきた人々である。アカディアの変種は，ケベックのフランス語とは異なるものの，ケベックやルイジアナのケイジャンたちのフランス語と共通する特徴がある。合衆国のルイジアナ州南部では，1968年に「ルイジアナ州フランス語発展協議会」（Council

---

5　[原注] その出自は常に論争の的になっている（Valdman 1997）。
6　2016年国勢調査によると，ケベック州の人口816万人のうち，621万人余（76.1%）がフランス語を母語とする。Statistics Canada 2016 Census参照。
7　「静かな革命」とは，1960年代にケベック州の政権を掌握したケベック自由党が推進した一連の社会改革を指す。
8　1974年にケベック州政府は，フランス語を州のただ1つの公用語とする「公用語法」を制定した。続く1977年には，ケベック社会のフランス語化を目的とする「フランス語憲章」を制定した。

for the Development of French in Louisiana，以下CODOFIL）が設立されるまで，ケイジャンと他のクレオル言語の話し手たち（約34万人）が，英語への同化という強い圧力を受け続けた。CODOFILが活動を始めてからは，ケイジャンの言語や文化が再評価されるようになったが，Caldas (2007) によると，ケイジャンが新たに注目されるようになっても，ケイジャンたちのフランス語が21世紀以降も生き残れるかどうかは定かではないという。同じような懸念は，ほとんどのフランス語系ディアスポラの子孫たちについてもいえる。フランス語系住民が50万人にのぼり，人口の大きな層を形成しているオンタリオ州でさえも，フランス語はとりわけ若者の間で急速に地歩を失いつつある。カナダ西部の状況もまた，フランス語の支配が揺るぎないと思われるケベック州の状況よりも，むしろオンタリオ州の状況にずっと近い。フランス語系住民の多くを待ち受けている典型的な未来図が，このカナダ西部に見出されるのである。すなわち，フランス語を使う場面が徐々に制限され，フランス語系住民の数が急に減少していく事態であり，もうすでに若い世代では始まっている。たとえ華々しくなくても，フランス語がつねに存在し，政府の政策によってサポートされている地域があるとしても，北アメリカでは，ケベック州とそれに隣接する地域を除くと，フランス語が生き残ると断言することは困難である。

2. 主な構造的特徴

　本書の中で，北アメリカ全土で確認される特徴を全て明らかにすることは無謀な試みである。だからといって，興味深い特徴だけを選別することは難しい。ここでは例外はあるにせよ，多くの体系にとって有効と思われるいくつかの傾向だけを提示する。

2.1. 音韻論

　北アメリカにおける話しことばのフランス語の音韻体系は，保守的な特徴を持っている。全体としては，FRとあまり違わないのだが，分節音の実現形にはたくさんの変異形が見られる。まず，口母音では /a/ ～ /ɑ/ の対立が安定している。母音 /ɑ/ が長くなる場合，たいてい pâte [pɑ͡ut]，[pɔ͡ut]「パスタ」のように二重母音になり，実現形には幅がある。中舌母音は，/e, ɛ, ø, œ, o, ɔ/ が対立する。

/e, ɛ, ɛː/ のように，3母音の対立を保持している訛りもいくつか存在する。半狭母音（または緊張母音）の /e, ø, o/ は，対応する半広母音 /ɛ, œ, ɔ/ より元々長く発音されるため，/ɑ/ の場合と同じように，それぞれ二重母音 [e͡i, ʉ͡y, o͡u] になる傾向がある。鼻母音も口母音より元々長く発音されるため，crainte [kʁẽ͡it]「恐怖」，honte [ɔ̃͡ut]「恥」，emprunte [ɑ̃pʁœ̃͡yt]「動詞 emprunter の直説法現在形」のように二重母音化する。こうした元々の長さとは別に，文脈によっても母音が長くなる。たとえば，FR では，有声摩擦音 /v, z, ʒ, ʁ/ は，arrive [aʁiːv]「動詞 arriver の直説法現在形」，juge [ʒyːʒ]「裁判官」のように先行する母音を長くするが，北アメリカのフランス語では，これらの語は，[aʁi͡iv]，juge [ʒy͡yʒ] のように二重母音になる。二重母音化の度合いは，社会言語学的なパラメータによって決まるが，変種がその土地固有のものであれば，それだけ二重母音化が目立つ傾向にある。

　もう1つの重要な特徴は，高母音の /i, y, u/ が閉音節で弛緩母音 [ɪ, ʏ, ʊ] になることである。たとえば，pipe [pɪp]「パイプ」，jupe [ʒʏp]「スカート」，soupe [sʊp]「スープ」のようになる。この弛緩現象は母音を長くする子音の前ではふつう起きない。vise「動詞 viser の直説法現在形」は，弛緩母音ではなく [viːz] と発音されるが，コート・ノール地域[9]では，弛緩現象が起き，église「教会」は [eglɪːz] になる。弛緩によって [i] が [ɪ] になる現象は，アクセントのない位置にも広がり，開音節において母音調和を引き起こすこともある。たとえば，difficile「難しい」を [d͡zɪfɪsɪl] と発音することに留意されたい[10]。

　両側に無声音がくると，アクセントのない母音は無声化することがある。たとえば，écouter「聞く」を [eku̥te]，député「国民議会議員」を [depy̥te] と発音する。こうした弱化現象によって，母音自体が消失することもある。影響を最も受けやすいのは，アクセント前の高母音が無声音にはさまれたときで，difficile [d͡zɪfsɪl]，université「大学」[ynivɛʁste] では，母音 [ɪ] が脱落している。こうした母音の脱落は他の母音にも見られ，professeur「教師」が [pʁɔfsœʁ]，commode「便利な」が [kmɔd] のようになる。また，有声音にはさまれた場合も，bizarre [bzo͡uʁ]「奇妙な」のように母音が脱落する。

9　ケベック州の北東部の行政区画をいう。
10　語末の弛緩母音 [ɪ] に調和して，アクセントのない先行する2母音 [i] を弛緩音 [ɪ] で発音する。

鼻母音はふつう4つの鼻母音が対立する。非円唇の前舌中高母音は，FRでは [ɛ̃] になるが，北アメリカのフランス語では半狭母音 [ẽ] として実現する。逆に，円唇の後舌中高母音は，FRではしばしば半狭母音 [õ] に近いが，北アメリカでは半広母音 [ɔ̃] になる。FRのように，/ɛ̃/～/œ̃/ の対立が中和する傾向は見られない。この対立は単に円唇・非円唇の対立だけでなく，開口度（半狭音と半広音）の対立でもある。これに対してケイジャンたちのフランス語では，/ɔ̃/～/ã/ の対立が中和する傾向にある。最後に，非円唇広母音は [ã] と [æ̃] の間で揺れているが，いずれにしても前舌母音になる傾向がある。これに対して，FRでは後舌母音 [ɑ̃] である。

　子音体系に話を移そう。FRでは，硬口蓋音 /ɲ/（agneau [aɲo]「子羊」）と [nj] の連続がしばしば混同されるが[11]，北アメリカのフランス語ではそのようなことは起きない。この硬口蓋音は，音節末の位置や語末において，軟口蓋音の [ŋ] になる。たとえば，signer [siɲe]「サインする」，pogner [pɔɲe]「つかむ」に対して，signe [siŋ]「記号」，pogne [pɔŋ]「(俗語) 手」のようになる。また，後続する分節音と接触するときも，alignement [aliŋmã]「整列」，baignoire [bɛŋwɒːʁ]「浴槽」のように，軟口蓋音の [ŋ] になる（Ⅶ.2. L6 enseignement [ɛ̃sɛŋmɛ̃]）。

　子音の最も顕著な特徴の1つとして，tu dis [tsydzi]「君は言う」のように，前舌狭母音 [i, y]，あるいは半母音 [j, ɥ] の前で，/t/ と /d/ が破擦音の [ts] と [dz] になる。この現象は，ルイジアナ州のヴィル・プラット地域においても見られる。ルイジアナやアカディアの他の場所では，前舌母音の前で舌尖音と舌背音が硬口蓋化し，moitié「半分」は [mot͡ʃe]，Dieu「神」は [d͡ʒø]，cul「尻」は [t͡ʃy]，gueule「口」は [d͡ʒøl] のようになる。この特徴は西部のミチフ・フランス語にも見られる。

　いくつかの変種は音素 /h/ を持っている。たとえば，jamais「決して～ない」を [hamɛ] と発音する。この場合，[h] 音（しばしば [ɦ] あるいは [x] 音）は歴史的には音素 /ʒ/ に由来する。また，英語の借用語 le hockey [lœhɔki]「ホッケー」でも，音素 /h/ が現れる。

　FRでは消失する語末子音が，北アメリカでは多くの語において保持される。

11　FRでは，agneau が [aɲo] と発音されたり，[anjo] と発音されたりする（Ⅱ.1.3. p.39）。

FRでもaoût「8月」が/u/と/ut/の間で，ananas「パイナップル」が/anana/と/ananas/の間で揺れるけれども，語末子音の発音は，カナダのフランス語においてはかなり一般的である。たとえば，piquet/pikɛt/「杭」，juillet/ʒɥijɛt/「7月」，bout/but/「端」，laid/lɛt/「醜い」等がある。

連辞的な現象としては，限定詞や代名詞（le, la, elleなど）の/l/が脱落し，最終的に前の母音と融合する。たとえばsur la table「テーブルの上に」は[saːtæb]となり，dans la chambre「部屋の中に」は[dãːʃãm]，je les ai vus「私は彼らに会った」は[ʒezevy]と発音される。この現象は極めて複雑であり，かつ一定していない。母音の融合は二重母音あるいは短母音を生み出す。

シュワーについていうと，南仏以外の変種と同じように，語末で「子音」と「子音+ə」が対立することはない。mer「海」とmère「母」は同音になる。ただし，語末子音が発音されることを表すために-eの文字がしばしば使用される。たとえば，ののしり言葉のcrisse [kʁɪs]「ボケ」がそうである。crisseはChrist [kʁist]「キリスト」の語末子音グループ[-st]を[-s]に単音化して作った語で，語末の[s]が発音されることを示すために-eの綴り字が付け加えられた。語末子音グループの単純化は，「阻害音+流音」(tab<u>l</u>e [tæb], [bl > b]の例）や「阻害音+阻害音」(ves<u>t</u>e [vɛs], [st > s]の例）において広く見られる。

最後に，リエゾンの実現数は，全体として，FRよりも明らかに少ないことを指摘しておく。従って，パリでは義務的と考えられるリエゾンが，北アメリカのフランス語においては，必ずしも義務的ではなく，このことは上流階級の話し手についても同じである。たとえば，jeux // olympiques「オリンピック」はリエゾンしない。

2.2. 形態論

カナダのフランス語の派生語では，いくつかの接尾辞が非常に頻繁に用いられる。なかでも，magasinage「買い物すること」の-age, téléphonable「〜に電話できる」の-able, follerie「冗談」の-erie, niaiseux「バカな」の-eux等の接尾辞[12]がよく使われる。これらの接尾辞は，FRの場合よりもはるかに多くの語を

---

12 niaiseux「バカな」は，TUFS言語モジュール（ケベックのフランス語）「17.金額についてたずねる」のL14。sorteux「出たがりの」は「09.経験についてたずねる」のL12。http://www.

生み出すことができ，とくにラテン語から派生した語形とは別に，「語基＋接尾辞」の語形を作り出すときに利用される。たとえば，ラテン語から派生したabsorptionとは別に，absorbage「吸収」を，réfectionとは別に，refaisage「やり直し」を，équitationとは別に，équitage「乗馬」を作り出す。接尾辞-ageには英語の-ing形の語を翻訳借用するという働きもあり，cannage は英語のcanning「缶詰製造」の翻訳借用である。

　動詞の活用においては，類推による修正が行われる。たとえば，être動詞の現在形sont「彼らは〜である」を語幹にして，FRの半過去形étaient「彼らは〜であった」とは異なる，sontaientという類推形を作り出す。こうした類推形はたくさんあり，動詞活用のほぼ全体に及んでいる。FRのsache「動詞savoirの接続法形」，joue「動詞jouerの接続法形」の代わりに，save, jouseという形が用いられ，FRのboire「飲む」，convaincre「〜を説得する」は，buver, convainquerという形に作り変えられる。ほかにも，FRのvécu「動詞vivreの過去分詞形」，mort「動詞mourirの過去分詞形」の代わりに，vive, mouruという形が作られる。形態音韻論的な交替がなくなる場合もある。たとえば，FRではシュワーが消去され，achetons [aʃ(ə)tõ]「私たちは買う」とachète [aʃɛt]「動詞acheterの直説法現在形」の間で，/aʃt/ と /aʃɛt/ という形態音韻論的な交替が見られる。ところが，北アメリカのいくつかの変種では，シュワーのない語基 /aʃt/ を動詞の活用全体に拡大し，j'achète「私は買う」は [ʒaʃt] という形になる。

　代名詞の体系もFRとはかなり異なる。代名詞ilは語末の /l/ を失い，潜在的には /i/ だけになる。話しことばのフランス語でも，代名詞ilの /l/ が子音の前で省略され，il va「彼は行く」は [iva] と発音される。一方，母音の前ではil a [ila]「彼は持っている」のように，/l/ が保持される。カナダのフランス語では，この /l/ 脱落が一般的であるため，母音の前で，/i/ は子音 [j] になり，il a は [ja] と発音される。同じように，代名詞elle「彼女」も子音の前で語末の /l/ が落ち，母音はしばしば広い [a] になり，elle parleは [apaʁl]「彼女は話す」と発音される。また，話しことばのフランス語と同様に，onが1人称複数形の主語nous「私たち」の代わりをする。一方で，複数人称の強勢形は，nous-autres [nuzot]

---

coelang.tufs.ac.jp/mt/fr-ca-qc/dmod/

「我々」, vous-autres [vuzot]「あなた方」, eux-autres [øzot]「彼ら」のように, 形態素-autresにより補強される。こうした現象はなにもフランス語に特有のものではなく，スペイン語のような他のロマンス諸語においても認められる。カスティリア方言のスペイン語では，vosotros[13]形があるため，vos形が今日姿を消してしまったが，ラテンアメリカでは，tu「君」と競合する2人称単数形としてvos形が生き残っている。興味深いことに，カナダのフランス語においては，3人称複数形で性の対立が中和する。このため，eux-autresは強勢形のeux「彼ら」とelles「彼女たち」の両方を意味し，/i/ も主語のils「彼ら」とelles「彼女たち」の両方を指す。さらに，複数形を表す/z/ も脱落するため，FRではils ont [i(l)zɔ̃]「彼らは持っている」となるところ，カナダのフランス語では，ils ontは[jɔ̃]と発音される。

アカディアとルイジアナの変種には，初期入植者たちの古風で民衆的な特徴がいくつか残っている。たとえば，形態素-ontと-iontが3人称複数の現在形と半過去形の語尾として使用される。FRではils écrivent, il mangeaientとなるが，アカディアとルイジアナでは，ils écriv<u>ont</u>「彼らは書く」，ils mang<u>iont</u>「彼らは食べていた」になる。動詞活用を規則化する傾向も顕著であり，助動詞êtreが複合時制から消え去る。FRではils étaient venusになるところ，ils aviont venu「彼らは来ていた」となる[14]。さらに類推によって，多くの動詞活用が規則化される。FRの不規則動詞vous dites, que je fasse, vous buvezは，北アメリカのフランス語では，vous disez「あなたは言う」，que je faise「私はする」，vous boivez「あなたは飲む」に規則化する。接続法は消失傾向が顕著であるため，不規則動詞形が単独でそのまま残ることがある。FRでは，il faut que vous voyiezになるが，北アメリカのフランス語では，il faut que vous <u>voye</u>「あなたは見なければならない」という。

2.3. 語彙

北アメリカのフランス語とFRの語彙の違いは，語の起源の違いとして説明できる。Canac-Marquis & Poirier (2005) によると，FRと異なる語彙は，北ア

---

13 スペイン語のvosotrosは，フランス語のvous-autresと同じ語構成である。
14 étaientは，助動詞êtreの活用形であるが，aviontは助動詞avoirの活用形である。

メリカの諸変種に共通するフランス語が植民地時代以前に存在していたことを証明しているという。16世紀の初頭から、北アメリカのフランス語は、様々なフランスの地方に由来する要素を取り込みながら、漁師や船乗りや航海士たちによって使用された。初期の入植者たちの話していた方言や言語からの借用語（バスク語起源のorignal「ヘラジカ」[15]）がある。また、先住民からの借用語彙（沿海地域のアルゴンキン語族の言語であるミクマック語[16]が起源のcaribou「トナカイ」)、あるいは、新しい現実を記録するためのフランス語（omble「イワナ」の代わりのtruite「マス」）等の豊かな語彙の基盤が認められる。こうした植民地基層に加えて、北アメリカの話しことばは、今日パリでは古語法となり廃れてしまった多くの語彙を保持している。たとえば、FRではtricotあるいはpull(over)を使うが、北アメリカではchandail「セーター」のような古語を用いる。

借用語の主な起源はもちろん英語である。このことは、北アメリカという社会言語学的文脈を考えれば容易に理解できる。ここでは3つの借用方略を区別できる。第1は、フランス語の音韻構造にあわせて、比較的早くフランス語に同化した借用語である。「～を気にかける」という意味のbadrer [badʁe]（英語(to) botherからの借用)、「スケジュール」の意味のcedule [sedʒyl]（英語schedule)、ケベックの豆料理を意味するbines [bɪn]（英語beans)[17]等の例がある。第2は、近年の借用語で、フランス語に同化することなく、英語の音韻構造を保持している。たとえば、jeans [dʒiːnz] では、閉音節であるのに /i/ が緊張音（かつ長母音）で発音される。第3は、翻訳借用である。英語のemailを基にして、courrier électronique「電子郵便物」の代わりにcourrielを、weekendの代わりにfin de semaine「週末」を、hot dogの代わりにchien-chaud「ホットドッグ」を作り出した[18]。

15　バスク語orein「鹿」の複数形oregnacに由来する。
16　「カナダのケベック州の海岸地方で話される言語で (...) アルゴンキン語族の中でも (...) 東アルゴンキン語派を形成し、(...) その最北部に位置する」（大島 1992：252）
17　TUFS言語モジュール（ケベックのフランス語）「13. 好きなものについて述べる」のL11にbinesがある。
18　TUFS言語モジュール（ケベックのフランス語）「32. 理由を述べる」のL5にcourriel、「27. 好きな行動について述べる」のL11にfin de semaineが出てくる。

2.4. 統語論

　北アメリカのフランス話に見られる統語的特徴のうち、広範かつ頻繁に見られる特徴には、疑問小辞-tu[19]（il l'a-tu vu?「彼はそれを見たのか」）とその異形-tiがある。後者の-tiは、フランスでも20世紀初頭まで使用されていた。この小辞は、il l'a t-i(l) vu?「彼はそれを見たのか」のように、主語を繰り返して-ilとしたことから生じた。カナダにおいて-tiが-tuに変化したのは、主語のtuが疑問文でよく使われるためだとする説がある。

　従属節を導くqueは、統語論の中で、おそらく最も豊かな現象の1つであろう。ほとんどの場合、疑問代名詞、関係代名詞、従属節の後にqueが続く。たとえばqui que t(u) as vu?「あなたは誰を見たのですか」、quand que tu viens「あなたが来るとき」、le gars avec qui que je travaille「私が一緒に働く若者」のようになる。ところが、このqueがje crois Ø ça va marcher[20]「私はそれが上手くいくと思う」のように、いくつかの動詞の後でしばしば省略される。こうしたqueの省略は、摩擦音を含む単語je, ce, çaの前だけで生じることから、音韻論的条件によって部分的に説明できる。関係代名詞にも同じような現象が見られ、FRのl'argent dont j'ai besoin「私が必要なお金」の代わりに、dontを消去してl'argent Ø j'ai besoinのように言う。あるいは、queを一般化して用いることもある。たとえば、FRのle gars avec qui / avec lequel je travaille「私が一緒に働く若者」の代わりに、le gars que je travaille avec と言ったり、FRのles livres avec lesquels vous aviez coutume de suivre la messe「あなたがミサに出るときにいつも持っていた本」の代わりに、les livres que vous aviez coutume de suivre la messeのように言う。しかし、こうした特徴は、北アメリカ以外の話しことばのフランス語の変種においても見られることを指摘しておこう。

　英語の影響は、統語論においても見られ、形態統語論的な翻訳借用がたくさん見つかる。英語のto ask for「～に尋ねる」を基にして、demander pourと言ったり、英語のto hang up on someone「～との電話を切る」を基に、raccrocher

---

[19] TUFS言語モジュール（ケベックのフランス語）「12. 場所についてたずねる」のL12.「14. 提案する」のL7.「16. 許可を求める」のL12.

[20] Øは接続詞queが省略されていることを表す。

sur quelqu'unと言ったり，英語のwho did you vote for？「あなたは誰に投票しましたか」をQui que tu as voté pour？と言うのは，もっぱら統語論的な翻訳借用といえよう[21]。

北アメリカのフランス語が複雑で多様なことについて，隅々まで紹介することはできなかった。とはいえ，北アメリカの言語的景観の持っている豊かさを概観することができたものと期待したい。

21　英語法の例として，TUFS言語モジュール（ケベックのフランス語）「04. 自己紹介する」のL14 tomber en amour「恋に落ちる」は，英語のfall in loveの翻訳借用である。他にも，「07. さよならを言う」のL18 canceller「キャンセルする」（英語cancel），「14. 提案する」のL13にluncher「ランチを食べる」等がある。

第2章 ケベック・シティ（ケベック州，カナダ）：若者にとっての宗教について

　ケベック・シティは，ケベック州の州都であり，州の南東に位置するセント・ローレンス河沿いに位置する。インタビュー対象者GSは，調査当時20歳の男性でラヴァル大学で歴史を専攻する大学2年生であった。調査者EQは，同大学のフランス人教授で，彼は調査時に初めてGSに会った。収録は2000年にラヴァル大学のEQの研究室でインタビュー形式で行われた[1]。

GS : J'ai... bien aimé euh... s/... les premières années il y a aucun problème, c'est plus euh... une fois rendu en secondaire quatre et cinq peut-être que ça devient plus compliqué, je veux dire euh... bon peut-être l'adolescence ou je le sais pas quoi mais euh... je veux dire euh... en r/ en règle générale j'étais pas un étudiant à problèmes, s/ euh... côté enseignement et euh... culture j'ai adoré, ça l'a été, très pratique, euh... côté autodiscipline aussi. Euh... je suis très satisfait d'avoir été à cette école-là, une fois qu'on arrive au Cégep on a plus de libertés. Mais euh... j'avais un bon contrôle euh, de moi-même, inculqué euh, par ces, chers frères et pères, mais euh... d'un autre côté j'ai trouvé que euh... bon pff, c'était euh pff... comme une stricte observation de la loi, je veux dire on avait pas le droit de porter euh, notre gilet hors des pantalons. La chemise devait être absolument boutonnée. Euh... jusqu'au dernier bouton. Pas le droit aux espadrilles euh... pas le droit aux jeans. Donc euh... pff, tenue de euh... tenue de gala presque, tout le temps. Bon c'est des, des petits trucs comme ça mais en règle générale <EQ : Et tu, tu>...

1　執筆者Stéphanie Kellyの原文を日本語版に際して適宜編集した。

第 2 章　ケベック・シティ（ケベック州，カナダ）：若者にとっての宗教について

GS：　ぼくは…その，とても好きでした…最初の数年は何も問題なく，もっと，えーっと　　1
　　　…高校 1 年生や，2 年生になると，たぶんもっと複雑になって，つまりその…たぶ
　　　ん青年期や何か，でもその…つまり…だいたい，ぼくは問題のない生徒でした，え
　　　ーっと…教育や…文化については，ぼくは（学校が）とても好きでした，とても役　　5
　　　に立ちますし，その…自己修練の面も。その…その学校に在籍したことにとても満
　　　足しています，次にセジェップに入ると，もっと自由になりました。でも…ぼくは
　　　管理ができて，自分自身をですね，叩き込まれまして，修道士さんや神父さんか　　10
　　　ら，でもその…一方で思ったのは，えーっと…ふぅ，その…校則遵守みたいなこと
　　　です，ズボンの外にセーターを出してはいけない。シャツは絶対的にボタンを留め
　　　なければならない。えーっと…最後のボタンまで。運動靴はだめ，その…ジーンズ
　　　をはくこともできない。だから…その，服装は…ほぼ正装で，いつも。つまり，そ　　15
　　　れは，こんな小さなことまで，何から何まで。＜EQ：それで，君は＞…

****

　　L7　　autodiscipline を [ɔtotsplɪn] と発音している。子音 /d/ が無声化し，/disi/ の母音 /i/ が両方
　　　　　とも脱落し，[disip] が [tsp] になっている。
　　L8　　セジェップ Cégep とは，「一般教育・職業専門教育コレージュ」のこと。ケベック州では小学
　　　　　校 6 年，中等学校 5 年，セジェップ 2 年，大学 3 年という教育システムである。
　　L12　 gilet は，ケベックのフランス語では，「セーター」あるいは「T シャツ」のこと。FR のよう
　　　　　に，「チョッキ，ベスト」の意味で使用されることはほとんどない。
　　L14　 ケベック州では espadrilles は「運動靴」の総称。
　　L16　 petits を [ptˢi] と発音。閉鎖音 /t/ と /d/ が，/i, y, j, ɥ/ の前で破擦化され，[ts] と [dz] にな
　　　　　る。カナダのフランス語に顕著な特徴である。pratiquant [pʀatˢikɑ̃] (L20, L21) も同様。

189

EQ : continues à pratiquer euh... C'est une école catholique j'imagine <GS : Oui, oui, oui, oui, une école catholique.>. Tu es catholique pratiquant ou <GS : Ouh... pratiquant...> ?

GS : Euh... pratiquant, est-c/, qu'est-ce qu'on entend par pratiquant, euh qui va à l'église tous les dimanches ?

EQ : Ou... assez régulièrement.

GS : Non, je vais pas à l'église régulièrement, mais je suis quand même euh... quelqu'un qui... C'est certain que c'est difficile aujourd'hui, d'avoir une foi aveugle là mais je veux dire je... continue, je crois que les, les valeurs, catholiques, j'essaie de les appliquer le plus possible. Euh... je crois à certaines de ces valeurs-là, je trouve que c'est une belle leçon de vie. De là à dire pratiquant, euh... je sais pas. J'ignore si je peux me l'appliquer. Mais euh... pff, croyant euh pff... à certaines choses oui je veux dire je suis pas non plus un athée là, ou quelqu'un qui va, critiquer la religion, Puis c'est intéressant parce qu'au moins c'était des Franciscains et non des Dominicains au secondaire. Les Dominicains ils sont plus euh... de l'extrême droite là je dirais. <EQ : Ah ouais.> Oui, l/la grande différence entre, les Franciscains puis la droite, et puis les Dominicains, ben dominicain ça vient de domini cane, le latin, euh... les chiens de Dieu. C'est beauc/beaucoup plus sévère l'Inquisition et tout, c'est de là que ça vient, c'est une observation stricte, de la Bible. Euh... tandis que les Franciscains, c'est plus euh, a/ appliqué à la vie, c'est le, le, c'est qua/ c'est quasi humaniste. Donc euh... s/, l'école où j'allais, c'était des Franciscains. Donc un peu plus de libertés quand même.

EQ : Et les Jésuites ? Il y en a, <GS : Les Jésuites euh... les Jésuites.> il en reste ? Il en res/, il en reste au Canada des Jésuites ? <GS : Euh.>

EQ： 敬虔な…そこはカトリックの学校だと思いますが＜GS：ええ，ええ，はい，はい，カトリックです。＞ カトリックの敬虔な信者ですか＜GS：えーっと…敬虔な信者…＞？

GS： えーっと…敬虔な信者，その，敬虔な信者とはどんな意味でしょうか，毎週日曜日に教会に行くことですか？

EQ： でなくても…かなり定期的に。

GS： いいえ，ぼくは定期的に教会には行きません，でもやはり…ぼくは…どちらかというと…。今では，盲目的な信仰をもつことが難しいのは確かですが，ぼくがいいたいのは…続けているというか，カトリック的価値観を信じていますし，できる限り，それに従おうとしています。その…価値観のいくつかを信じていますし，それは人生のすばらしい教訓だと思います。そういうことで，敬虔な信者かというと，その…わかりません。それに自分が従うことができているかはわかりません。でも…ふぅ，思うにその，ふぅ…いくつかのことは，えーっと，つまり無神論者ではありませんし，あるいは，宗教を批判しようとする者でもありません。それに，少なくとも中等学校がフランシスコ会系で，ドミニコ会系でなかったことが興味深いです。ドミニコ会なら，もっとその…とても右寄りだと思います。＜EQ：そうですか＞ はい，フランシスコ会と右派，ドミニコ会との大きな違いは，その，ドミニコ会はラテン語の (domini cane)，つまり…「神の犬たち」に由来します。とても厳格で，異端審問やあらゆる点で，そこから来ていて，聖書を厳格に遵守します。その…フランシスコ会はもっと，生活に密着していて，人道主義に近い。だからその…ぼくの学校は，フランシスコ会でした。ですから，もっと自由でした。

EQ： ではイエズス会は？そこには，＜GS：イエズス会は，その…イエズス会は…＞ ありますか？カナダにイエズス会はまだありますか？＜GS：えーっと＞

****

L25　difficileを [d͡zɪfsɪl] と発音。

L26　làには「そこに」という指示的意味がない。カナダのフランス語でよく用いられる談話標識。Ⅶ. 3. L12, p.199 も参照。

L35　différencesを [d͡zɪfeʁɑ̃s] と発音している。

L39　語末子音 /l/ の脱落。Bibleは [bɪb] と発音する。

GS : C'est une très bonne question. Je crois. Mais malheureu/ est-ce que 45
vous savez ? Non, c'est ça. <EQ : Non parce qu'on... lit qu'il y avait,
beaucoup de Jésuites dans l'histoire du Canada.> Ben c'est exactement, c'est que dans l'histoire de l'art je veux dire euh... c'est grâce aux
Jésuites qu'on doit nos premiers euh... nos premiers dessins, nos premières œuvres... bon, tous nos bâtiments architecturaux presque on les 50
doit à des Jésuites qui s'improvisaient architectes. Mais, actuellement il
doit en rester quelques uns, mais malheureusement je le sais pas parce
que là, jusqu'à maintenant je n'ai vu que, l/l'histoire de l'art colonial
du Québec. Donc ça s'arrête euh... à, il y a peut-être un siècle ou deux.

EQ : Et si tu as des... des copines euh... des petites amies euh... <GS : Oui.>, 55
est-ce que cette question de la religion peut être soulevée, est-ce qu'elle
rentre euh...

GS : Euh pff... n/-non je dirais, en fait, c'est pas la, c/-c'est pas à la religion, euh... bon par exemple si on... on parle du, l'aspect sexuel par
exemple. Bon, c'est quand même quelque chose qui peut rentrer en 60
ligne de compte, non je crois pas que euh... si je disais si quelqu'un,
s/ ma copine justement c'est pas euh, quelqu'un elle... a mmm peu de
connaissance euh, de la Bible elle a peu d'intérêt aussi pour la Bible
mais c'est pas quelque chose que je critiquerais. Euh... c'est plus du
côté de la morale moi que ça m'intéresse, euh... comme elle, tu sais je 65
veux dire. C'est... <EQ : Et vous en parlez des fois de la religion, ça
vous arrive ?> Oui on en parle, on en parle et... <EQ : Et alors quel est
son point de vue à elle parce que... ?> Quel est son point de vue, ben
c'est plutôt c /, c'est quasi un... Mon Dieu pff. Pas un manque d'intérêt
mais je veux dire, euh... quand on en parle c'est certain que... bon euh... 70
elle va avoir tendance à rire de l'Ancien Testament. Bon elle qui est une
scientifique, on sait que la science elle euh... elle est, pas détruit mais
c'est quand même la pire ennemie de... au sens figuré,

第2章　ケベック・シティ（ケベック州，カナダ）：若者にとっての宗教について

GS： とてもいい質問ですね。まだあると思います。でも残念，知ってますか？いや，そ　45
 うです。＜EQ：いえ，私たちは…カナダの歴史の中では，多くのイエズス会士が
 いたと書かれていますから＞ええ，その通りです，つまり芸術史ではそうです，つ
 まり…我々の最初の，えーっと…我々の初期の図面，初期の作品はイエズス会のお
 かげで…そう，我々の建築物のほぼ全ては，にわか仕込みで建築家になったイエズ　50
 ス会士のおかげなんです。ただ，実際には，そのうちのいくつかが残っているにす
 ぎません，残念ながらぼくにはわかりません，これまでケベックの植民地時代の芸
 術史しか見てきませんでしたので。ですから歴史はえーっと…たぶん1，2世紀前
 で終わっています。

EQ： もしあなたに…女友達，その…恋人がいれば…＜GS：はい＞，宗教の問題が持ち　55
 あがってきますか，彼女はその…

GS： えーっと，ふぅ…いいえ，実際にそれは，それは宗教ではなく，その…たとえば，
 もしぼくたちが…ぼくたちがたとえば性について話すなら。ええ，やはりそれは問
 題になり得ます，でも問題になるとは思いません…誰か，ぼくの恋人が，それはあ　60
 りません，えーっと，彼女は…うーん，聖書をよく知らないし，彼女は聖書に興味
 がほとんどなくて，でもそれは批判するようなことではありません。その…もっと
 道徳的なことに…ぼくは興味があります，えーっと…彼女みたいに，言いたいこと
 がわかっていただけますか。つまり…＜EQ：おふたりは宗教について，よく話し　65
 ますか，そういうことはありますか？＞はい，話します，話します，で…＜EQ：
 それで彼女の考えはどうですか，その…＞彼女の考えですか，それはまあ，それは
 ほぼ…困ったな。興味がないわけではなく，でもつまり，その…それを話すと，確
 実に…えーっと…彼女は旧約聖書のことを笑う方に行ってしまう。その，彼女は科　70
 学的な考えの人で，科学は，その…宗教を壊しはしないけれど，でも敵みたいなも
 の…比喩的な意味ですが，

****

L64-65　du côté [dᶻykote]と発音する。architecturaux [-tˢyro] (L50)，scientifique [sjɑ̃tˢɪfɪk]
 (L72, L75) も同様。

L65　tu saisを [tsé]と発音している。GSは教員である調査者EQに対して，est-ce que vous savez？
 (L45-46) のようにvousを使っているが，tuとvousの間を行ったり来たりすることがある。これ
 もケベックのフランス語に特徴的である。

L71　elle va avoirでelleが子音の前で [a]と発音されている。elle applique (L83) では [al] と発
 音される。

193

c'est quand même la pire ennemie de la religion donc, elle qui est une scientifique, euh.... L'extrême rationalité, euh... C'est ça, c'est, elle est très, c'est plutôt quelqu'un de très rationnel, euh... plutôt matériel aussi, matérialiste donc euh, moi qui est en histoire de l'art et puis je, je, je joue beaucoup de piano aussi, donc je m'intéresse aux arts euh, je lis beaucoup sur la théologie la philosophie toutes ces choses-là donc, plutôt, <EQ : d'accord.>, bon je reconnais l'abstraction, euh, je reconnais les, le côté abstrait de l'être humain, plus que elle, donc euh nos visions sont opposées euh... quand on discute de la Bible, elle elle a plus tendance hein, bon ben, elle applique presque une méthode scientifique, à l'analyse de la Bible donc, tout tombe euh... automatiquement.

EQ : Qu'est-ce qu'elle fait exactement ? Donc euh <GS : Euh,>...
GS : bon elle a fait s/, au Cégep elle a étudié tout simplement sciences pures, puis là présentement elle est en... mathématiques, et statistiques.
EQ : Ah d'accord.

第2章　ケベック・シティ（ケベック州，カナダ）：若者にとっての宗教について

　　　　やはり宗教の宿敵で，ですから，彼女は非常に科学的な考えを持っていて，その
　　　　…非常に合理的で，その…そう，それは，非常に，どちらかといえば，とても合理　75
　　　　的な人で，その…唯物的でもあり，唯物論者で，ぼくは芸術史を専攻していて，ぼ
　　　　くは，ピアノもよく弾きますし，ですから芸術に興味があって，神学や哲学やそう
　　　　した分野をよく読みます，ですから，どちらかというと．＜EQ：わかります．＞え
　　　　え，ぼくは抽象化してます，その，人の抽象的な面がわかります，彼女よりも，で　80
　　　　すからえーっと，ぼくたちの見方は反対で，その…聖書について議論すると，彼女
　　　　には，ある傾向があって，その，まあ，彼女は科学的な方法を聖書の分析に応用し
　　　　て，ですから必然的に…話が終わってしまうんです．　　　　　　　　　　　　　85
EQ：　彼女は正確にいうと何をされているんですか？その，ええと…＜GS：その＞…
GS：　彼女はセジェップでは，その，いわゆる科学を勉強しました．で今は，その…数学
　　　　と，統計学です．
EQ：　ああ，そうですか．

****

L87　étudiéを [etˢydje] と発音している．statistiques (L88) も破擦音化している．
L88　présentement「今のところ，目下」は古語である．FRではactuellementを用いる．

第3章　ベル・リヴァー（オンタリオ州，カナダ）：少数派住民におけるフランス語の継承ついて

　オンタリオ州南西部にあるベル・リヴァーは，ウィンザーから12キロのところに位置する人口5,000人ほどの小さな町である。18世紀初頭からフランス語系住民が定住していたが，ヌーヴェル・フランス植民地が消滅し，アメリカ独立革命によって英語系住民たちが北上してきたことで，フランス語系住民が少数派になった。若年層は英語化しているものの，フランス語を継承しようとする努力が見られる地域である。

　DPは収録当時43歳の専業主婦で，小学校でフランス語教師の経歴を持っている。英語で生活しているため，フランス語に英語の影響が認められるが，同年代の人よりはフランス語を保持している。DPは友人の家族から大学教授EQを紹介された。収録は2003年にDPの自宅で行われた[1]。

DP： Hum... Bien, je dirais que... les grands-parents là, je pense à... les parents de, de ma mère. Hum... on allait les visiter régulièrement, puis c'était... tu sais, toujours un milieu français, pour nous. Hum... et hum, mon grand-père était hum.... l/... celui qui était responsable pour euh... le... l'école secondaire, à Tecumseh qui angl/, tu sais une école anglaise là (XXX). Il n'y avait pas de, d'école secondaire, euh catholique, euh dans la région du tout alors il s'est mis à... tu sais... à... à faire l'effort de puis il a réussi à commencer l'école. Hum.... et puis, c'est ça disons tu sais on, on, on a, on a fait beaucoup de rencontres de famille, surtout le côté (X).

---

[1] 執筆者François Poiréの原文を日本語版に際して適宜編集した。

第3章　ベル・リヴァー（オンタリオ州，カナダ）：少数派住民におけるフランス語の継承ついて

DP：　えーっと…どちらかというと…祖父母について，私がいってるのは…母方の両親で　　 1
　　　す。その…私たちは定期的に彼らのところを訪れ，そこでは…いつもフランス語を
　　　話していました。その…祖父はティカムスィにある中等学校の，その英語系学校　　 5
　　　（XXX）の責任者でした。当時，その地域にはカトリックの中学校はなく，ですか
　　　ら彼は，その，苦労して学校を創立したんです。その…それで私たちは家族，とく
　　　に（X）方の親戚のところでよく集まりました。　　　　　　　　　　　　　　　　10

****

L1　humは英語で躊躇やポーズを表す。フランス語ではeuhが一般的。
L1　［訳注］DPの全ての /R/ は震え音 [r] である。
L2　［訳注］on allait les visiterの代名詞＋不定詞は，英語to visit someoneの影響であろう。FR
　　　ではrendre visite à qqnを用いる。
L3　tu saisを [tse] と発音している。
L4　grand-pèreの長母音 /ɛ:/ が二重母音化し，[grãpaɛr] と発音している。これはカナダのフラン
　　　ス語に特徴的な発音である。
L4　responsable pour「責任がある」の前置詞pourは，英語responsible forの干渉であろう。FR
　　　ではresponsable deになる。
L8　il a réussi à commencer l'école「彼は学校を創設することに成功した」は，FRではil a réussi
　　　à créer l'école，あるいはil a réussi à mettre sur piedが一般的である。commencerは英語の動
　　　詞startの影響であろう。

Et, c'était un mélange, il y avait beaucoup de français, surtout disons la génération de mes... mes tantes et mes oncles là. Mais, tu sais les enfants se parlaient, je dirais... plutôt en anglais, hum... mais, oui, je dirais plutôt en anglais quand j'y pense là. Puis le côté (X), bien ah... il se trouvait plus hum.... Je dirais, il y avait plus d'anglais que de français. Hum... Bien, bien que les (X), tu sais tu pouvais pas avoir plus français que ça là mon grand-père mais, c'est que quand tu maries quelqu'un anglophone, tu sais ça, ça change les choses.

EQ : Donc les en/, vos enfants actuellement donc je ne sais pas si les grands-parents sont encore vivants ou s'ils les ont connus à un moment donné, mais ça se passait en français aussi ?

DP : Oui. Ils hum... Oui, avec mes... parents.

EQ : Ça se passe encore.

DP : Oui. Il y a l/, ça s/ s/ se converse en français et, hum... La mère qui est encore en vie, la mère de mon mari. Hum, elle est, elle, oui, on lui parle en français.

EQ : Donc le milieu, milieu familial vraiment euh... francophone. Ok. euh, donc nous sommes dans votre maison ici. Est-ce que c'est un quartier où il y a beaucoup de francophones justement ?

DP : Oh, bien, à ce moment, les choses ont beaucoup changé à Belle-Rivière. Ah. Tu vois là, avec les nouvelles maisons. Hum... on a.... On a beaucoup, beaucoup de, de nouv/nouvelles personnes qui se trouvent dans la région et vraiment je dirais pas que... ils sont français, tu sais c'est pas ça qui les attire, ici. Hum, hum mais, disons... quand je pense là il y a... tu sais il y a encore des personnes qui sont ici depuis, des, des, tu sais, depuis des années. Hum, et il y en a que, qui parlent le français absolument, mais c'est sont, on est en tu sais mino/ tu sais en mino/-ri/-té. Minorité ?

EQ : Minorité. Mais est-ce que ça a déjà été plus francophone ?

　　　　ことばが混ざって，叔母や叔父の世代はフランス語を多く使いました。でも子ども
　　　　たちはむしろ英語で話していました。その…考えてみるとむしろ英語でした。で，
　　　　(X) 方の親戚同士は，その…もっと…フランス語より英語の方が多く使われました。 15
　　　　えーっと…親戚 (X) がいても，祖父ほどフランス人っぽくはなかったです。英語系
　　　　の人と結婚すると変わってしまうんですよ。
EQ：　で，あなたのお子さんと，まだご存命かわかりませんが祖父母さんが会ったら，フ 20
　　　　ランス語を使うのでしょうか。
DP：　ええ。彼らは…はい，私の両親とは (フランス語でした)。
EQ：　まだそうなんですね。
DP：　ええ。フランス語で会話します，その…今もいる母，夫の母とは。その，彼女は， 25
　　　　そう，彼女とはフランス語で話します。
EQ：　実際の家族環境では，その…フランス語話者なのですね。OK。ここはあなたのご
　　　　自宅ですね。この地区はフランス語系住民の多い地区なんですか。
DP：　えーっと，少し前からベル・リヴァーは大きく変わりました。新しい家がいくつも 30
　　　　あるのがわかるでしょう。その…この地域には新しい人がたくさんいて，でも本当
　　　　は…彼らはフランス語系住民とはいえないと思います，それが彼らを引きつけてい
　　　　るのではありません。その，でも，たとえば…考えてみると…ここにはずっと，ず 35
　　　　っと前から住んでいる人たちがまだいます，フランス語だけを話す人もいますが，
　　　　それは，「少」，「少数」，「少数派」という単語であってますか？
EQ：　ええ，あってますよ。でも以前は，もっとフランス語を話す地域だったんですか。

****

L11　disons を [dᶻzɪzɔ̃] と発音する。カナダのフランス語に特徴的な発音。
L12　指示的意味のない là は，カナダのフランス語で談話標識として用いられる。
L17　quand tu maries quelqu'un anglophone「英語系の人と結婚すると」の tu は，不定代名詞 on
　　　の意味である。FR では quand on marie quelqu'un という。
L24　ça s / s / se converse en français「フランス語で会話します」。カナダのフランス語では，人
　　　称代名詞 ils の代わりに，指示代名詞 ça を頻繁に用いる。FR では，ils se parlent en français と
　　　なる。
L30-31　DP は Belle River のことを，フランス語で Belle-Rivière「ベル・リヴィエール」と呼ん
　　　でいる。

DP : Oh oui, absolument. Oh, bien écoute hum tu pouvais, hum... marcher 40
n'importe où à Belle-Rivière, dans n'importe quel magasin ou, dans
n'importe quelle banque. Et puis tu pouvais t'assurer que il y aurait
quelqu'un qui parlait le français, sans question. Disons... vingt-cinq
trente ans passés.

EQ : Ok. Donc c'est un... changement qui se fait relativement récemment. 45
Tranquillement, j'imagine.

DP : Oui. Mais ça se fait très vite maintenant.

EQ : Ah oui ?

DP : Bien que, tu sais on a les écoles françaises et puis s/ elles débordent,
comme, c'est-à-dire que... bien, il y a, il y en a, et puis il y a une école 50
d'imme/ im/ d'immersion à Piuze là, qui est très hum... très, chargée
aussi, puis. Ah, là les p/personnes s'intéressent à, tu sais à éduquer leurs
enfants dans la langue française. Bien que les écoles anglaises débor-
dent aussi, elles.

EQ : Ok, mais le fait donc que... que... que le voisinage change, est-ce que 55
ça complique les relations juste à cause de la langue par exemple, est-
ce que... ?

DP : Pour nous-autres ?

EQ : Ouais.

DP : Hum, bien disons hum... la réalité de la... de la région, c'est que... les 60
enfants, bien que ils vont, tu sais à une école française puis ils sentent
que sont bien capables de, de converser en français, ça se fait pas. Ca
se fait pas disons, hum... avec même, ça... ça se fait avec leurs cousins
si leurs parents exigent le français à la maison.

第3章　ベル・リヴァー（オンタリオ州，カナダ）：少数派住民におけるフランス語の継承ついて

DP： ええ，それはもう。（フランス語が）話されていました，ベル・リヴァーのどこを歩 40
　　 いても，どの店でも，どこの銀行でも。間違いなくフランス語を話せる人がいて安
　　 心でした。そう…25年か30年前は。
EQ： OK。だとすると…比較的最近に起きた変化ですね。おそらくヒタヒタと。 45
DP： ええ。でも今は加速しています。
EQ： そうなんですか。
DP： フランス語学校があって，そこは非常に生徒が多くて，あふれていて，まるで…そ
　　 の，あります，あるんです，ピユーズにはイマージョンの学校もあって，そこもと 50
　　 ても…満員です。そこでは子どもにフランス語の教育を受けさせようと思っている
　　 んです。英語の学校も学生であふれているんですけれど。
EQ： OK，でも近所の人が変わって，たとえば，言語のせいで，人間関係も複雑になる 55
　　 でしょうか，それとも…
DP： 私たちにとってですか。
EQ： はい。
DP： その，たとえば…地域の実情は，その…子どもたちをフランス語の学校に通わせれ 60
　　 ば，フランス語の会話ができると思っていますが，そんなことはありません。違い
　　 ます。えーっと…同じように…両親が家でも（子どもに）フランス語を使わせれば，
　　 いとこともフランス語で会話できるようになるでしょう。

****

　L40-41　marcher dansは，英語to walk intoの干渉であろう。
　L42　　banqueでは，同じ音節内で二重の抑揚が認められるが，これは英語に典型的な韻律である。
　　　　 françaises（L49）も同じ。
　L42　　tu pouvais t'assurerは，FRではtu pouvais être certainとなる。
　L42　　que il y auraitのエリジオンがなく，qu'il y auraitになっていない。
　L43　　sans questionは，英語without questionの干渉であろう。
　L43-44　vingt-cinq trente ans passésは，「25年か30年前」の意味である。FRではil y a vingt-
　　　　 cinq trente ansという。
　L61-62　ils sentent que sont bien capables「可能であると感じる」では，従属節の主語が欠落し
　　　　 ている。

Mais, à part de ça, c'est tout en anglais même dans la cour d'école, à, à l'école. C'est, c'est, tu entends pas, tu entends pas le français. Alors c'est, c'est très difficile à combattre aussi. Tu dois être très... prête à... tu sais, à tu sais, à être forte, sur la langue, pour garder pour, pour... préserver ou conserv/conserver, le français.

EQ : Malgré le fait que les écoles sont de plus en plus pleines ou... du moins débordantes.

DP : Oui.

EQ : Ok.

DP : Mais c'est que, ça dépend là hum.... Il y a des écoles où il y a plus de familles françaises, comme à Saint-Joachim, hum... il y a beaucoup de familles françaises parce que je trouve où il y a des, des fermes, il n'y a pas autant de changement de personnes, et puis, les familles, tu sais sont plus disons françaises. Il y a plus de français dans ces régions-là.

EQ : Donc à côté de... euh... de l'espagnol et, et de l'implication dans la communauté euh... dans les écoles et même à l'église, il y avait quatre enfants. Est-ce qu'il reste du temps pour les loisirs ou euh... ou des loisirs particuliers ?

DP : Oui, on hum... on, on, mes parents ont un chalet, au Nord, pas... pas loin de Perry Sound. Et puis euh... on se trouve là quelques, fois par année, hum... Alors on, on aime beaucoup, beaucoup hum notre temps là parce que, ça, ça tu sais nous, nous aide à, passer du temps avec nos enfants, puis développer ces relations-là. Hum... moi, je fais beaucoup de, de petits voyages. J'habitais à Toron/Toronto pendant, plusieurs années, alors j'ai encore des amis là puis un frère qui habitent là. Alors je je sacre mon camp, hum... avec les enfants.

でも、それ以外は、校庭でも、学校でも全部英語なんです。つまり、その、フラ 65
ンス語は聞こえてこないんです。ですから、これに立ち向かうのはとても難しい。言
語について気持ちを強く持たねばなりません、守るため…フランス語を守り維持す
るために。

EQ： 学校がますます満杯に、あるいは…少なくとも溢れているのにですね。 70
DP： ええ。
EQ： OK。
DP： しかし、その、それは場所によります…サン・ジョアキンみたいに、フランス系家
族の方が多いところの学校もあります…農場のあるところでは、フランス系家族が 75
たくさんいます。人口の変化はそれほどまで多くありません、家族は何といえばい
いか、よりフランス的な家族です。その地域ではフランス語の方が多いです。
EQ： で、その…スペイン語 (を教えたり)、コミュニティーでの関係のほかに、その…学
校や教会でも (時間をとられ)、お子さんも4人おられます。余暇の時間、あるいは、 80
その…各自の余暇の時間は残るのでしょうか。
DP： ええ、私たちは、えーっと…両親が北部のペリー・サウンドから遠くないところに
別荘を持っています。それでその…年に数回そこで過ごします、で…そこでの時間
がとても好きです、そうすることで、子どもたちと過ごすことができますし、良好 85
な関係を築くことができます。その…私は小旅行をよくします。トロントに数年間
住んでいたことがあり、そこにはまだ友達も兄弟も住んでいます。だから私は嫌な
日常から出て、そこへ行くんです、その…子どもも連れて。 90

****

L65 ［訳注］à part de ça は、FR では à part ça という。
L76 je trouve où il y a des, des fermes では、従属接続詞 que が欠落している。FR では parce
que je trouve que, là où il y a des fermes, il n'y a pas autant…が一般的であろう。英語では、
…because I think where there are farms…のように、接続詞 that なしに節を続ける。
L83 chalet はカナダでは「別荘」のこと。
L88-89 j'habitais pendant plusieurs années は、「数年間住んだ」という意味で、過去の期間につ
いて言及している。FR では複合過去を用いて、j'ai habité pendant plusieurs années という。
L90 sacrer mon camp はカナダ特有の表現で、「好きではないところから出ていく」という意味で
ある。

参考文献

第 I 部

BIBER D. et S. CONRAD (2001). « Register Variation: a Corpus Approach », in D. Schiffrin, D. Tannen et H. E. Hamilton (eds) *The Handbook of Discourse Analysis*, Blackwell, Oxford, 175-196.

DETEY S., J. DURAND, B. LAKS & C. LYCHE (eds.) (2016). *Varieties of Spoken French*, Oxford University Press.

DURAND J., C. SLATER et H. WISE (1987). « Observations on schwa in Southern French », *Linguistics* 25(2), 983-1004.

EYCHENNE J. (2006). *Aspects de la phonologie du schwa dans le français contemporain : optimalité, visibilité prosodique, gradience*, Thèse de doctorat non publiée, Université de Toulouse 2 – Le Mirail.

GADET F. (2007). *La variation sociale en français* (2e ed), Paris, Ophrys.

TRUDGILL P. (1983). *Sociolinguistics, an Introduction to Language and Society*, Penguin Books.（トラッドギル・ピーター　土田滋訳 (1975)『言語と社会』岩波新書）

朝日祥之 (2015)「方言」斎藤純男・田口善久・西村義樹編『明解言語学辞典』pp.206-207. 三省堂

ヴェシエール・ジャクリーヌ　中田俊介・川口裕司・神山剛樹訳 (2016)『音声の科学―音声学入門』白水社 (VAISSIÈRE J. (2006). *La phonétique*, Paris, PUF.)

亀井孝・河野六郎・千野栄一編著 (1996)『言語学大辞典第6巻　術語編』三省堂

第 II 部

BOURDIEU P. (1982). *Ce que parler veut dire*, Paris, Fayard.

BÜRKI A., I. RACINE, H.N. ANDREASSEN, C. FOUGERON et U.H. FRAUEN-FELDER (2008). « Timbre du schwa en français et variation régionale : une étude comparative », *Journées d'Études sur la Parole (JEP)*, 9-13 juin 2008, Université d'Avignon, Avignon.

BYBEE J. (2001). *Phonology and Language Use*, Cambridge, Cambridge University Press.

CARTON F., M. ROSSI, D. AUTESSERRE et P. LÉON (1983). *Les accents des Français*, Paris, Hachette.

DELL F. (1973 / 1985). *Les règles et les sons* (2e ed), deuxième édition, 1985, Paris, Hermann.

DURAND J. et C. LYCHE (2008). « French Liaison in the Light of Corpus Data », *Journal of French Language Studies* 18(1), 33-66.

ENCREVÉ P. (1988). *La liaison avec et sans enchaînement*, Paris, Seuil.

FÓNAGY I. (1989). « Le français change de visage », *Revue Romane* 24, 225-254.

FOUCHÉ P. (1959). *Traité de prononciation française*, Paris, Klincksieck.

FOUGERON C., C. GENDROT et A. BÜRKI (2007). « On the Phonetic Identity of French Schwa Compared to / ø/ and / œ/ », *Actes des JEL' 2007, Cinquièmes Journées d'Études Linguistiques*, Nantes 27-28 juin 2007, 191-198.

HANSEN A.B. (1997). « Le nouveau [ə] prépausal dans le français parlé à Paris », in J. Perrot (ed) *Polyphonie pour Ivan Fónagy*, Paris, L'Harmattan, 173-198.

HANSEN A.B. (1998). *Les voyelles nasales du français parisien moderne. Aspects linguistiques, sociolinguistiques et perceptuels des changements en cours*, Copenhague, Museum Tusculanum Press.

HANSEN A.B. (2003). « Le contexte prépausal – un contexte dynamique pour le schwa dans le français parisien », *La Tribune Internationale des Langues Vivantes* 33, 142-144.

JAKOBSON R. et J. LOTZ (1949). « Notes on the French Phonemic Pattern », *Word* 5, 151-158. Réimprimé in R. Jakobson (1962) *Selected Writings*, Vol.1, Berlin, Mouton, 426-434.

LAKS B. (2002). « Description de l'oral et variation : La phonologie et la norme », *L'information grammaticale* 94, 5-11.

LÉON P. (1966 [1976]). *Prononciation du français standard*, Paris, Didier.

LÉON P. (1992). *Phonétisme et prononciations du français avec des travaux d'application et leurs corrigés*, Paris, Nathan.

MORIN Y.-C. (2000). « Le français de référence et les normes de prononciation », *Cahiers de l'Institut de linguistique de Louvain* 26(1), 91-135.

MARTINET A. (1945 / 71). *La prononciation du français contemporain. Témoignages recueillis en 1941 dans un camp de prisonniers*, Paris, Droz.

MARTINET A. (1969). *Le français sans fard*, Paris, PUF.

MARTINET A. et H. WALTER (1973). *Dictionnaire de la prononciation française dans son usage réel*, Paris, France Expansion.

THIBAULT A. (2006). *Compte-rendu de* A. Valdman, J. Auger et D. Piston-Hatlen (eds) (2005) *Le français en Amérique du Nord. Etat présent*, Québec, les Presses de l'Université de Laval, in *Revue de linguistique romane* 70 (277-278), 238-250.

TRANEL B. (1987). *The Sounds of French,* Cambridge, Cambridge University Press.

ヴェシエール・ジャクリーヌ　中田俊介・川口裕司・神山剛樹訳 (2016)『音声の科学―音声学入門』白水社 (VAISSIÈRE J. (2006). *La phonétique*, Paris, PUF.)

亀井孝・河野六郎・千野栄一編著 (1996)『言語学大辞典第6巻　術語編』三省堂

長神悟 (1992)「フランコ・プロヴァンス語」亀井孝・河野六郎・千野栄一編著『言語学大辞典第3巻　世界言語編 (下-1)』pp.780-783. 三省堂

第Ⅲ部

AVANZI M. (2017). *Atlas du français de nos régions*, Malakoff, Armand Colin.

BEC P. (1963). *La langue occitane*, Paris, PUF.

BLANCHET P. (1992). « Le provençal, essai de description sociolinguistique et différentielle », *Série Pédagogique de l'Institut de linguistique de Louvain* 15, Louvain-la-Neuve, Peeters.

BRUN A. (1931). *Le français de Marseille*, Marseille, Institut historique de Provence. (Réédité en 1982, Marseille, Laffitte Reprints.)

CARTON F., M. ROSSI, M. AUTESSERRE et P. LÉON (1983). *Les accents des Français*, Paris, Hachette.

COQUILLON A. (2005). *Caractérisation prosodique du parler de la région marseillaise*, Thèse de doctorat non publiée, Université Aix-Marseille 1.

DURAND J. (1976). « Generative Phonology, Dependency Phonology and Southern French», *Lingua e Stile* XI(1), 3-23. (Également dans Essex Occasional Papers, vol.16).

DURAND J. et J. EYCHENNE (2004). « Le schwa en français : pourquoi des corpus? », in T. Scheer (ed.) *Usage des corpus en phonologie, Corpus 3.* CNRS & Université de Nice - Sophia Antipolis, 311-356.

DURAND J. et C. LYCHE (2008). « French Liaison in the Light of Corpus Data ». *Journal of French Language Studies* 18(1), 33-66.

DURAND J. et J.-M. TARRIER (2003). « Enquête phonologique en Languedoc (Douzens, Aude) », *La tribune internationale des langues vivantes* 33, 117-127.

EYCHENNE J. (2006). *Aspects de la phonologie du schwa dans le français contemporain : optimalité, visibilité prosodique, gradience*, Thèse de doctorat non publiée, Université de Toulouse 2 – Le Mirail.

MOREUX B. et R. RAZOU (2000). *Les mots de Toulouse. Lexique du français toulousain*, Toulouse, Presses Universitaires du Mirail.

SÉGUY J. (1950). *Le français parlé à Toulouse*, Toulouse, Privat.

WALTER H. (1982). *Enquête phonologique et variétés régionales du français*,

Paris, PUF.

亀井孝・河野六郎・千野栄一編著（1996）『言語学大辞典第6巻　術語編』三省堂

第Ⅳ部

桜井隆（1988）「オランダ語」亀井孝・河野六郎・千野栄一編著『言語学大辞典第1巻 世界言語編（上）』pp.1078-1085. 三省堂

第Ⅴ部

AVANZI M. (2017). *Atlas du français de nos régions*, Malakoff, Armand Colin.

CHEVALLEY H. (2006). « Le français local d'origine dialectale en Suisse romande », in G. Salmon (ed) *Les régiolectes du français*, Paris, Champion ; Genève, Slatkine, 91-113.

DSR = *Dictionnaire suisse romand. Particularités lexicales du français contemporain*. Conçu et rédigé par A. Thibault sous la direction de P. Knecht. Nouvelle édition revue et augmentée, préparée par P. KNECHT, 2004 [1er ed. 1999], Genève, Éditions Zoé.

FOLLONIER M. (1989). *Olèïnna – Dictionnaire du patois d'Évolène*, La Sage / Évolène, Follonier.

GPSR = *Glossaire des patois de la Suisse romande*, fondé par L. Gauchat, J. Jeanjaquet et E. Tappolet, rédigé et publié par L. Gauchat, J. Jeanjaquet, E. Muret, E. Tappolet et al. (depuis 1924), Neuchâtel et Paris, Victor Attinger, puis Genève, Droz.

KNECHT P. (1979). « Le français en Suisse romande : aspects linguistiques et sociolinguistiques », in A. Valdman (ed) *Le français hors de France*, Paris, Honoré Champion, 249-258.

LÜDI G. et I. WERLEN (2005). *Le paysage linguistique en Suisse. Recensement fédéral de la population 2000*, Neuchâtel, Office fédéral de la statistique, http://www.bfs.admin.ch/bfs/portal/fr/index/themen/01/22/publ.Document.52217.pdf.

MÉTRAL J.-P. (1977). « Le vocalisme du français en Suisse romande. Considérations phonologiques », *Cahiers Ferdinand de Saussure* 31, 145-176.

MILLER J. (2007). *Swiss French Prosody. Intonation, Rate, and Speaking Style in the Vaud Canton*. Ph.D., Department of French, University of Illinois at Urbana-Champaign.

PIERREHUMBERT W. (1926). *Dictionnaire historique du parler neuchâtelois et suisse romand*, Neuchâtel, Attinger.

SCHWAB S., I. RACINE et J.-P. GOLDMAN (2008). « Les Vaudois parlent-ils réellement plus lentement que les Parisiens : un début de réponse ». Communication au colloque PFC *Phonologie du français contemporain : variation, interfaces, cognition*, Maison des Sciences de l' Homme, Paris, 11-13 décembre 2008.

SINGY P.（1996）. *L' image du français en Suisse romande. Une enquête sociolinguistique en Pays de Vaud*, Paris, L' Harmattan.

VOILLAT F.（1971）. « Aspects du français régional actuel », in Z. Marzys et F. Voillat（eds）*Colloque de dialectologie francoprovençale organisé par le Glossaire des patois de la Suisse romande*, Neuchâtel, Genève, Droz, 216-241.

亀井孝・河野六郎・千野栄一編著（1996）『言語学大辞典第6巻　術語編』三省堂

橋本郁雄（1989）「ドイツ語」亀井孝・河野六郎・千野栄一編著『言語学大辞典第2巻　世界言語編（中）』pp.1189-1214. 三省堂

第Ⅵ部

Diao-Klaeger S.（2015）« Le français dans le monde: Afrique », in C. Polzin-Haumann / W. Schweickard（eds.）: *Manuel de linguistique française*. Berlin u.a.: de Gruyter, 505-524.

亀井孝・河野六郎・千野栄一編著（1996）『言語学大辞典第6巻　術語編』三省堂

清水紀佳（1992）「バウレ語¹」亀井孝・河野六郎・千野栄一編『言語学大辞典第3巻　世界言語編（下-1）』p.86. 三省堂

山下里香（2015）「コード切り替え」斎藤純男・田口善久・西村義樹編『明解言語学辞典』p.89. 三省堂

第Ⅶ部

CALDAS S. J.（2007）« French in Louisiana : A View from the Grand », in D. Ayoun（ed）*French Applied Linguistics*, Amsterdam, Benjamins, 450-477.

CANAC-MARQUIS S. et C. POIRIER（2005）. « Origine commune des français d'Amérique du Nord : le témoignage du lexique », in A. Valdman et al., *Le français en Amérique du Nord. État présent*, Québec, Les Presses de l'Université Laval, 517-538.

VALDMAN A.（ed）（1997）. *French and Creole in Louisiana*, New York, Plenum.

大島稔（1988）「クリー語」亀井孝・河野六郎・千野栄一編『言語学大辞典第1巻　世界言語編（上）』pp.1511-1512. 三省堂

大島稔（1992）「ミクマック語」亀井孝・河野六郎・千野栄一編『言語学大辞典第4巻　世界言語編（下-2）』pp.252-253. 三省堂

松村明編『大辞林』第三版. 三省堂

索引

Avanzi, M. ·· 77, 131, 134
Coquillon, A. ··· 75, 81, 96
Durand, J. ············· 1, 11, 12, 17, 26, 42, 75, 78,
　　　　　79, 81, 83, 86
Encrevé, P. ·· 32, 43
Eychenne, J. ······················· 27, 81, 82, 175
FLE ······················· v, 14, 33, 45, 48, 49
Fouché, P. ·· 32, 40
Knecht, P. ······································ 129, 133, 134
Laks, B. ···················· 11, 12, 17, 32, 33, 48
Léon, P. ·· 37, 49
Lyche, C. ·············· 1, 11, 12, 17, 31, 42, 81, 83
Martinet, A. ······················· 36, 37, 39, 40, 47
Morin, Y. ··· 32, 33
PFC
　　—コーパス ············· 5, 12, 14, 17, 24, 42, 82
　　—調査 ············· 14, 37, 39, 40, 42, 75, 78,
　　　　　105, 107, 133, 136
　　—データベース ·································· 14
　　—プロジェクト ···················· 12, 17, 27
Tarrier, J. ······································ 17, 78, 81
TUFS言語モジュール ·········· 6, 77, 131, 132,
　　　　　135, 182, 185-187
Vaissière（ヴェシエール）, J. ··············· 9, 43
Walter, H. ·· 47, 78

アカディア ····················· 175, 176, 178, 181, 184
アキテーヌ ··· 50, 133
アクセント ············· 7, 9, 10, 34-37, 42-45, 49,
　　　　　80-84, 106, 138, 159, 180
　　—グループ ······································ 44, 45
　　—配置 ······································ 10, 44, 83
　　固定— ···································· 44
　　語頭— ·············· 45, 69 (L8), 71 (L39)
アフリカ ······················· 1, 11, 45, 131, 154-159
アメリカ ················ 31, 131, 156, 174-187, 196

アラビア語 ······································ 122, 157
アルザス ·· 132, 133
アレマン語 ················· 127, 128, 132, 137, 140
イタリア語 ················· 57, 105, 127-129, 143
位置の法則 ······························ 35-37, 51, 80
イル・ド・フランス地方 ······· 31, 50, 138, 175
イントネーション ············ 5, 7, 9, 10, 43, 84,
　　　　　138, 139, 143 (L7), 145 (L26), 151
　　　　　(L12-13), 153 (L33)
　　—単位 ······································ 44, 45, 84
韻律 ············· 43, 44, 83, 130, 138, 140,
　　　　　210 (L42) ; 9, 10, 13
　　—グループ ··· 138
ヴァレ州 ·············· 127, 128, 131, 135, 138,
　　　　　143 (L3), 150, 151 (L1, L2, L12-13)
ヴェラス ······································ 134, 136-140, 150
ヴォー州 ······ 127, 131, 132, 135, 138, 140, 142,
　　　　　143 (L4), 151 (L1)
英語 ············· 2, 6, 8, 31, 39, 44, 129, 158,
　　　　　159, 176, 178, 179, 181, 183, 185-187,
　　　　　196, 197 (L1, L2, L4, L8), 201 (L40-41,
　　　　　L42, L43), 203 (L76)
オイル語 ·· 75, 105, 128
オート・サヴォワ（地方）······· 68, 69 (L8, L9),
　　　　　131
オック語 ································ 75, 76, 77, 86, 128
オランダ語 ·· 105, 106
音韻体系 ················· 12, 13, 17, 20, 79, 135, 179
音素
　　—表記 ······································ 7, 15
　　—目録 ······································ 8, 18, 20, 45
　　母音— ······································ 7, 19, 34, 35, 39
　　子音— ······································ 7, 38
オンタリオ州 ······················· 176, 177, 179, 196
ガスコーニュ方言 ······································ 76
カタルーニャ語 ······································ 75

索引

カマルグ方言 ·· 76
カムフラングレ ·· 158
カメルーン ····························· 155, 158, 159
ガロ・ロマン語 ······································· 129
規範 ················ 1, 2, 8, 14, 24-26, 31-33, 47-49,
　　　　107, 130, 156, 157, 159, 166, 175
疑問小辞 -tu ·· 186
近接未来形 ··· 133
グラン ····························· 135, 136, 138-140, 142
クリー語 ·· 176
クレオル言語 ··················· 16, 156, 157, 159, 166,
　　　　167 (L6), 169 (L13, L18-19, L24), 171
　　　　(L49-53, L63), 173 (L73), 178, 179
ケベック ············· 5, 6, 11, 17, 21, 40, 151 (L1),
　　　　176-180, 182, 185, 188, 189 (L8, L14)
ケベック・シティ ························ 175, 188
ゲルマン (諸) 語 ····························· 44, 130, 136
コートジボワール ················· 11, 155, 158, 159,
　　　　160, 161, 163 (L16)
コード・スイッチング ············· 16, 158, 159,
　　　　167 (L6), 169 (L13, L18-19, L24), 171
　　　　(L49-53, L63), 173 (L73)
コーパス
　　—言語学 ··· 11
　　大規模言語— ·································· 40
　　参照— ··· 12
国際音声記号 (IPA) ··························· xiv-xv, 7
古語 ······ 106, 115 (L61), 129-131, 185, 195 (L88)
痕跡
　　2変種併用の— ······························ 128
　　フラマン語やオランダ語の— ······ 106
　　フランス語の— ····························· 178
子音
　　t音 ······································ 8, 39, 78, 97
　　r音 ·············· 8, 15, 22, 23, 39, 78, 87 (L1),
　　　　125 (L24), 137, 161 (L9), 163 (L15,
　　　　L16, L17), 167 (L7), 197 (L1)
　　h音 ·············· 24, 121 (L20), 136, 137, 181
　　χ音 ································ 23, 24, 78, 136, 137
　　/j/ ~ /ʎ/ ··· 22, 77

[ɲ] ~ [nj] ······································ 39, 79, 181
ŋ音 ··· 39, 181
l音の脱落 ·········· 53 (L1), 55 (L40), 182, 183,
　　　　184, 191 (L39)
語末子音 ········· 39, 81, 101 (L59), 113 (L39),
　　　　119 (L1), 137, 140, 181, 182, 191 (L39)
子音 (の) 脱落 ····· 39, 53 (L1), 55 (L28, L40),
　　　　165 (L60), 167 (L7), 182, 184, 191 (L39)
子音 (阻害音) +流音+/j/ ····················· 8, 79
声門閉鎖音 ···································· 137, 165 (L60)
単純化 ································ 39, 78, 119 (L3), 182
破擦 (音) ····························· 78, 137, 151 (L11), 181,
　　　　189 (L16), 191 (L25, L35), 193 (L64-
　　　　65), 195 (L87), 199 (L11)
無声化 ······· 63 (L35), 78, 113 (L39, L41-42),
　　　　119 (L1), 125 (L23), 137, 140, 189 (L7)
借用 ····················· 6, 39, 106, 131, 133, 136, 137,
　　　　158, 159, 175, 176, 181, 185
従属接続詞 que ······················· 186, 203 (L76)
ジュネーヴ ······················ 68, 127, 132, 133, 136, 142
ジュラ (州) ·············· 127, 128, 131, 132, 135, 137
シュワー ············· 13, 15, 19, 25-29, 33, 34,
　　　　36, 39-41, 53 (L11), 79-84, 91 (L52),
　　　　97 (L5, L14), 99 (L30), 161 (L9, L12),
　　　　182, 183
　　—の後舌化 ······························· 36, 38
　　—の脱落 ································ 36, 40, 41,
植民地 ······················ 31, 156, 158, 166, 175, 176,
　　　　185, 193, 196
スイスロマンド ······················ 128-141, 143, 145
スペイン語 ································· 105, 184, 203
正音学 ·· 33, 45
接続法 ················· 169 (L19), 173 (L69), 183, 184
セネガル ·· 155, 157
ダイグロシア ··················· 127, 129, 157, 159, 166
談話標識 ······················· 191 (L26), 199 (L12)
地域語 ······················ 31, 105, 129-131, 133, 140
転写 ··· 7, 13-16, 137
ドイツ語 ········ 105, 127, 129, 130, 131, 132, 133,
　　　　134, 136, 137, 143, 150

スイス— ……………………… 127-130, 137
　標準— …………………………… 128, 129, 137
トゥールーズ ……………… 20, 45, 76, 81, 84
同化 …………………………………… 19, 79, 82
　順行— …………………………………… 167 (L8)
ドゥゼンス ………………… 25, 27, 78, 86, 95
訛り ………… 14, 49, 106-109, 135, 140, 180
　—がない ……………………………… 47, 49, 50
南仏— …………………………………… 81, 82, 84
　プロヴァンス— ………………………………… 84
南仏 (南フランス) — … 8, 17, 20, 25-27, 35, 45,
　　47, 50, 75, 77-84, 136, 151 (L1), 182
ニース方言 ………………………………………… 76
ヌシャテル (州) ……………… 127, 130-132,
　　135-137, 151 (L1)
媒介言語 ……………………………… 155, 157, 160
バイリンガル ……………… 106, 118, 129, 178
バウレ語 ………………………………………… 160
バスク語 ………………………………… 75, 77, 185
バスク地方 ……………………… 22, 77, 78, 82
発話スピード ……………… 5, 45, 123 (L6-8), 138
パリ ……… 1, 8, 11, 31-33, 37-40, 47, 48, 50, 52,
　　107, 131, 138, 143, 145, 175, 182, 185
否定辞のne …… 13, 53 (L2), 63 (L30), 65 (L73),
　　99 (L19), 169 (L31)
鼻母音 …… 20, 34, 37, 51, 53 (L2), 55 (L44-45),
　　82, 87 (L13), 97 (L1), 111 (L12), 136,
　　180, 181
　/ɛ̃/ ~ /œ̃/ ……… 21, 36, 37, 51, 82, 136, 181
　/ɑ̃/ > /ɔ̃/ ……………………………… 37, 181
複複合過去形 ………………………… 133, 134
フラマン語 ……………………………………… 106
フランコ・プロヴァンス語 ……… 68, 71 (L43),
　　75, 128, 133, 134
フランス語
　カナダの— ………… 6, 175, 176, 182-184,
　　189 (L16), 191 (L26), 197 (L4), 199
　　(L11, L12, L24)
　ケベックの— …… 6, 177, 178, 182, 185-187,
　　189 (L12), 193 (L65)

地域— ………… 69 (L3, L24), 130, 140, 156,
　　157, 166
話しことばの— ……………… 11, 12, 14, 47, 75,
　　99 (L19), 108, 123 (L6), 130, 156, 159,
　　177, 179, 183, 186
標準— ………………………………… 13, 47, 49, 106
標準語化された— ………………… 47, 49, 51
民衆— ……………………………………… 157, 159
ミチフ・— ……………………………………… 176, 181
フランドル地方 …………………………… 106, 108
フリブール (州) ……… 127, 132, 134, 135,
　　138, 151 (L1)
ブリュッセル ……………………… 105-110, 122
ブルキナファソ ………………………… 1, 11, 55
プロヴァンス地方 ……………………… 76, 78, 84
プロヴァンス方言 ……………… 76, 77, 96, 133
プロソディー→韻律
併用
　2言語— ……………………… 126, 155, 158, 160
　2変種— ………………………………… 106, 128
　多言語— ……………………………………… 160
ベルギー ……… 1, 8, 11, 14, 36, 45, 105-109,
　　113 (L23, L39), 115 (L45), 117 (L72),
　　119 (L1, L14), 125 (L23), 129, 131,
　　133, 140, 177
ベルベル語 ……………………………… 122, 157
ベルン (州) ………… 127, 128, 131, 137, 147
変種
　威信のある— …………………………… 107, 140
　典型的な— …………………………………… 107
　高位—, 低位— ……………………………… 157
　保守的な— ……………………………………… 8
母音
　/a/ ~ /ɑ/ ……… 8, 15, 20, 21, 36, 37, 51, 79,
　　135, 136, 143 (L7), 147 (L44), 179
　/e/ ~ /ɛ/ ……… 8, 20, 21, 36, 37, 51, 69 (L2),
　　80, 115 (L45), 136, 179, 180
　/o/ ~ /ɔ/ ………………… 21, 51, 71 (L32), 80,
　　113 (L29), 135, 145 (L25), 179
　/ø/ ~ /œ/ ………………… 20, 36, 51, 80, 179

/o, ɔ/ の前舌化 ································ 36
　二重— ········ 119 (L14), 145 (L41), 153 (L17),
　　　179, 180, 182, 197 (L4)
/w/ ~ /ɥ/ ···················· 8, 117 (L72), 143 (L9)
弛緩 (—) ·············· 111 (L6), 147 (L53), 180
　—調和 ·· 180
　—の脱落 ················ 123 (L6), 180, 189 (L7)
　—の中和 ······························ 82, 135, 136, 181
　—の長音化 ············ 37, 111 (L5), 113 (L23),
　　　119 (L14), 121 (L18), 163 (L17),
　　　L28), 167 (L7)
　—の長短 ······················ 36, 37, 44, 79, 107,
　　　113 (L23), 119 (L13), 135, 137
方言 ············· 1, 31, 49, 69, 75-77, 81, 82, 97,
　　　105, 106, 127-131, 137, 140, 151 (L16),
　　　175, 185
北仏 (北フランス) ········· 17, 26, 36, 45, 75,
　　　83, 105, 128, 130, 143 (L16), 151 (L1)
翻訳借用 ······················· 131, 134, 183, 185, 187
マグレブ (諸国) ················· 123 (L6-8), 155-159
マダガスカル ································ 158, 166
マルセイユ ················ 1, 4, 50, 81-84, 96, 101
マルセイユ方言 ······································ 76
ミクマック語 ·· 185
ミニマル・ペア ·································· 36, 37
メティ ·· 177

メロディー曲線 ············ 9, 41, 84, 121 (L36),
　　　123 (L9), 139
モロッコ ······················ 60, 61, 63, 122, 155
モントリオール ······································ 175
よき慣用 ·· 1, 11, 31
ラテン語 ································ 105, 128, 183, 191
ラングドック (方言) ··························· 76, 77, 82
リエージュ ···················· 11, 107-109, 118
リエゾン ············ xviii, 5, 13, 15, 19, 33, 41-43,
　　　45, 49, 83, 137, 165 (L47), 182
　—の衰退 ·· 42
　アンシェヌマンのない— ················ 43, 49
　選択的— ············ 41, 42, 61 (L15), 63 (L33),
　　　65 (L52), 143 (L16), 145 (L34)
俚言 ············· 71, 82, 87, 128, 130, 133, 134,
　　　137, 151 (L2, L7, L10), 175
リムザン方言 ··· 76
ルイジアナ (州) ··············· 31, 40, 178, 181, 184
類推 ·· 183, 184
レジスター ···················· 3-6, 8, 33, 39, 52,
　　　57 (L67, L72), 115 (L53)
レユニオン (島) ······················ 50, 159, 166
ロマンシュ語 ···························· 127-129, 143
ロマンス (諸) 語 ······················· 68, 105, 184
ワロン方言 ···················· 105, 106, 110, 118,
　　　119 (L10), 121 (L26)

フランコフォンの世界　コーパスが明かすフランス語の多様性

2019年2月20日　第1刷発行

編著者	Sylvain DETEY（シルヴァン・ドゥテ）
	Jacques DURAND（ジャック・デュラン）
	Bernard LAKS（ベルナール・ラクス）
	Chantal LYCHE（シャンタル・リュック）
日本語版編訳	川口裕司（かわぐち・ゆうじ）
	矢頭典枝（やず・のりえ）
	秋廣尚恵（あきひろ・ひさえ）
	杉山香織（すぎやま・かおり）
発行者	株式会社 三省堂　代表者　北口 克彦
印刷者	三省堂印刷株式会社
発行所	株式会社 三省堂
	〒101-8371　東京都千代田区神田三崎町二丁目22番14号
	電話　編集　(03) 3230-9411
	営業　(03) 3230-9412
	https://www.sanseido.co.jp

落丁本・乱丁本はお取り替えいたします。

© Editions Ophrys, Paris, France 2019　　　Printed in Japan
ISBN978-4-385-36146-8

〈フランコフォンの世界・232pp.〉

本書を無断で複写複製することは、著作権法上の例外を除き、禁じられています。また、本書を請負業者等の第三者に依頼してスキャン等によってデジタル化することは、たとえ個人や家庭内での利用であっても一切認められておりません。

装丁　三省堂デザイン室
本文組版　株式会社エディット